Kohlhammer

Fördern lernen – Prävention
Herausgegeben von
Stephan Ellinger

Band 20

Oliver Hechler

Feinfühlig Unterrichten

Lehrerpersönlichkeit – Beziehungsgestaltung – Lernerfolg

Verlag W. Kohlhammer

Dieses Werk einschließlich aller seiner Teile ist urheberrechtlich geschützt. Jede Verwendung außerhalb der engen Grenzen des Urheberrechts ist ohne Zustimmung des Verlags unzulässig und strafbar. Das gilt insbesondere für Vervielfältigungen, Übersetzungen, Mikroverfilmungen und für die Einspeicherung und Verarbeitung in elektronischen Systemen.

Die Wiedergabe von Warenbezeichnungen, Handelsnamen und sonstigen Kennzeichen in diesem Buch berechtigt nicht zu der Annahme, dass diese von jedermann frei benutzt werden dürfen. Vielmehr kann es sich auch dann um eingetragene Warenzeichen oder sonstige geschützte Kennzeichen handeln, wenn sie nicht eigens als solche gekennzeichnet sind.

1. Auflage 2018

Alle Rechte vorbehalten
© W. Kohlhammer GmbH, Stuttgart
Gesamtherstellung: W. Kohlhammer GmbH, Stuttgart

Print:
ISBN 978-3-17-033844-9

E-Book-Formate:
pdf: ISBN 978-3-17-033845-6
epub: ISBN 978-3-17-033846-3
mobi: ISBN 978-3-17-033847-0

Für den Inhalt abgedruckter oder verlinkter Websites ist ausschließlich der jeweilige Betreiber verantwortlich. Die W. Kohlhammer GmbH hat keinen Einfluss auf die verknüpften Seiten und übernimmt hierfür keinerlei Haftung.

Vorwort des Reihenherausgebers

Die Reihe *Fördern lernen* umfasst drei klare thematische Schwerpunkte. Es sollen erstens die wichtigsten *Förderkonzepte und Fördermaßnahmen* bei den am häufigsten vorkommenden Lern- und Verhaltensstörungen dargestellt werden. Zweitens gilt es, die wesentlichen Grundlagen pädagogischer Beratungsarbeit und die wichtigsten *Beratungskonzepte* zu diskutieren, und drittens sollen zentrale *Handlungsfelder pädagogischer Prävention* übersichtlich vermittelt werden. Dabei sind die Bücher dieser Reihe in erster Linie gut lesbar und unmittelbar in der Praxis einzusetzen.

Im *Schwerpunkt Intervention* informiert jeder einzelne Band (1–9) in seinem ersten Teil über den aktuellen Stand der Forschung und entfaltet theoriegeleitet Überlegungen zu Interventionen und Präventionen. Im zweiten Teil eines Bandes werden dann konkrete Maßnahmen und erprobte Förderprogramme vorgestellt und diskutiert. Grundlage für diese Empfehlungen sollen zum einen belastbare empirische Ergebnisse und zum anderen praktische Handlungsanweisungen für konkrete Bezüge (z. B. Unterricht, Freizeitbetreuung, Förderkurse) sein. Schwerpunkt des zweiten Teils sind also die Umsetzungsformen und Umsetzungsmöglichkeiten im jeweiligen pädagogischen Handlungsfeld.

Die Bände im *Schwerpunkt Beratung* (10–15) beinhalten im ersten Teil eine Darstellung des Beratungskonzeptes in klaren Begrifflichkeiten hinsichtlich der Grundannahmen und der zugrundeliegenden Vorstellungen vom Wesen eines Problems, den Fähigkeiten des Menschen usw. Im zweiten Teil werden die Methoden des Beratungsansatzes anhand eines oder mehrerer fiktiver Beratungsanlässe dargestellt und erläutert, so dass Lehrkräfte und außerschulisch arbeitende Pädagogen konkrete Umsetzungen vornehmen können.

Die Einzelbände im *Schwerpunkt Prävention* (16–21) wenden sich *allgemeinen Förderkonzepten und Präventionsmaßnahmen* zu und erläutern praktische Handlungshilfen, um Lernstörungen, Verhaltensstörungen und prekäre Lebenslagen vorbeugend zu verhindern.

Vorwort des Reihenherausgebers

Die Zielgruppe der Reihe *Fördern lernen* bilden in erster Linie Lehrkräfte und außerschulisch arbeitende Pädagogen, die sich entweder auf die Arbeit mit betroffenen Kindern vorbereiten oder aber schnell und umfassend gezielte Informationen zur effektiven Förderung oder Beratung von Betroffenen suchen. Die Buchreihe eignet sich auch für die pädagogische Ausbildung und als Zugang für Eltern, die sich nicht auf populärwissenschaftliches Halbwissen verlassen wollen. Die Autorinnen und Autoren wünschen allen Leserinnen und Lesern ganz praktische *Aha*-Erlebnisse!

Stephan Ellinger

Einzelwerke in der Reihe Fördern lernen

Intervention
Band 1: Förderung bei sozialer Benachteiligung
Band 2: Förderung bei Lese-Rechtschreibschwäche
Band 3: Förderung bei Rechenschwäche
Band 4: Förderung bei Gewalt und Aggressivität
Band 5: Förderung bei Ängstlichkeit und Angststörungen
Band 6: Förderung bei ADS/ADHS
Band 7: Förderung bei Sucht und Abhängigkeiten
Band 8: Förderung bei kulturellen Differenzen
Band 9: Förderung bei Hochbegabung
Beratung
Band 10: Pädagogische Beratung
Band 11: Lösungsorientierte Beratung
Band 12: Kontradiktische Beratung
Band 13: Kooperative Beratung
Band 14: Systemische Beratung
Band 15: Personzentrierte Beratung
Prävention
Band 16: Berufliche Eingliederung
Band 17: Förderung der Motivation bei Lernstörungen
Band 18: Schulische Prävention im Bereich Lernen
Band 19: Schulische Prävention im Bereich Verhalten
Band 20: Feinfühlig Unterrichten
Band 21: Hilfen zur Erziehung

Inhaltsverzeichnis

Vorwort		9

1	Einleitung: Pädagogik als praktische Wissenschaft und professionelle Praxis	15
1.1	Sozioemotionale und soziokulturelle Voraussetzungen der kognitiven Entwicklung	39
1.2	Lernbeeinträchtigungen und Verhaltensstörungen als Beziehungsstörungen	44
1.3	Die Bedeutung der Lehrerpersönlichkeit und der Lehrer-Schüler-Beziehung	46

2	Ausbildungsprogramm »Feinfühlig Unterrichten«	65
2.1	Phänomenbezogene Didaktik – Nicht Gedachtes lernen, sondern Denken lernen	69
2.1.1	Natur-Verstehen lehren und lernen	81
2.1.2	Kultur-Verstehen lehren und lernen	85
2.2	Feinfühlig Unterrichten im Netzwerk der Klasse	93
2.2.1	Bindungstheorie	95
2.2.2	Psychodynamik	129
2.2.3	Gruppendynamik	137
2.3	Lernbeeinträchtigungen und Verhaltensstörungen im Spiegel der Lehrer-Schüler-Beziehung	153

2.4	Berufsbezogene Selbsterfahrung für Lehrerinnen und Lehrer	163
2.5	Forschung	169
2.6	Fort- und Weiterbildung	176
3	**Ausblick**	**178**

Literatur   **181**

Vorwort

»Unsre Wissenschaft muß uns eine Kunst lehren, welche vor allem den Erzieher im hohen Grade fortbildet (...)«
Johann Friedrich Herbart

Dieses Buch markiert den vorläufigen Abschluss einer Reihe von Überlegungen (Hechler 2014, 2015, 2016), die ihren Ausgang in der Frage gefunden haben, wie das Lernen von Schülerinnen und Schülern, die unter besonderen und erschwerenden soziokulturellen und sozioemotionalen Bedingungen aufwachsen, besser erreicht werden kann. Letztendlich sind es immer spezifische Herausforderungen einer professionellen Praxis, die zum Nach-, Weiter- und vielleicht auch zum Umdenken innerhalb der diese Praxis begleitenden Disziplin anregen. Und was als das Bemühen um eine spezifische Antwort auf eine spezifische professionelle Problemstellung seinen Anfang nahm, erlangt im weiteren Verlauf nicht selten auch über den begrenzten Bereich der Problemstellung hinaus an Bedeutung.

In unserem Fall haben wir es, glaubt man den einschlägigen Veröffentlichungen, vermehrt mit Kindern in der Schule zu tun, die unsichere Bindungsmuster aufweisen (Uhl 2013) und in einigen, gar nicht so seltenen, Fällen Verhaltens- und Erlebensweisen im Unterricht zeigen, die an Reaktionen erinnern, die wir aus den Lehrbüchern der Psychotraumatologie kennen (Lang 2015; Lohmann 2016; Zimmermann 2016; Kohler-Spiegel 2017). Wie immer stellt sich dann die Frage, ob diese Auffälligkeiten zugenommen haben oder ob nicht unsere Aufmerksamkeit und unser diagnostischer Blick aufgrund des wissenschaftlichen Fortschritts geschärft wurden. Wie dem auch sei, diese Fragen können wir getrost der epidemiologischen und kulturgeschichtlichen Forschung überlassen, das was bleibt, und für uns als handelnde Lehrerinnen und Lehrer[1] von Bedeutung ist, ist die Faktizität der Herausforderung. Dieser müssen wir uns stellen und mit ihr einen professionellen pädagogischen und sonderpädagogischen Umgang[2] finden, der das Wohl der Kinder im Allgemeinen und ihr Lernen im Besonderen in den Mittelpunkt stellt.

Klar wird mittlerweile, dass wir wohl dieser Herausforderung mit einem Rekurs auf die gängigen Unterrichtkonzepte nicht wirklich wirksam begegnen können (Ulrich/Zimmermann 2014). Auch eine Strategie des »Mehr-desselben« oder des »Viel-hilft-viel« ist zum Scheitern verurteilt. Die Lösung scheint vielmehr in der Verbindung von Rückbesinnung auf pädagogisch und sonderpädagogisch Bewährtes und Vergessenes einerseits und Nutzbarmachung humanwissenschaftlicher Meta-Theorien, die auf ihre pädagogische und sonderpädagogische Relevanz zu prüfen sind, andererseits zu liegen.

Der Blick zurück verweist uns auf den mehr als zweitausend Jahre alten Kern der Pädagogik, der damals wie heute immer noch die Grundlage der Erziehung und des Unterrichts abgibt. Im Zentrum pädagogischen Handelns stehen die Persönlichkeit des Lehrers und

---

1 Wenn im Folgenden überwiegend von Lehrerinnen und Lehrern, von Unterricht und der Schule gesprochen wird, dann bedeutet das nicht, dass die Thematik nicht auch für Pädagogen jeglicher Fachrichtung von Relevanz wäre. Eine sinnhafte Übertragung in andere pädagogischen Handlungsfelder außerhalb der Schulpädagogik dürfte mühelos gelingen.
2 Die häufig parallele Verwendung der Adjektive »pädagogisch« und »sonderpädagogisch« begründet sich letztendlich in dem Sachverhalt, dass, frei nach Paul Moor (1962), Sonderpädagogik ihrem Wesen nach Pädagogik ist – wenn auch eine unter besonderen und erschwerenden Bedingungen. Über Sonderpädagogik lässt sich nicht ohne Pädagogik sprechen. Gleiches gilt für das Verhältnis von Schulpädagogik zur Pädagogik. Schließlich muss auch berücksichtigt werden, dass in Zeiten inklusiver Schul- und Unterrichtsformen die Trennung von Sonderpädagogik mit ihren verschiedenen Fachrichtungen auf der einen Seite und Regelschulpädagogik auf der anderen Seite nicht so ohne weiteres aufrechterhalten werden kann. Sonderpädagogische Phänomene finden sich nunmehr forciert auch in der Regelschule wieder.

der Lehrerin und die erzieherische Beziehungsgestaltung. Persönlichkeit und Beziehung entscheiden letztendlich darüber, ob nachhaltig und dem pädagogischen Verständnis nach gelernt werden kann. Der Blick auf die aktuellen Entwicklungen im Bereich der Humanwissenschaften schließlich konfrontiert uns insbesondere mit den Erkenntnissen der Bindungstheorie, die für erfolgreiches Lernen und Unterrichten in ihrer Bedeutung noch gar nicht erschöpfend gesichtet und fruchtbar gemacht wurden. Im Zusammenhang mit der Bindungstheorie und der Verfasstheit der hier in den Blick genommenen Kinder stehen darüber hinaus noch die Mentalisierungstheorie und die für den Unterricht relevanten traumapädagogischen Überlegungen. Und, wie sollte es auch anders sein, im Blick nach vorne findet sich, wenn man genauer hinschaut, pädagogisch Bekanntes, und der Blick zurück wird zu einem bewussteren und systematischeren durch die skizzierten aktuellen Forschungsergebnisse.

In dieser Zirkelstruktur gefangen, beginnen die folgenden Ausführungen zunächst mit Grundfragen der Pädagogik und der Sonderpädagogik und der Verortung der pädagogischen und sonderpädagogischen Theorie und Praxis im aktuellen Mainstream der evidenzbasierten Pädagogik (Ahrbeck et al. 2016), um schließlich die Bedeutung der (sonder-)pädagogischen Persönlichkeit und Beziehungsgestaltung herauszustreichen und diese als unspezifische, aber zentrale Wirkfaktoren des unterrichtlichen Geschehens auszuweisen.

Im Zentrum des Buches steht das aus den theoretischen Überlegungen und praktischen Erfahrungen abgeleitete Konzept des »Feinfühlig Unterrichtens«. Hierzu gehören sowohl didaktische Ansätze und entsprechende Unterrichtskonzepte, die Aufbereitung der Bindungstheorie für unterrichtliche Zwecke als auch das Wissen um basale Übertragungs-/Gegenübertragungsprozesse im Unterricht und eine Informiertheit über die Bedeutung des Einflusses der Gruppendynamik auf die Klasse, auf den Lehrer und die Lehrerin und auf das Lernen des einzelnen Kindes.

Aus der explizierten Bedeutung der pädagogischen Persönlichkeit und der Gestaltung der Lehrer-Schüler-Beziehung ergibt sich zwingend die Notwendigkeit, die didaktischen und theoretischen Bausteine des Konzepts »Feinfühlig Unterrichten« um Selbstreflexion und Fallreflexion zu ergänzen. Erst wenn ich als Lehrkraft weiß, wo meine »blinden Flecken«, meine Ängste und Hoffnungen zu finden sind, kann ich auch als Erziehungs- und Unterrichtsmittel in Erscheinung treten und mich im Dienste des Lernens der Kinder leibhaftig einbringen. Die Gefahr, dass die biographisch gewordene, nicht bewusstseinsfähige innere Struktur des Lehrers und der Lehrerin zu professionellen Deformationen führt und damit das Lernen der Kinder hemmt, ist größer, als man annehmen könnte. Gleiches gilt für die Reflexion der Dynamik der Lehrer-Schüler-Beziehung. Jenseits von Unterrichtsvorbereitung und Lehrer-Performance findet sich in der Lehrer-Schüler-Beziehung der Zugang zu den kindlichen Innenwelten und den daraus notwendig entstehenden Beziehungsgestaltungen, die ja nicht selten einem erfolgreichen Lernen im Wege stehen.

Das Aus-, Fort- und Weiterbildungsprogramm »Feinfühlig Unterrichten« ist im Grunde ein interventionspraktisches Programm. Es soll helfen, sowohl den Umgang mit einer heterogenen Schülerschaft als auch mit besonders belasteten Kindern in der Schule zum Wohle dieser besser zu gestalten. Fahrlässig wäre es allerdings, wenn man diesen Ansatz nicht mit Blick auf seine Professionalisierungseffekte und auf seine behauptete Wirksamkeit einer forschenden Überprüfung unterziehen würde. So finden sich gegen Ende der Ausführungen Skizzen und auch Ergebnisse der dieses Programm begleitenden Evaluations- und Interventionsforschung.

Das Buch möchte einen kleinen Beitrag zum inklusiven Unterricht leisten, der sich insbesondere der sozioemotionalen Heterogenität der Schülerinnen und Schülern feinfühlig zuwendet. Vor dem Hintergrund unterschiedlicher Differenzlinien von Heterogenität – zu nennen wären an prominenter Stelle auch die sozioökonomische und die soziokulturelle Heterogenität – kommt der sozioemotionalen Verfasstheit der Kinder deswegen so herausragende Bedeutung zu, weil sie gewissermaßen den Mutterboden abgibt, aus dem heraus sich die Ich-Funktionen erst entwickeln, die dann auch erst schulisches

Lernen ermöglichen. Ein inklusiver Unterricht, der die sozioemotionale Heterogenität der Schülerinnen und Schüler im Blick hat, muss immer ein die Differenz anerkennender Unterricht sein. Inklusion gelingt dann am besten, wenn Heterogenität auch anerkannt und als solche auch benannt werden kann. Wenn Differenzen nicht als individuelle Ausdrucksgestalten menschlicher Existenz erfahrbar werden dürfen, droht eine neue Homogenisierung, die die inklusive Bewegung ja gerade zu vermeiden sucht. Sozioemotionale Heterogenität bedeutet, dass die Schülerinnen und Schüler, wie im Übrigen wir alle, über ganz unterschiedlich ausgestaltete Innenwelten verfügen, die ihr und unser Erleben, Denken und Handeln steuern. Das erfordert von uns als Lehrerinnen und Lehrer eine höchst differenzierende Betrachtungsweise und einen individuellen, auf das jeweilige Kind bezogenen Umgang mit den Erscheinungsformen seines sozioemotionalen Zustandes – wie er sich in der aktuellen Situation zeigt, aber auch mit Blick auf sein lebensgeschichtliches Gewordensein unter Berücksichtigung der momentanen Beziehungskonstellationen. Die Chance der Heterogenität, die sich ja im Übrigen durch ihre Faktizität Geltung verschafft, ob wir das wollen oder nicht, liegt genau in der Anerkennung der Differenzen und im fördernden Umgang mit diesen. Dass dieses Unterfangen nicht selten ein konfliktreiches ist, liegt in der Natur der Sache, macht aber gerade das Entwicklungspotential dieses Zugangs aus.

Zum Schluss sei noch darauf hingewiesen, dass der Charakter des vorliegenden Buches ein durchweg pädagogischer sein soll. Das heißt, die Themen sollen hier so zur Darstellung gebracht werden, dass sie sich ohne weiteres auch vom Leser angeeignet werden können. Das Interesse an der Thematik und vielleicht auch die Lust an der Auseinandersetzung mit dieser sollen im Vordergrund stehen. Verzichtet wird damit bewusst auf eine Darstellung, die, wie dies Jakob Muth (1967) treffend auf den Punkt gebracht hat, die Themen »durch gekünstelte methodische Spitzfindigkeiten verstellt und um ihr Wesen bringt« (S. 41). Für den Verfasser des Buchs gilt damit, was für jeden Lehrer und jede Lehrerin mit Blick auf seine bzw. ihre Darstellung der Themen gilt, nämlich das Gebot der Rationalität: »Es schließt alles bloße Geraune aus, auch die Eitelkeit, eine unauslotbare Tiefe zu suggerieren und gewissermaßen Propheten- und Guruautorität in Anspruch zu nehmen« (Prange, 2005, S. 146).

Es bleibt der Beurteilung durch den Leser überlassen, ob der Text den formulierten Ansprüchen auch genügt. Viel Spaß beim Lesen!

1

Einleitung: Pädagogik als praktische Wissenschaft und professionelle Praxis

Aktuell werden die pädagogische Disziplin und Profession im Allgemeinen und die sonderpädagogischen und schulpädagogischen Subdisziplinen und deren korrespondierenden professionellen Praxen mit dem konfrontiert, was die betriebswirtschaftlich ausgerichtete empirische Bildungsforschung als so genannte »Evidenzbasierung« (Böttcher et al. 2009) bezeichnet. Dieser Sachverhalt müsste keinen Anlass zur Sorge geben, denn gegen eine Evidenzbasierung pädagogischen Handelns können ja keine vernünftigen Gründe angeführt werden – bedeutet Evidenzbasierung zunächst nichts anderes als eine auf empirische Belege gestützte Erziehungskunst (Hechler 2016). Dieser Forderung entspricht sowohl die pädagogische Disziplin als auch die pädagogische Profession. Darüber hinaus hat Heidegger (1984) ja unstrittig dargelegt, was es mit der Evidenz als solcher auf sich hat. Evidenz im phänomenologischen Wortsinn verweist auf Sachverhalte und Situationen, die gewissermaßen von sich heraus »leuchten« bzw. in Erscheinung treten und allein durch ihre Faktizität und »gute« Form Anerkennung und Geltung beanspruchen können. Wenn etwas als evident angesehen wird, dann meint man umgangssprachlich, und damit bezieht man sich intuitiv auf die philosophischen Wurzeln des Begriffs, Sachverhalte oder Situationen, die lebenspraktisch (und auch im professionellen Zusammenhang) zunächst keiner weiteren Klärung, Begründung oder keines weiteren Beweises mehr bedürfen – sie sind offensichtlich einleuchtend. So kann sich beispielsweise beim Betrachten eines Kunstwerks oder beim Lesen eines literarischen Werkes ganz plötzlich ein Evidenzerleben einstellen. Dann kommt die Form mit dem Inhalt, die Künstlerintention und die Rezeption durch den Betrachter oder den Leser in der Weise zusammen, dass sich Sinn und Bedeutung als etwas Drittes im Dazwischen erschließen. Ebenso verhält es sich im zwischenmenschlichen Bereich – vom spontanen Sympathieerleben bis hin zu der viel zitierten »Liebe auf den ersten Blick« –, immer entsteht hier etwas, das sich dem sezierenden Zugriff der sich positivistisch missverstehenden Wissenschaften vom Menschen entzieht. Solche Phänomene sind eben doch mehr als nur Attribuierung und/oder neuronale bzw. hormonelle Steuerung oder das, was die Neurowissenschaften und die sich naturwissenschaftlich verstehende Psychologie sonst noch so zu bieten haben. Und auch wenn Joachim Bauer, ein Freiburger Professor für Psychoneuroimmunologie, die so genannten Spiegelneuronen (vgl. Rizzolatti/Sinigaglia 2008) als Basis der Empathie und des Mitgefühls ausmacht (Bauer 2005) und damit unter anderem das biologische Fundament von Erziehung und Psychotherapie anspricht, heißt das noch lange nicht, dass damit das Geheimnis der Empathie und der Fähigkeit zum Perspektivwechsel nun endgültig geklärt wäre. Wie sich Einfühlungsvermögen und die Fähigkeit zum Mitleid ausbilden, entscheidet nicht die Biologie, sondern das interpersonelle Feld der Bedingungen des kindlichen Aufwachsens. So war es im Übrigen auch im Jahr 2000, als die Entschlüsselung des menschlichen Genoms bekannt gegeben wurde. Die Hoffnungen, die sich damit verbanden, wurden mit Blick auf die lebenspraktische Bedeutung für die Menschen eben nicht so schnell erfüllt wie erwartet. Mittlerweile ist anzuerkennen, dass die Entschlüsselung des menschlichen Genoms ein erster Schritt von vielen weiteren ist, um der biologisch-genetischen Verfasstheit des Menschen auf den Grund zu gehen. Zum einen, um grundlegend zu verstehen, also Grundlagenforschung zu betreiben, zum anderen aber auch, um wirksame Maßnahmen für schwerwiegende Erkrankungen entwickeln zu können. Das, was sich aber immer bei naturwissenschaftlichen Durchbrüchen mit Blick auf den Menschen zeigt, ist, dass dieser eben mehr zu sein scheint als Biologie, Physik und Chemie. Gerade die Genomforschung, sowohl die grundlagenwissenschaftliche als auch die angewandte, konnte feststellen, dass zwar der genetische »Bauplan« des Menschen nun verständlich war, es allerdings nicht gesagt war, dass die Entwicklung des einzelnen Menschen auch gemäß dieses »Bauplans« im Sinne einer Biomechanik ohne Abweichungen erfolgen musste. Es scheint vielmehr so zu sein, dass epigenetische Faktoren die Regulierung und Aktivierung des »Bauplans« oder einzelner Teile davon übernehmen (Kegel 2015). Und diese sind nun mal bei jedem Menschen verschieden, so dass neben einem objektivierenden Zugang auch ein subjektivierender bzw. biographischer Zugang zum Menschen, der auf die Sinn- und Bedeutungsstrukturen der individuellen menschlichen Lebenspraxis verweist, gewählt werden muss.

Aber: Auch wenn Evidenzerlebnisse für unsere Lebenspraxis so bedeutsam und so bereichernd sind, muss immer der Tatbestand berücksichtigt werden, dass zwar ein *lebenspraktisches* Evidenzerleben keiner weiteren Begründung, keiner weiteren Erklärung oder gar keines weiteren Beweises mehr bedarf – will man zum Augenblick des Evidenzerlebens aber genau wissen, was da jetzt vor sich geht, würde man gerade das Phänomen zum Verschwinden bringen, frei nach Friedrich Schiller im »Musenalmanach auf das Jahr 1797«: »Spricht die Seele, so spricht ach! schon die Seele nicht mehr«

(Schiller 1797). Diese konstitutiv gegebene Aufhebung der Begründungsverpflichtung im Kontext des lebenspraktischen Vollzugs gilt aber nicht für die *wissenschaftliche Erforschung* dieser Phänomene – hier zählt die Forderung nach Geltungsbegründung nach den Regeln der Wissenschaft. Das heißt auf unsere vorherigen Beispiele bezogen, dass es eben nicht genügen kann, auf die Unbestimmtheit des Menschen hinzuweisen und damit jedwede naturwissenschaftliche Forschung zurückzuweisen. Ganz im Gegenteil! Dies käme einer Katastrophe gleich. Nur müssen wir uns immer wieder vor Augen führen, auch wenn das schmerzhaft ist, dass sich unser Schicksal nicht in den Lehrbüchern der Naturwissenschaften finden lässt und von dort aus sicher geplant werden kann.

Was es mit dem Evidenzerleben aus Sicht der empirischen Forschung auf sich hat, darauf kann aktuell die psychoanalytisch inspirierte Säuglings- und Psychotherapieforschung eine belastbare Antwort geben. Ausgehend von seinen Forschungen zu Veränderungsprozessen in der Psychotherapie, hat der U.S.-amerikanische Entwicklungspsychologe, Psychoanalytiker und Psychotherapieforscher Daniel N. Stern im Rahmen der Boston Change Process Study Group unzweifelhaft dargelegt, dass sich Veränderungsprozesse in der Gestaltung menschlicher Lebenspraxis immer von einem so genannten »Gegenwartsmoment« (Stern 2005) aus ergeben (vgl. Stern 2011, Stern et al. 2012). Im Bereich der Psychotherapie weiß man ja schon lange, dass Veränderung weniger auf verfahrensspezifische Wirkfaktoren als vielmehr auf relativ unspezifische Wirkfaktoren zurückzuführen ist – ohne allerdings die Bedeutung verfahrensspezifischer Interventionen zu leugnen. Es scheint nur so zu sein, dass die isolierte Applikation einer psychotherapeutischen Intervention nicht genau den Erfolg zeigt, den man sich vor dem Hintergrund ihrer theoretischen Begründung eigentlich erhofft hätte. Erst im Zusammenspiel mit den so genannten unspezifischen Wirkfaktoren zeigt auch das verfahrensspezifische Vorgehen Effektivität. Stern (2005) bezeichnet diesen empirisch nachgewiesenen Sachverhalt als die »intersubjektive Matrix« (88) psychotherapeutischer Behandlungen, ohne die Veränderungen nur schwer realisierbar sind. Zu dieser intersubjektiven Matrix zählen sowohl die Beziehungsgestaltung zwischen dem Psychotherapeuten und dem Patienten als auch die Persönlichkeit des Psychotherapeuten. Hiervon ist es abhängig, wie sich der psychotherapeutische Prozess entwickelt. Auf den Punkt gebracht, könnte man sagen: die Realisierung von Intersubjektivität in der psychotherapeutischen Behandlungssituation ermöglicht heilsame Veränderung. Intersubjektivität als solche ist zwar nicht ausreichend, aber unabdingbar für Veränderung. Gleiches gilt, wie noch genauer gezeigt werden soll, für den erzieherisch angeleiteten Lernprozess. »Gute« Erzieher und »gute« Lehrerinnen wissen, dass es weniger die Erziehungs- und Unterrichtsmittel an sich sind, die das Lernen der Kinder befördern – dann bräuchte man ja vielerorts überhaupt keine Lehrerinnen und Erzieher –, sondern vielmehr die Art und Weise des Umgangs miteinander (Herstellung von Intersubjektivität) ausschlaggebend ist, ob die Kinder lernen oder nicht. Dass diesem Tatbestand lange Zeit nicht allzu viel Aufmerksamkeit zu Teil geworden ist, liegt, wenn die Familienerziehung grundsätzlich »gut genug« war (Winnicott 2002), in der Fähigkeit der Kinder, auch trotz der Lehrer zu lernen. Bei gelingender schulischer Performance, so könnte man etwas ironisch behaupten, fällt das Versagen der pädagogischen Persönlichkeit und Beziehungsgestaltung, der intersubjektiven Bezogenheit, nicht so sehr auf. Und wenn es mit dem Lernen mal nicht so klappt oder sich Beeinträchtigungen des Lernens gar verfestigen, werden die Gründe hierfür schnell in der Person des Kindes gesehen.

Es zeigt sich also, dass sich die Mythen um die so genannte Evidenzbasierung im Grunde gar nicht so schwer entzaubern lassen. Das, was die Pädagogik und Sonderpädagogik allerdings aufhorchen lassen müsste, wenn es schon nicht der Begriff der Evidenzbasierung ist, der an sich Probleme aufwirft, ist vielmehr das Verständnis von Empirie, Forschung und (Interventions-)Praxis, das die Diskussion begleitet. Werden schon der Begriff »Evidenzbasierung« und das dazugehörige Adjektiv »evidenzbasiert« häufig aus ihrem etymologischen Kontext und Sinnzusammenhang gerissen und in Diskurse übertragen, für die sie nur noch als »Kampfbegriffe« herhalten müssen, so zeigt sich eine ähnlich verengende Bestimmung für den

Begriff der »Empirie« und das darauf abzuleitenden Adjektivs »empirisch«. Aus dem griechischen kommend, hebt Empirie auf Erfahrung im weitesten Sinne und auf Erfahrungswissen im engeren Sinne ab. Empirische Forschung, dem Wortursprung nach ausgelegt, ist Erfahrungswissenschaft – eine Wissenschaft also, die sich mit den Phänomenen, die sich aus der Auseinandersetzung des Menschen mit der erfahrbaren Welt ergeben, beschäftigt. Pädagogik als eine Erfahrungswissenschaft unter anderen, erforscht demnach die Phänomene, die sich aus dem Umgang des Menschen mit sich, den Mitmenschen und der sie umgebenden gegenständlichen Welt unter der Perspektive des Lernens und der Erziehung herausbilden. Empirische Forschung ist demnach grundlegend auf menschliche Lebenspraxis als Basis ihrer wissenschaftlichen Bemühungen angewiesen. Erst menschliches Handeln schafft Sinn und Bedeutung, die den Kern von Erfahrung abgeben (Fertsch-Röver 2016). Wenn wir also menschliches Verhalten, Erleben und Denken erforschen wollen, dann müssen wir das erfahrungswissenschaftlich tun. Wir müssen gewissermaßen forschend der Praxis nachfolgen, sie rekonstruieren, um auf diesem Wege etwas über die Strukturen dieser Praxis in Erfahrung zu bringen. So kann es gelingen, belastbare Aussagen zum Gegenstand der Forschung zu machen, die auch nicht nur einen verstehenden Aspekt, sondern auch einen erklärenden Aspekt haben. Und es versteht sich von selbst, dass im rekonstruktiven Paradigma der Erfahrungswissenschaften sowohl so genannte quantitative als auch qualitative Forschungsmethoden ihren Platz haben und zur Anwendung kommen. Empirie hat also etwas mit menschlicher Lebenspraxis zu tun, die, wenn man Friedrich Schleiermacher aus dem Jahre 1826 folgt, immer älter ist als die Theorie (Schleiermacher 1983) und der man mit erfahrungswissenschaftlicher Methodologie (Rekonstruktionslogik) und entsprechender Methodik nachspüren kann.

Soweit erst einmal zu einem etwas euphorisch ausgeweiteten und vielleicht auch etwas auf den ersten Blick naiv verwendeten Empiriebegriff, auf den wir später noch einmal zurückkommen werden. Tatsache ist, dass der Begriff der Empirie keineswegs in diesem dargelegten Sinne auch verstanden und allseits geteilt wird. Blickt man in die Geschichte der Erkenntnistheorie, dann imponieren zu Beginn des 17. Jahrhunderts Francis Bacon, ein englischer Philosoph, und Thomas Hobbes, ein englischer Mathematiker und Philosoph, die mit Bezug auf und in kritischer Auseinandersetzung mit Aristoteles die englische Schule des Empirismus begründet haben. Im Empirismus entwirft insbesondere Bacon den systematischen Weg einer Naturwissenschaft, die sich bei ihrem induktiven Vorgehen nicht mit zufällig gewonnenen Erfahrungsdaten begnügt, sondern durch systematisches Experimentieren im Labor auf dem Weg der Erkenntnis fortschreitet (Fertsch-Röver 2016). Empirische, oder besser: empiristische Forschung hat sich auf diejenigen Phänomene zu richten, die beobachtbar und damit gegenständlich erfahrbar sind. Im Anschluss und mit Bezug auf Bacon und Hobbes hat der englische Philosoph und Vorbereiter der Aufklärung John Locke mit seinem »Versuch über den menschlichen Verstand« aus dem Jahre 1690 (Locke 2013) und seinen »Gedanken über Erziehung« aus dem Jahre 1693 (Locke 2007) den Versuch unternommen, den Erfahrungsursprung aller menschlichen Begriffe im Einzelnen darzulegen. Locke vertritt, wie später dann auch der aus Irland stammende anglikanische Theologe und Philosoph George Berkeley und der schottische Philosoph David Hume, in deutlicher Abkehr zur griechisch-antiken Ideenlehre, die These, die bis heute eine enorme Wirkmächtigkeit inne hat, dass es weder angeborene Ideen noch Prinzipien gibt, aus denen sich irgendeine Erkenntnis von der Welt ableiten ließe. Der menschliche Geist, so Locke, sei als eine *tabula rasa* zu verstehen, in welche alle Vorstellungen, die der Mensch hat, erst durch die Erfahrung eingeschrieben werden. Diese Sichtweise hat unser Bild vom Menschen im Allgemeinen und vom Säugling, Kleinkind bis zum Schulkind im Besonderen bis heute maßgeblich geprägt.

Wenn also heute von Empirie und von empirischer Forschung gesprochen wird, dann meint man im Grunde eine Forschung, die sich auf die Erkenntnistheorie des Empirismus bezieht, die unabhängig von Sinn- und Bedeutungsstrukturen operieren kann und damit das Ideal einer naturwissenschaftlichen Forschung verkörpert. Gegenstand dieser Forschungstradition sind dann eben keine sinn-

und bedeutungsstrukturierten Phänomene, mit denen wir es in den Sozial-, Kultur- und Geisteswissenschaften zu tun haben, sondern naturwüchsig ablaufende Prozesse, die wahrscheinlich auch ohne unser Zutun, unsere Beteiligung oder Beobachtung so ablaufen würden. Den prototypischen wissenschaftlichen Rahmen, um diese Prozesse und Strukturen genauer zu beleuchten, gibt, wie gezeigt, die experimentell verfahrende Naturforschung ab. Erst unter Laborbedingungen wird es zum Beispiel möglich, die Flugbahn eines Satelliten heute so zu berechnen, dass er in 10 Jahren sein Ziel am Rande unseres Sonnensystems erreicht. Im hypothesenprüfenden Paradigma der Naturwissenschaften laufen theoretische Operationen der Praxis voraus. Ganz aktuell kann man das an der naturwissenschaftlichen Bestätigung der Allgemeinen Relativitätstheorie von Albert Einstein aus dem Jahre 1915 zeigen. Als Einstein seine Allgemeine Relativitätstheorie vorstellte, entwarf er ein radikal neues Bild der Gravitation. Bislang nahm man an, dass die Anziehungskraft ohne jeglichen Zeitverzug zwischen zwei Massen wirkt – egal, wie weit diese voneinander entfernt sind. Einstein hingegen war der Meinung, dass Schwerkraft durch Masse entstehe, die den Raum und die Zeit krümme. Entscheidend sei hierbei, dass sich die Raumzeit, so Einstein, nicht unendlich schnell verbiegen lasse, sondern nur mit Lichtgeschwindigkeit. Wenn nun irgendwo im Weltall Massen in Bewegung geraten, müsste das, folgt man der Theorie Einsteins, regelrechte Dellen in die Raumzeit schlagen, die mit Lichtgeschwindigkeit durch den Kosmos rasen, dabei auch die Bahn unserer Erde kreuzen könnten und somit auch messbar wären. Zu Beginn der Allgemeinen Relativitätstheorie standen also theoretische Überlegungen zur Fassung einer physikalischen Fragestellung. Mit diesen Überlegungen hat die Physik bis heute gearbeitet, ohne allerdings genau zu wissen, ob diese theoretischen Ausführungen auch nachweisbar sind. Einstein selbst glaubte nicht daran, dass man seine Theorie der Gravitationswellen auch beweisen könne. Erst 100 Jahre später gelang es, diese Hypothesen mittels geeignetem experimentellen Aufbau zu prüfen und zu bestätigen.

Kommen wir an dieser Stelle noch einmal, wie angekündigt, auf unsere pädagogischen und sonderpädagogischen Forschungsbemühungen zurück. Es scheint ja nun so, als würde es sich, vor dem Hintergrund der Erkenntnistheorie des Empirismus, verbieten, mit Blick auf Sozialforschung von empirischer Forschung zu sprechen. Dieser Schlussfolgerung muss widersprochen werden. Richtig ist, dass die Naturwissenschaften, wenn sie im Sinne des Empirismus von Erfahrung sprechen, *dezentrierte Naturerfahrungen* meinen. Diese dezentrierten Naturerfahrungen, wie zum Beispiel die Tatsache, dass Gegenstände nach unten fallen, dass es bei Gewitter blitzt und donnert, dass sich die Erde um die Sonne dreht usw., sind beobachtbare und für jeden erfahrbare Phänomene, die qua ihrer Faktizität eine Ausdrucksgestalt, die direkt untersucht werden kann, darstellen. Im Bereich der Sozial-, Kultur- und Geisteswissenschaften haben wir es allerdings, wenn wir von Erfahrung sprechen, mit *sinn- und bedeutungsstrukturierten Sozialerfahrungen* zu tun, die sich so einfach nicht zeigen und auf die man sich nicht direkt beziehen kann, sondern die indirekt erschlossen werden müssen. Um die Phänomene der sinnstrukturierten Lebenspraxis – über eine theoretische Forschung hinaus – (empirisch) erforschen zu können, müssen sie sich als Ausdruckgestalt erst einmal materialisieren. Wir sind also gezwungen, dem nicht direkt zugänglichen Innerseelischen, also das, was die Empiristen der »Black Box« zuschreiben, zunächst eine Form abzuringen, die dann die Datenbasis unserer Untersuchung abgibt. Liegt diese Form, ob nun als Transkript eines Interviews oder als eine videographische Aufzeichnung, vor, haben wir den Schritt zur empirischen Forschung vollzogen, denn nun ist, wie in den Naturwissenschaften auch, unser Gegenstand fixiert und dem intersubjektiven Austausch zugänglich – jeder, ob nun Wissenschaftler oder Laie, kann sich über das Protokoll beugen und sich seine Gedanken machen. Die Welt wird uns so als Text (vgl. Garz/Kraimer 1994) zugänglich und potentiell lesbar – wenn wir Kenntnis über das zu Grunde liegende linguistische Symbolsystem haben. Denn anders als in den Naturwissenschaften können wir nicht direkt und unvermittelt von der manifesten Ausdrucksgestalt auf deren latente Bedeutung schließen, kurz: das, was gesagt wird, muss nicht so gemeint sein! Die Ausdrucksgestalt ist, wie das für die menschliche Lebenspraxis konstitutiv ist, mehrfach determiniert. Das heißt, wir müssen die latenten Sinn- und Bedeutungsstrukturen auf dem Wege der Rekonstruktion erschließen, um belastbare Aussagen zu unserem vorliegenden Gegenstand machen zu können. Insgesamt ergibt sich so für die empirisch ausgerichtete sozial-, kultur- und geisteswissenschaftliche Forschung die strenge Forderung nach methodisch kontrollierter Produktion von Protokollen (gemeint ist hiermit die objektivierte und fixierte Ausdrucksgestalt) und die ebenso methodisch kontrollierte Interpretation der Datenbasis. An dieser Stelle soll der Soziologe und Begründer der Objektiven Hermeneutik, Ulrich Oevermann, etwas ausführlicher zu Wort kommen, da es ihm zu verdanken ist, einen methodologischen Realismus in die sozial-, kultur- und geisteswissenschaftliche Forschung eingeführt zu haben, der dem naturwissenschaftlich orientierten Empirismus in nichts nach steht. Oevermann hierzu: »Eine angemessene Methodologie der Sozial-, Kultur- und Geisteswissenschaften muß mit der alten Anschauung brechen, der zufolge die Gegenstände der Erfahrungswissenschaften an die sinnliche Wahrnehmbarkeit gebunden und insofern konkret seien. Sinn- und Bedeutungsstrukturen sind grundsätzlich abstrakt. Sie lassen sich als solche sinnlich nicht wahrnehmen, aber sie sind dennoch empirisch und als empirische erfahrungswissenschaftlich analysierbar. Sinnlich wahrnehmen läßt sich an den Sinngebilden bzw. den Ausdrucksgestalten immer nur der ausdrucksmateriale Träger, in dem sie faktisch protokolliert sind – also die Weiße des Papiers eines bedruckten Textes und die Farbe und Form der typographischen Zeichen; der auf einem Oszillographen abbildbare Klang der mündlichen Rede, die plastische Textur eines gestalteten Gegenstandes, usf., aber was da wahrgenommen wird, ist nicht selbst die Bedeutung oder der Sinn der Ausdrucksgestalt, sondern nur deren materiales Substrat. Weil Bedeutung und Sinn selbst nicht wahrnehmbar sind, sie aber gleichzeitig genau das konstituieren, was die Lebenspraxis des Menschen, sein Handeln und dessen Objektivationen als Erfahrungsgegenstand kategorial ausmacht und von der Naturdinglichkeit menschlicher Erscheinungen systematisch unterscheidet, müssen wir mit dem auf David Hume zurückgehenden Begriff von Empirie brechen, für den empirisch nur das ist, was durch die Wahrnehmungssinne in den erkennenden Geist gelangt (»Nihil est in intellectu, quod non fuerit in sensu«), und alles, was dieses Kriterium nicht erfüllt, metaphysisch, und damit außerhalb der Reichweite der Erfahrungswissenschaften liegt. Deshalb überschreitet die objektive Hermeneutik die mit dem Hume`schen Empiriebegriff gekoppelte implizite dogmatische Ontologisierung von Realität und erfahrbarer Welt und folgt einem methodologischen Realismus, indem sie als empirisch alles das ansieht, was sich durch Methoden der Geltungsüberprüfung in der Gegenständlichkeit erfahrbarer Welt nachweisen läßt. Das trifft auf die objektiven Sinn- und Bedeutungsstrukturen von Ausdrucksgestalten fraglos zu« (Oevermann 2002, 2 ff).

Exkurs I: Empirie durch Empathie?

Wenn also Carl R. Rogers, einer der führenden Begründer der Humanistischen Psychologie und der klientenzentrierten Psychotherapie und Beratung, feststellt (zumindest wird ihm diese Aussage zugeschrieben): »Empathie ist Empirie!«, dann stimmt diese nur bedingt. Sie wird erst dann statthaft, wenn die Aspekte des einfühlenden Verstehens als fixierte Ausdrucksgestalt vorliegen. Die Gesprächspsychotherapie beansprucht in diesem Sinne allerdings nicht zu Unrecht, als Begründerin der empirischen Psychotherapieforschung zu gelten, denn im Zentrum der organisierten klientenzentrierten Aus-, Weiter- und Fortbildungen steht von Beginn an die Analyse von Gesprächsprotokollen, die die Teilnehmerinnen und Teilnehmer von ihren (Übungs-)Gesprächen anfertigen müssen. Das, was in den Beratungen und Psychotherapien gespürt wird, muss dann auch in den Protokollen sprachlich und nicht-sprachlich einen entsprechenden Niederschlag finden.

1 Einleitung: Pädagogik als praktische Wissenschaft und professionelle Praxis

Zusammengefasst kann man also zunächst mit gutem Grund in sozial-, kultur- und geisteswissenschaftliche einerseits und in naturwissenschaftliche Forschung andererseits unterscheiden. Wenn es um den Menschen geht, böte es sich allerdings an, die Kategorie *Humanwissenschaften* zu bemühen, denn den Menschen gibt es nur in einer biopsycho-sozialen Ausgabe, die Interdisziplinarität fordert und sich jeder einseitigen Auslegung widersetzt. Beide grundlegenden Forschungstraditionen und die interdisziplinär aufgestellten Humanwissenschaften, können sowohl theoretisch als auch empirisch angelegt werden. Daran sollte nun eigentlich kein begründeter Zweifel mehr bestehen. Allerdings erscheint es so, als ob aus verschiedenen Gründen die Naturwissenschaften als so genannte »exakte« Wissenschaften und die Geistes-, Kultur- und Sozialwissenschaften als so genannte »weiche« Wissenschaften aufgefasst und ihnen damit unter der Hand unterschiedliche Grade der Geltungsbegründung ihrer Aussagen zugeschrieben werden. Wenn man heutzutage wirklich Gewissheit über ein zur Diskussion stehendes Problem haben will, fragt man erst einmal einen Naturwissenschaftler – auch und vielleicht gerade in Fragen, die die Lebenspraxis der Menschen betreffen und für die es konstitutiv gar keine endgültige Gewissheit geben kann. Man tut aber so, als könne man auch mit Blick auf das menschliche Leben Sicherheit, Vorhersehbarkeit und Machbarkeit herstellen. Und so hat sich sukzessive die Vorstellung durchgesetzt, dass empirisches Forschen mit naturwissenschaftlicher Forschung und deren quantifizierenden Verfahrensweisen gleichzusetzen ist. Die Geistes-, Kultur- und Sozialwissenschaften, die diese Entwicklung haben absehen können, waren gut beraten, sich möglichst schnell als Naturwissenschaft aufzustellen. Dieser Transformationsprozess lässt sich im Kontext der Bologna-Reform ohne größere Mühe an der Psychologie darstellen. Die universitäre Psychologie forcierte überwiegend die Abschlüsse Bachelor of Science und Master of Science, die auch von den naturwissenschaftlichen Fächern vergeben werden.

Die Pädagogik und die Sonderpädagogik hingegen sind nun mit einem argumentativ fast unüberwindbaren Sachverhalt konfrontiert, der zwei nicht unerhebliche Konsequenzen nach sich zieht, die dazu taugen, die Eigenständigkeit der pädagogischen Disziplin und Profession, die zumindest Erich Weniger, ein geisteswissenschaftlicher Pädagogikprofessor aus Göttingen, 1952 noch forderte, in Frage zu stellen (Weniger 1952). Die erste Konsequenz hebt auf die Eigenständigkeit der pädagogischen Forschung ab. Aktuell ist es so: Nur wer seine Forschung an den Standards der experimentellen Naturforschung ausrichtet, dessen Ergebnisse dürfen sich als empirisch generiert verstehen. Wenn also pädagogische Forschung im aktuellen Wissenschaftsdiskurs für sich Geltung beanspruchen und auch mit entsprechenden Forschungsmitteln ausgestattet werden will, muss sie sich mit diesem Verständnis von Empirie auseinandersetzen – gemäß dem Motto »Nur was man zählen kann, zählt!«. Das verkürzte Verständnis von Evidenzbasierung und empirischer Forschung meint also im Konkreten nichts anderes, als die Forderung an die Pädagogik und Sonderpädagogik, sie mögen experimentell gesichertes und generalisierbares Wissen über die Wirksamkeit (sonder-)pädagogischer Technologien hervorbringen. Und so dominieren auf der Ebene der pädagogischen und sonderpädagogischen Forschung überwiegend experimentelle Studiendesigns, wie sie aus den Naturwissenschaften bekannt sind. Die Forschungsbemühungen werden getragen von der Vorstellung, dass von einer spezifischen erzieherischen oder unterrichtlichen Intervention auf einen spezifischen (Lern-)Effekt geschlossen werden kann. So wie Einstein seine Gravitationswellen voraussagen konnte und die Flugbahn eines Satelliten über 10 Jahre hinaus bestimmt werden kann (s. o.), so ist auch forschend mit Erziehung und Lernen zu verfahren. Die zweite Konsequenz hebt auf die Eigenständigkeit der Formen pädagogischen Handelns ab. Empirisch belegt, und damit evident, sind nur diejenigen pädagogischen Interventionen, die letztendlich den Anforderungen eines randomisierten kontrollierten Studiendesigns entsprechen (Koch 2016). Ähnlich dem Bereich der Medizin gilt dementsprechend auch in der Pädagogik und Sonderpädagogik die so genannte randomized controlled trial (RCT) als der »Goldstandard« der empirischen Studienplanung und der Forschungsdesigns mit Blick auf die Wirksamkeit pädagogischer Interventionen. Unter Ausschaltung aller

Umweltbedingungen, hierzu gehören auch die personalen und die interpersonalen Bedingungen, sollen diejenigen Interventionen identifiziert werden, die immer die gleiche Wirkung erzielen. Vor dem Hintergrund eines solchen Verständnisses ist es auch nur logisch und in der evidenzbasierten Logik wünschenswert, pädagogisches Handeln weitestgehend manualisieren zu wollen und in standardisierte Trainings-, Unterrichts- und Förderprogramme zu gießen. Verbunden mit diesem Forschungsdesign und der daraus resultierenden Interventionspraxis ist allerdings ein ganz bestimmtes Menschenbild. Die so verfahrende Theorie und Praxis muss konsequenterweise den Menschen mehr oder weniger (wieder) als eine triviale Ursache-Wirkungs-Maschine ansehen. Unbestimmtheit, den Menschen also als »offene Frage« zu begreifen und ihm damit individuelle Bildsamkeit zu unterstellen, hat hier keinen Platz. In der Forschung dominiert die Subsumtionslogik nach dem Motto: »Kenne ich einen, kennen ich alle!«. Und die Praxis, die sich entsprechend als eine manualisierte und standardisierte Praxis zeigt, hebt darauf ab, vermeintlich objektivierte und objektivierbare Trainings- und Förderprogramme an den Schülerinnen und Schülern, an den Kindern, Jugendlichen und Erwachsenen, mit denen es die »Erzieher von Beruf« (Prange/Strobel-Eisele 2006, 44) zu tun haben, zu exekutieren.

Mit dem Aufkommen einer so fehlverstandenen und missinterpretierten Auffassung evidenzbasierter Pädagogik, die sowohl die pädagogische Theoriebildung als auch die pädagogischen Handlungsformen umschließt, wird auch wieder ein, so glaubt man, längst überwundener Blickwinkel bestärkt, der den Menschen mehr oder weniger als vom Reiz-Reaktion-Schema bestimmt ansieht. Sozioemotionale, das heißt, sinn- und bedeutungsstiftende Aspekte des menschlichen Lernens und der Subjektgenese werden allenfalls als Verstärker eingesetzt, nicht aber als Tatbestände, die die Grundlage für erfolgreiches Lernen und für eine gesunde Entwicklung abgeben. Die Renaissance des »Nürnberger Trichters«, selbstverständlich in modifizierter Form und in moderner sprachlicher Einkleidung, erscheint dann auch nicht mehr als ganz so abwegig. Mit Bezug auf die Chirurgie hat der Frankfurter Chirurg Bernd Hontschik eine ähnliche paradigmatische Basis für die Humanmedizin herausgearbeitet: »Triviale Maschine hat Bauchschmerzen, Chirurg klappt den Deckel auf, entfernt vermuteten ursächlichen Schaden, klappt Deckel wieder zu.« Und weiter: »Triviale Maschine hat immer noch Bauchschmerzen. Für psychische Überlagerungen ist die Chirurgie nicht zuständig: Patient wird weitergeschickt« (Hontschik 2013, 302). Eine beeindruckende Beschreibung, die sicherlich auch mit Blick auf Lernbeeinträchtigungen und Verhaltensstörungen, sinnhaft übertragen, ihren Reiz hat.

Nun könnte man ja annehmen, dass angesichts dieser drohenden Kulisse ein »Ruck durch die Pädagogenschaft« geht – doch weit gefehlt. Denn mit dieser Ausrichtung gelingt der Pädagogik im Allgemeinen und der Sonderpädagogik im Speziellen die vermeintliche Partizipation am gesellschaftlich hohen Ansehen, das aktuell die Naturwissenschaften genießen – um den Preis allerdings der völligen Aufgabe des genuinen Gegenstands der pädagogischen Bemühungen. Das, was *pädagogisch* ist, wird nunmehr überwiegend von *Nicht-Pädagogen*, die sich als Naturwissenschaftler (miss-)verstehen oder als solche auch in pädagogischen Fragen zu Rate gezogen werden, festgelegt, und die Realisierung der weiterhin gültigen Forderung Johann Friedrich Herbarts aus dem Jahre 1806 nach möglichst genauer Bestimmung der »einheimischen Begriffe«(Herbart 1965, 21) der Pädagogik rückt in weite Ferne oder wird ganz aufgegeben und als veraltet abgetan, weil sie doch nur dem Fortschritt, was häufig nichts anderes heißt als der Ökonomisierung und der Effizienz, im Wege stehen. So mancher Pädagoge und so manche Pädagogin sind nun froh, der vermeintlichen Unschärfe ihres Gegenstands und der vermeintlichen Trennschärfe ihres Fachs entkommen zu sein und nun endlich mal auf der »richtigen«, das heißt auf der wissenschaftlich und gesellschaftlich angesehenen Seite »mitspielen« zu dürfen, und diese lokalisiert sich in Theorie und Praxis, wie Franz Josef Krafeld, ein emeritierter Professor für Soziale Arbeit, aktuell feststellt, »Jenseits von Erziehung« (Krafeld 2016). Die Protagonisten dieser Entwicklung merken freilich nicht oder aber sie verdrängen das aus einer subtilen Wahrnehmung heraus resultierende Unbehagen, dass sie doch nicht als gleichberechtigte »Mitspieler« in der evidenzbasierten Forschungslandschaft und in der Entwicklung manualisierter und standardisierter Förder- und Trainingsprogrammen angesehen werden. Kommt diese Wahrnehmung zur Bewusstheit, resultiert hieraus zumeist eine Kränkung, der üblicherweise mit dem »Mehrdesselben-Prinzip« begegnet wird – man will dann irgendwann überhaupt nichts mehr mit Pädagogik und Erziehung zu tun haben oder gar mit diesen in Zusammenhang gebracht zu werden. Ohne zu sehr in disziplinären und professionellen Pessimismus zu verfallen, lässt sich allerdings vermuten, dass hier eine Spirale der pädagogischen Selbstauflösung in Gang gesetzt worden ist, deren Dynamik wohl nur noch schwer zum Stillstand zu bringen ist.

Begegnen wir dieser disziplinären und professionellen Entwicklung allerdings mit, wie der emeritierte Tübinger Pädagogikprofessor Klaus Prange sagt, einer gewissen »reflektierten Urteilskraft« (Prange 2005, 13), dann könnte man auch zu dem Schluss kommen, dass der Weg der so genannten wirkungsorientierten Steuerung pädagogischer Dienstleistungen für sich alleine betrachtet schon eine Sackgasse darstellt – zumindest machen darauf die interdisziplinär ausgerichteten Forschungsergebnisse der Bindungstheorie aufmerksam. Die von dem britischen Kinderarzt, Kinderpsychiater und Psychoanalytiker John Bowlby Ende der 1950er Jahre begründete Bindungstheorie (Bowlby 1982) und die von der Arbeitsgruppe um den ebenfalls britischen Psychologen und Psychoanalytiker Peter Fonagy konzeptualisierte, auf der Bindungstheorie aufbauende Mentalisierungstheorie (Fonagy et al. 2015) sind ihrem Wesen nach Metatheorien. Sie sind eben nicht so ohne weiteres trivial entweder unter die Naturwissenschaften oder unter die Geistes-, Sozial- und Kulturwissenschaften zu subsumieren, und ebenso beanspruchen beide Theorien, empirische Forschung zu betreiben, die allerdings überwiegend einem verstehenden und rekonstruktionslogischen Paradigma zuzuordnen ist. Auch lassen sich hieraus professionelle Handlungsoptionen ableiten, die zwar einen hohen Evidenzgrad aufweisen, alles andere aber als standardisiert und manualisiert zur Anwendung kommen. Ebenso lassen sich »Leitlinien« formulieren, die den Praktiker bei seiner täglichen Arbeit unterstützen, doch ordnen sich diese immer dem Subjekt unter – psychotherapeutische und pädagogische »Leitlinien« sind damit Mittel zum Zweck und nicht Selbstzweck, dem sich die Patienten und die Kinder und Jugendlichen unterordnen müssen. Die eigentümliche »Zwischenstellung« der Bindungstheorie und der Mentalisierungstheorie als humanwissenschaftliche Metatheorien verunsichert die wissenschaftliche Gemeinde, stört sie doch die triviale Weltsicht. Und so sind auch die Versuche und die Bemühungen, die Erkenntnisse der Bindungs- und Mentalisierungstheorie in die etablierten akademischen Fächer, allen voran in die universitäre Entwicklungs-, Sozial- und Klinische Psychologie zu integrieren, nicht verwunderlich. Allerdings zeigt sich hierbei eine gewisse Widerständigkeit mit Blick auf die Bindungs- und Mentalisierungstheorie, deren Theoriegebäude, wissenschaftliche Erkenntnisse und praktische Konsequenzen sich so einfach nicht eingemeinden lassen – vertreten sie doch die grundsätzliche Unverfügbarkeit und Unbestimmtheit menschlicher Lebenspraxis und die konstitutive Konflikthaftigkeit des Menschen. Es scheint so, dass sich die Bindungs- und Mentalisierungstheorie nur dann passend in die positivistische Weltsicht einordnen ließen, wenn man sie genau um diese zentralen Annahmen bereinigen würde – dann hätte man eine bindungstheoretisch und mentalisierungstheoretisch entsorgte Bindungs- und Mentalisierungstheorie, die dann wiederum anschlussfähig nach allen Seiten sind. Aber es ist wohl noch unentschieden, wie mit der Bindungs- und Mentalisierungstheorie umzugehen ist. Und so kommt es, wie vor Kurzem auf einer Tagung über die Entwicklung von Beziehungsfähigkeit im Kindes- und Jugendalter geschehen, dass die Bindungstheorie auf der einen Seite als die beste evaluierte psychologische Theorie aus dem Munde der akademischen Psychologie gelobt wird. Auf der anderen Seite artikulieren sich aber auch andere Stimmen aus dem Lager der ebenfalls akademischen Psychologie, die der Bindungstheorie den Rang eines empirischen Forschungsansatzes kategorial absprechen.

Jenseits der wissenschafts- und professionspolitischen Auseinandersetzungen um Definitionsmacht und Zugang zu Ressourcen, die

1 Einleitung: Pädagogik als praktische Wissenschaft und professionelle Praxis

wohl den Hauptanteil an Auseinandersetzungen dieser Art haben, eignet sich die Bindungstheorie als Metatheorie allerdings sehr gut für einen Rahmen, in dem über unterschiedliche Phänomene nachgedacht werden kann, die die evidenzbasierte Forschung und Praxis nicht in den Blick nehmen kann. Im Bereich der Medizin zum Beispiel, als Vorreiterin einer evidenzbasierten und leitliniengestützten Behandlung, werden immer wieder Erfahrungen dahingehend gemacht, dass vermeintlich organisch bedingte Krankheiten ausschließlich durch eine standardisierte organbezogene Behandlung nicht wirklich erfolgreich zu behandeln sind.

Eine aktuelle Studie (Egle/Zentgraf 2013) hat sogar darauf hingewiesen, dass rheumatische Patienten und Patienten, die unter Fibromyalgie, gemeint ist damit eine Erkrankung, deren Hauptsymptom chronische Schmerzen in unterschiedlichen Körperregionen sind, leiden, häufig deutlich mehr von einer stationären psychosomatischen Behandlung profitieren als von den therapeutischen Angeboten der jeweiligen fachärztlichen Einrichtungen – wie Orthopädie und/oder Neurologie. Solche Forschungsergebnisse müssen nachdenklich machen, können allerdings nicht bedeuten, dass jedwede körperliche Erkrankung ausschließlich mit psychotherapeutischen Mitteln zu begegnen sei. Vielmehr ist dem Arzt, Psychosomatiker und Psychoanalytiker Klaus Plab zuzustimmen, der festhält: »Gelangt ein Individuum aufgrund einer akuten, existentiell erschütternden Erkrankung in eine somatische Behandlung (…), so ist die Medizin auf eine bisher nie dagewesene, effektive und hochwirksame Weise in der Lage, zu intervenieren und den Gesundheitszustand wieder herzustellen (…)« (Plab 2016, 11). Und das ist auch gut so! Allerdings bleiben häufig die sozioemotionalen, also die seelischen und sozialen Bedingungen der Erkrankung unberücksichtigt. So kann es dann zu dem auf den ersten Blick schwer verständlichen Phänomen kommen, dass sich die vermeintlich eindeutige somatische Erkrankung einer Besserung durch eine ausschließlich somatische Behandlung widersetzt.

Ähnliche Hinweise gibt der so genannte Placebo-Effekt (Hontschik 2006). Es scheint sich die Auffassung zu bestätigen, dass Linderung ganz wesentlich abhängig ist von den Bedeutungszuschreibungen, die im Rahmen der Arzt-Patient-Beziehung von statten gehen. Dieser Sachverhalt soll kurz an einem aktuellen Beispiel veranschaulicht werden. Seit Beginn des Jahres 2016 hat der Gemeinsame Bundesausschuss arthroskopische Verfahren zur Behandlung einer Arthrose des Kniegelenks aus dem Leistungskatalog der gesetzlichen Krankenversicherung ausgeschlossen. Dies ist zunächst verwunderlich, stellt doch die Kniegelenksarthroskopie mit über 130.000 Eingriffen im Jahr die dritthäufigste Operation in Deutschland dar. »Der halbstündige Eingriff macht knapp 1000 Euro Umsatz möglich. Landesweit also über 100 Millionen Euro« (Hontschik 2016, 47). Was ist passiert? Eine Forschergruppe um den Orthopäden Bruce Moseley aus Houston/Texas hat im Jahr 2002 eine Studie zur Arthroskopie des Kniegelenks bei Arthrose vorgelegt hat, die an der Sinnhaftigkeit operativer Eingriffe bei Verschleißerscheinungen am Kniegelenk starke Zweifel aufkommen ließ. Die Orthopäden hatten 180 Patienten mit Arthrose im Kniegelenk behandelt. Sie teilen die Patienten allerdings in drei Gruppen auf. Die erste Gruppe wurde mit einer Gelenkspülung und einer Knorpelglättung versorgt, die zweite Gruppe nur noch mit einer Gelenkspülung und die dritte Gruppe mit einer vorgetäuschten Operation unter Rahmenbedingungen, die für die Patienten keinen Zweifel an der Echtheit der Operation aufkommen ließen. So plätscherte es während der Operation, surrende Geräusche waren zu hören und zu Letzt wurden auch die für die Operation typischen Hautschnitte gesetzt und gleich wieder vernäht. Bei den Nachuntersuchungen zwei Jahre nach dem operativen Eingriff waren bei den Patienten der Placebo-Gruppe die gleichen Ergebnisse zu beobachten wie bei den Patienten der Versuchsgruppe, bei denen eine Knorpelglättung und Gelenkspülung oder nur eine Gelenkspülung vorgenommen wurde. Hier stellt sich ja die Frage, wie es zur Linderung und zum stabilen Verlauf gekommen ist – wohl nicht hauptsächlich durch die technische Seite der Operation. Allerdings, das muss erwähnt werden, gibt es Konstellationen, bei denen die arthroskopische Operation unverzichtbar ist. Das gilt insbesondere für arthroskopische Eingriffe aufgrund von Traumen, einer akuten Gelenkblockade oder einem Meniskuschaden, bei dem eine Gonarthrose als Begleiterkrankung auftritt. Es soll an dieser Stelle nicht über Ethik und Ökonomisierung in der Medizin debattiert werden, sondern das Augenmerk auf die Frage gerichtet werden, wie es den Patienten der Placebogruppe gelungen ist, schmerzfrei zu werden und schmerzfrei zu bleiben.

Ebenso verhält es sich mit der medizinisch und behandlungstechnisch höchst relevanten Frage danach, warum bei manchen Menschen der Wundheilungsprozess nach Operationen oder aufgrund von Infektionen schneller und bei anderen wiederum nur sehr schleppend bis gar nicht voranschreitet (Hontschik 2013). In der Klinik und Praxis der Chirurgie werden nicht selten Patienten mit Wundheilungsstörungen gesehen, die keinen gravierenden Risikofaktor für dieses klinische Erscheinungsbild aufweisen – die Blutwerte sind in Ordnung, es liegt kein Diabetes oder eine Gefäßerkrankung vor. Alle organischen Voraussetzungen zu einer vollständigen Wundheilung sind gegeben und doch erscheint der Prozess der Bildung von Funktions- oder Narbengewebe aus dem Granulations- und Fasergewebe heraus gehemmt. Eine bio-psycho-sozial informierte Chirurgie sucht in solchen Fällen die Gründe für die skizzierten Heilungsblockaden nicht ausschließlich in der Wunde selbst, sondern beleuchtet die Biographie, die seelische Verfasstheit und die aktuellen Beziehungskonstellationen des Patienten und kann auf diesem Wege einen möglichen Sinn und eine mögliche Bedeutung von Wunden, die nicht heilen wollen, erschließen und in die Behandlung mit einbeziehen. Immer geht es auch um die Frage: Was bedeutet die Krankheit für den Patienten? Denn in nicht wenigen Fällen haben Erkrankungen auch eine stabilisierende Funktion für die Gesamtverfassung des Patienten oder können sogar als Lösungen für Konflikte angesehen werden, die man aus unterschiedlichen, zumeist auch unbewussten, Gründen nicht anders bewältigen kann. Selbstverständlich ist jedem klar, dass der Preis dieser Konfliktlösung hoch ist, aber offensichtlich gelingt es dem Menschen (noch) nicht, bessere, der Gesundheit zuträglichere Lösungen zu entwickeln und zu realisieren. Es kommt also immer darauf an, dass der Arzt dem Patienten zuhört – und nicht nur symptombezogene und abrechnungsrelevante Aspekte erheben will, sondern in der Lage ist, auch zwischen den Wörtern zu hören. Das, was einem da allerdings zu Gehör kommt, ist häufig nicht eindeutig klassifizierbar, bleibt unbestimmt, verunsichert den Arzt in seiner ärztlichen Kompetenz gar und wird deswegen allzu gerne überhört. In diesem Sinne ließen sich noch einige medizinische Phänomene anführen. In allen Fällen aber, so scheint es zumindest, spielt die Arzt-Patient-Beziehung und die Persönlichkeit des Arztes eine ganz entscheidende und zentrale Rolle – mit Bezug auf die Behandlung und mit Bezug auf die Genesung. Genau dieser Tatbestand scheint wohl auch den Kern einer »medicina perennis« auszumachen, die auch in Zeiten evidenzbasierter Medizin und leitliniengestützter Behandlungen ihre Gültigkeit behält. Die Anerkennung dieses Kerns der praktischen Medizin führte letztendlich auch in den 1970er Jahren dazu, Fächer wie medizinische Psychologie, medizinische Soziologie und Psychosomatik und Psychotherapie in die Approbationsordnung der Ärzte aufzunehmen (Bertram 2013). Es dauerte allerdings nicht allzu lange, da setzte sich die biologistische Sichtweise auf den Menschen, getragen von den Protagonisten einer positivistisch orientierten Hirnforschung, gegenüber einer psychosozialen Sichtweise wieder durch, so dass die alte und bekannte Trennung in Körper und Geist wieder unter der Hand zum leitenden Prinzip wurde – die Idee, dass eine Heilkunst für Körper mit Seelen und Seelen mit Körpern (ebd.) realisiert werden muss, um dem Menschen in seiner untrennbaren leibseelischen Existenz gerecht zu werden, rückte nun in weite Ferne. Mittlerweile allerdings, nachdem man die psychosozialen Fächer weitgehend ihren Professuren beraubt und deren Themen den biologisch orientierten Medizinern übergeben hat, ist wieder eine sich artikulierende Gegenbewegung erkennbar, die für eine biopsychosoziale Sichtweise auf den Menschen eintritt und damit nicht die biologische Verfasstheit des Menschen leugnet, sondern für eine integrierte Medizin und damit für eine echte *Human*medizin steht (Uexküll et al. 2002). Gemeint ist damit eine medizinische Praxis, die sich dadurch zu erkennen gibt, dass sich der Arzt zunächst ganz grundsätzlich dem leidenden Menschen hörend und sprechend zuwendet – ganz dem antiken

Prinzip: »Zuerst heile mit dem Wort, dann mit der Arznei und zum Schluss mit dem Messer« (vgl. Emmerling 2014) – und so dem für ärztliches Handeln grundlegenden dialogischen Prinzip (Buber 1999) Geltung verschafft. Dass die integrierte Medizin den, so scheint es, sich immer wieder durchsetzende Dualismus von Körper und Geist/Seele überwinden möchte, zeigt sich auch in deren Namensgebung. Sie bezeichnet sich nicht mehr als psychosomatisch, hier wäre der Dualismus noch implizit enthalten, sondern als integriert.

Mit Blick auf die Pädagogik stellen sich, entgegen der vehement vertretenen Forderung nach Evidenzbasierung und dem wirkungsorientierten Output-Fanatismus, ähnliche Ergebnisse ein, die man eigentlich nur noch unter Inkaufnahme von disziplinärer und professioneller Fahrlässigkeit ignorieren kann. Insbesondere in den sonderpädagogischen Fachrichtungen mit den Förderschwerpunkten »emotionale und soziale Entwicklung« und »Lernen«, die ja doch überwiegend vom klinisch-psychologischen Blick einerseits und vom lernpsychologischen Blick andererseits getragen werden, lässt der Befund die manualisiert-standardisierten (pädagogischen) Bemühungen in ihrer Bedeutung doch etwas verblassen – und dies in zweifacher Hinsicht.

Zum einen, darauf haben schon Michael Fingerle, Professor für Förderdiagnostik und Evaluation an der Universität Frankfurt am Main, und Stephan Ellinger, Inhaber des Lehrstuhls für Pädagogik bei Lernbeeinträchtigungen an der Universität Würzburg, in ihrem Vergleich gängiger sonderpädagogischer Förderprogramme (Fingerle/Ellinger 2008) und Michael Fingerle und Günther Opp, Professor für Verhaltensgestörtenpädagogik an der Universität Halle-Wittenberg, in ihrer Veröffentlichung »Was Kinder stärkt« (Opp/Fingerle 2008) hingewiesen, scheint der Erfolg beziehungsweise Misserfolg sonderpädagogischer Förderprogramme ganz maßgeblich von der Beziehungsgestaltung abzuhängen, die der Sonderpädagoge mit seinen anvertrauten Kindern pflegt. Die Idee, dass ein spezifisches Trainings- oder Förderprogramm mit Blick auf ein klar umschriebenes Störungsbild bei jedem Kind zu gleichen Ergebnissen führt, musste in diesem engen Vorstellungsrahmen aufgegeben werden.

1 Einleitung: Pädagogik als praktische Wissenschaft und professionelle Praxis

Einem breiten Publikum ist diese Vorstellung unter dem Markennamen Triple P©, einem aus Neuseeland stammenden Elterntrainingsprogramm (*Positive Parenting Program*), bekannt, das zu trauriger Berühmtheit im Rahmen der RTL-Fernsehsendung »Super Nanny« gekommen ist. Die Triple P©-Kursleiter werden ausdrücklich dazu angehalten, bei ihren Anweisungen und Interventionen möglichst immer den gleichen Wortlaut zu verwenden. Hinter diesem Vorgehen verbirgt sich die Vorstellung einer strukturellen Äquivalenz von der Anwendung eines Arzneimittels und der einer pädagogischen Intervention. Jede Intervention soll möglichst »rein« und unbeeinflusst (fast wie unter Laborbedingungen) der klar definierten Störung appliziert werden. Personale, interpersonale und Faktoren der Umwelt sollen als verzerrende Einflussfaktoren möglichst ausgeschaltet werden. Das Auftreten erwünschter und gewünschter Effekte scheint allerdings nicht so sehr auf die Exekution der einer technischen Operation nachgebildeten pädagogischen Intervention, sondern vielmehr auf die Beziehungsgestaltung zwischen Kursleiter und Kindern und auf die Präsenz der pädagogischen Persönlichkeiten zurückzuführen zu sein. Genau dieser Tatbestand ist ja auch aus der Placebo-Forschung bekannt. So kann der gleiche Wirkstoff zu unterschiedlichen Wirkungen bei Patienten mit gleicher Erkrankung führen, und nicht selten stellen sich positive Effekte einer medikamentösen Behandlung ein, die überhaupt nicht mit einem Wirkstoff operierte (Bundesärztekammer 2011; Poser 2015).

Zum anderen scheinen viele so genannte Störungen, denen wir mit manualisierten und evidenzbasierten sonderpädagogischem Handwerkszeug begegnen, weniger in der Person des Kindes selbst verankert zu sein als vielmehr eine kindliche Ausdrucksgestalt, die auf ihre Sozialgebundenheit und Sinnstrukturiertheit selbst verweist. Bei den Kindern und Jugendlichen, die einen Förderbedarf im Bereich ihrer sozialen und emotionalen Entwicklung aufweisen, verwundert uns das nicht so sehr. Da erscheint es offensichtlich bzw. offensichtlicher, dass die Bedingungen des Aufwachsens maßgeblich zum entsprechenden Förderbedarf beigetragen haben – obwohl auch hier, zu erinnern sei an die noch immer andauernde Diskussion um die

Ätiologie des so genannten Aufmerksamkeitsdefizit-Hyperaktivitäts-Syndrom und wie diesem zu begegnen sei (vgl. Gerspach 2014, Hechler 2015) –, der ausschließlich personverankerten biologischen Verursachung nicht selten das Wort geredet wurde und weiterhin auch wird – trotz der eigentlich nicht zu ignorierenden mehr als belastbaren sozialwissenschaftlichen Befunde, die zum einen keine eindeutige Ätiologie im Sinne einer Krankheit in der biologistischen Fürsprache ausmachen können und die zum anderen mehr als überzeugend die Sinnstrukturiertheit und Sozialgebundenheit des Phänomens in unterschiedlichen Studien empirisch nachweisen konnten (Haubl/Liebsch 2010; Leuzinger-Bohleber/Brandl 2006). Im Förderschwerpunkt Lernen allerdings machen uns die aktuellen Forschungsbefunde deutlich ratloser. Wie der Würzburger Soziologe und Familienforscher Jörg Fertsch-Röver mit Bezug auf aktuelle sonderpädagogische Studienergebnisse unzweifelhaft aufzeigen konnte, besteht offensichtlich zwischen dem Erfolg bzw. Misserfolg schulischen Lernens und den vergangenen und aktuellen Entwicklungsbedingungen der Schülerinnen und Schülern ein nicht zu vernachlässigender Zusammenhang (Fertsch-Röver 2014). Es scheint so zu sein, dass wir es aktuell in der Schule mit dem Förderschwerpunkt Lernen mit Kindern und Jugendlichen zu tun haben, von denen nicht wenige Beziehungstraumata erfahren haben bzw. weiter erfahren, die nicht sicher gebunden und in Krisen ausreichend resilient sind und deren Mentalisierungsfähigkeit, also die Fähigkeit, sich in andere einzufühlen, die Welt mit den Augen der anderen zu sehen und sich und die anderen als intentionale Akteure zu verstehen, stark eingeschränkt ist. Diese der Entwicklung der Kinder nicht zuträglichen (Lebens-)Bedingungen geben sich allerdings in der Schule nicht sofort als solche zu erkennen, sondern zeigen sich zumeist als Schwierigkeiten des Lernens, des Verhaltens und auch als Schwierigkeiten im Umgang mit der eigenen Emotionalität. Wir sind dann als Lehrerinnen und Lehrer aufgefordert, diesen Schwierigkeiten so zu begegnen, dass ein erfolgreiches schulisches Lernen wieder möglich wird. Und üblicherweise tun wir dies unter Rückgriff auf spezifische Unterrichtskonzepte und fachdidaktische Modelle, um das Lernen der Kinder wieder zu erreichen und zu befördern. Doch ein »Mehr-desselben« führt nicht unweigerlich zum ersehnten Lernerfolg. Ganz im Gegenteil! Denn mittlerweile »kann davon ausgegangen werden, dass diese Kinder mit einer starken Fokussierung auf Didaktik allein nicht in angemessener Weise unterstützt werden können« (Ullrich/Zimmermann 2014, 263).

1.1 Sozioemotionale und soziokulturelle Voraussetzungen der kognitiven Entwicklung

Und dieser Sachverhalt ist auch gar nicht so verwunderlich, wenn man sich vergegenwärtigt, welche affektiven und sozialen Voraussetzungen und Umstände überhaupt gegeben sein müssen, um die überwiegend kognitiv strukturierten schulischen Aneignungsprozesse möglich werden zu lassen. Die Beantwortung der Frage: »Auf welchem Stand *muss* die emotionale und soziale Entwicklung eines Kindes *sein*, um in der Schule erfolgreich zu lernen?« gilt als Voraussetzung für die Initiierung schulischer Lernprozesse im Allgemeinen und im Besonderen; auf das einzelne Kind bezogen, muss gefragt werden: »Auf welchem Stand *ist* die emotionale und soziale Entwicklung des jeweiligen Kindes?«, um einschätzen zu können, wie das Kind in der Schule lernt oder eben auch nicht. In diesem Zusammenhang hat schon der bereits erwähnte Johann Friedrich Herbart im Jahre 1831 darauf hingewiesen, dass »Schulen als Hilfsanstalten für die Familienerziehung, die ohne dieselben ungenügend zu sein pflegt (...)« (Herbart 1964, 177), zu verstehen sind – für die Schule als Bürokratie und die Lehrerinnen und Lehrer als Repräsentanten eben dieser Bürokratie ist dies nicht einfach anzuerkennen: Schule als Hilfsanstalt für die Familienerziehung! Aber für Herbart ist klar: »Erziehung ist Sache der Familien; von da geht sie aus, und dahin kehrt sie größtenteils zurück« (Herbart 1964,

165). Solch eine Betrachtungsweise mindert allerdings keineswegs die Bedeutung der Schule, denn Herbart hat ja deutlich gemacht, dass die Familienerziehung ohne die Schulerziehung für ein selbstbestimmtes und gemeinschaftsfähiges Leben ungenügend ist. Zentrale Aufgabe der Schule ist es, und das macht ihre Relevanz als Motor der individuellen Entwicklung und der kulturellen Evolution aus (vgl. Konrad 2007), die für die personale Selbstbestimmung (Mündigkeit) notwendigen Stellen im Bildungsprozess der Kinder, die die Familienerziehung leer gelassen hat bzw. hat leer lassen müssen, zu füllen – wenn die Kinder alles, was sie so für das Leben brauchen auch ohne Schule lernen könnten, hätte die Schule ein Legitimierungsproblem. Das, was Herbart vor gut 180 Jahre schon angedacht hatte, ist heute aktueller denn je: *die Voraussetzungen für den Erfolg schulischen Lernens sind in den frühen Erfahrungen, und damit sind zumeist die vorschulischen Erfahrungen gemeint, zu suchen und zu finden.* Letztendlich hat Johann Heinrich Pestalozzi den zur Diskussion stehenden Sachverhalt 1799 schon so prägnant zur Darstellung gebracht, dass er eigentlich keinen weiteren Ausführungen oder Erklärungen bedarf: »Schulunterricht ohne Umfassung des ganzen Geistes, dessen die Menschenerziehung bedarf, und ohne auf das ganze Leben der häuslichen Verhältnisse gebaut zu sein, führt in meinen Augen nicht weiter als zu einer künstlichen Verschrumpfungsmethode unseres Geschlechts« (Pestalozzi 1954, S. 102).

Dieser Tatbestand ist an sich ja schon nicht unproblematisch, denn so stehen wir nicht selten vor Lernproblemen der Kinder im »Hier und Jetzt« und müssen uns deren Entstehungsbedingungen im »Dort und Damals« vergegenwärtigen, um einigermaßen wirksame Lernhilfe anbieten zu können. Und da das »Dort und Damals« bei jeden Kind anders ist, kommen wir nicht umhin, die Lebensgeschichte des Kindes und die Bedingungen seines Aufwachsens, wenigstens in Teilen, zu rekonstruieren oder zumindest der Biographie des Kindes Aufmerksamkeit entgegen zu bringen. Darüber hinaus muss aber noch zur Kenntnis genommen werden, dass die jetzigen schulischen Lernprobleme nicht kausal auf kognitive Defizite in der frühkindlichen und vorschulischen Entwicklung verweisen, sondern vorrangig

1.1 Sozioemotionale und soziokulturelle Voraussetzungen der kognitiven Entwicklung

auf Defizite in der emotionalen und sozialen Entwicklung. Wenn das Kind also anhaltende Schwierigkeiten im Subtrahieren hat, heißt das noch lange nicht, dass die mathematischen Vorläuferfähigkeiten in der Familie und in der frühkindlichen Betreuung nicht ausreichend gefördert wurden – das kann so sein, es muss aber nicht zwangsläufig so sein. Es nutzt also nichts, die Babys in der Familie und die Kinder im Kindergarten schon mit ausgefeilten kognitiven Trainingsprogrammen zu traktieren, denn die beste Förderung der kognitiven Fähigkeiten im Vorschulalter ist die sozioemotionale und soziokulturelle Förderung. Das heißt natürlich nicht, dass den Kindern kognitive Inhalte und Lernanreize vorenthalten werden sollten – ganz im Gegenteil. Es heißt nur, dass sich diese Inhalte und Reize dann am besten entfalten, wenn sie auf eine gut entwickelte sozioemotionale und soziokulturelle Grundlage treffen – nichts anderes hat auch der Schweizer emeritierte Professor für Psychiatrie und Psychotherapie Luc Ciompi gemeint, wenn er in seiner fraktalen Affektlogik die emotionalen Grundlagen des Denkens überzeugend herausarbeitet (Ciompi 1997). Vorsichtig und unter Vorbehalt formuliert könnte man bis hierher festhalten: *Eine differenzierte Emotionalität und eine ebenso differenzierte Interpersonalität sind die besten Voraussetzungen für die Entwicklung funktionaler kognitiver Strukturen.*

Um den Kindern in der Schule in diesem Sinne gerecht zu werden, sollte vielleicht regelhaft, zumindest in der Grundschule und in der Förderschule, über eine *biographische Anamnese unter pädagogischen Gesichtspunkten* nachgedacht werden. Wir haben ausreichende Verfahren der pädagogisch-psychologischen Diagnostik zur Verfügung, die allerdings überwiegend auf eine Lern*stands*erhebung abzielen. Das, was der pädagogischen und sonderpädagogischen Aufmerksamkeit nicht selten entgeht, ist die (vorschulische) Entwicklung der Lern*geschichte* unter sozioemotionalen und soziokulturellen Aspekten.

All das ist im Grunde für die Pädagogik als Disziplin und als professionelle Berufspraxis auch nichts Revolutionäres, denn so hat zum Beispiel Rousseau in seinem Emil 1762 festgehalten: »Da der

1 Einleitung: Pädagogik als praktische Wissenschaft und professionelle Praxis

Mensch alles, was er begreift, nur durch die Sinne begreift, so ist die erste Vernunft des Menschen eine sinnhafte Vernunft; sie bildet die Grundlage der intellektuellen Vernunft« (Rousseau 1998, 111). Was die frühen Pädagogen schon wussten, wird heute durch die psychoanalytisch inspirierte Säuglingsforschung, deren Ergebnisse durch die modernen Neurowissenschaften weitgehend bestätigt werden, und durch die Bindungstheorie eindrücklich belegt (vgl. Hobson 2014; Greenspan/Shanker 2007): *Die Anfänge des Denkens basieren auf einer sicheren Bindung und auf der Differenzierung der Gefühle durch empathisch affektspiegelnde Emotionsäußerungen durch eine Bindungsperson innerhalb dieser sicheren Bindung.* Daran scheint es keinen vernünftigen Zweifel mehr zu geben. Wie sich neue wissenschaftliche Erkenntnis ihren Weg in die Praxis bahnt, kann an der aktuellen Entwicklung der Verhaltenstherapie als psychologische Psychotherapie abgelesen werden. Seit der kognitiven Wende in der Verhaltenstherapie (Beck 1979; Ellis 1977), die den orthodoxen Behaviorismus abgelöst hat, wird dem Bewertungssystem der Menschen größere Bedeutung und Aufmerksamkeit zu Teil als die alleinige Fokussierung auf beobachtbares Verhalten. Zwischen einem Stimulus (Reiz) und einer darauffolgenden Reaktion wird nun eine kognitive Operation angenommen, die den Reiz bewertet und die damit Grundlage für die individuelle Reaktion ist. Für die kognitiven Verhaltenstherapeuten und die kognitive Psychologie ist bisher allerdings klar, dass emotionale Reaktionen, wie zum Beispiel Angst, Unsicherheit oder auch Niedergeschlagenheit, auf einer kognitiven Bewertung eines Reizes basieren. Das dadurch entstehende Gefühl wird dann in manifestes Verhalten umgesetzt. Sowohl das manifeste Verhalten als auch das durch Bewertung entstehende Gefühl können allerdings irrationalen oder auch dysfunktionalen Charakter annehmen. Insbesondere dann, wenn die Bewertung des Reizes inadäquat ist. So hat schon der antike Philosoph und Pädagoge Epiktet darauf hingewiesen, dass uns nicht die Dinge als solche ängstigen, sondern vielmehr die Vorstellungen, die wir uns von diesen machen (Epiktet 2006). Irrationale Angst und dysfunktionale emotionale Turbulenzen wären so nichts anderes als das Ergebnis einer Fehlbewertung einer

1.1 Sozioemotionale und soziokulturelle Voraussetzungen der kognitiven Entwicklung

Situation oder eines Sachverhalts. In diesem Verständnis ist die Aussage: »Von der Kognition zur Emotion!« durchaus gerechtfertigt. In der Praxis der kognitiven Verhaltenstherapie zeigt sich dieses Paradigma in der so genannten »B3-C1-Logik« (Stavemann 2002, 251). Das heißt, auf eine augenblickliche Situation A bezogen, mit der ein Mensch konfrontiert ist, setzt sich sein Bewertungssystem in Gang, und zwar in dreifacher Hinsicht. Zunächst (B1) wird abgefragt, was ich vor dem Hintergrund meiner bisherigen Erfahrungen in der Situation sehe, dann (B2) werden Schlussfolgerungen und vermutete Konsequenzen aus dieser Sichtweise gezogen, die dann letztendlich (B3) in eine abschließende Bewertung münden. Diese Bewertung hat Konsequenzen (C), denn sie zieht sowohl eine gefühlsmäßige Reaktion (C1) als auch ein manifestes Verhalten (C2) auf die augenblickliche Situation (A) nach sich. Üblicherweise laufen die kognitiv strukturierten Bewertungsprozesse in einem latenten Wahrnehmungsmodus ab, so dass wir erst einmal eigentlich nur die Konsequenzen (C), also die Gefühle und Verhaltensbereitschaften, bewusst wahrnehmen. Unter Annahme der herausragenden Stellung der Kognition eignet sich dieses ABC-Modell sehr gut, Verhalten zu analysieren. Durch rationales und plausibles (Nach-)Denken erlangt der Mensch die »Herrschaft im eigenen Haus«, und falls das einmal nicht der Fall sein sollte, dann sind die Gründe hierfür in unangemessenen Attribuierungen zu suchen. Unter Bezugnahme auf die aktuellen Ergebnisse der Säuglingsforschung, der Bindungs- und Mentalisierungstheorie, die ihren Niederschlag ebenfalls in den kognitiven Wissenschaften, hier häufig unter dem Namen Theory of Mind (Förstl 2012), finden, plädiert Martin Wendisch, ein Freiburger Psychologischer Psychotherapeut mit sowohl verhaltenstherapeutischer als auch psychoanalytischer und tiefenpsychologischer Fachkunde, mit Blick auf die Verhaltenstherapie für die Weiterentwicklung hin zu einer verfahrens- und störungsübergreifenden Psychotherapie, die die emotionalen Schlüsselerfahrungen der Patienten therapietheoretisch und behandlungstechnisch in den Fokus nimmt (Wendisch 2015). Auch die so genannte »dritte Welle« der Verhaltenstherapie, so Wendisch, die zwar die primäre Bedeutung von Emotionen erkennt, bleibt doch überwiegend einer evidenzbasierten Psychotherapie verpflichtet und teilt mit dieser eben auch ihre Fehlentwicklungen, wie ein weiterhin stark ausgeprägter Kognitivismus, eine deutliche Symptomfixierung und ein hoher Grad an Technikfixierung. Die Anerkennung der Emotionalität und der Interpersonalität erfordern eine radikale Weiterentwicklung der Verhaltenstherapie – unter dem Motto: von der Emotion zur Kognition!

Allerdings wäre es unangemessen und der Sache nicht gerecht, zwischen Emotion, Kognition und Interaktion fast gegensätzliche, polar zu unterscheidende Relationen anzunehmen. Man würde so einen grundsätzlichen erkenntnistheoretischen Kategorienfehler reproduzieren. Vielmehr ist mit dem Leipziger evolutionären Anthropologen Michael Tomasello (2014) festzuhalten, dass das menschliche Denken wohl eine individuelle Improvisation darstellt, die in eine soziokulturelle und sozioemotionale Matrix verwoben ist.

1.2 Lernbeeinträchtigungen und Verhaltensstörungen als Beziehungsstörungen

Wie vielleicht bisher ersichtlich geworden ist, tun wir als Lehrerinnen und Lehrer auf alle Fälle gut daran, wenn wir uns intensiv der Familienerziehung der Kinder zuwenden, die bei uns als Schülerinnen und Schüler im Unterricht sitzen. Denn die Lernbeeinträchtigungen und Verhaltensstörungen, mit denen wir es zu tun haben, sind aus der bisher skizzierten Perspektive vordringlich als Beziehungsstörungen zu verstehen, die deutlich auf die Relevanz der sozioemotionalen und soziokulturellen Matrix (s. o.) mit Blick auf die Ätiologie von Lernbeeinträchtigungen und Verhaltensstörungen verweisen. Sie sind weniger als isolierte kognitive, soziale und emotionale personverankerte Defizite anzusehen, denen man mit entsprechenden standardisierten

1.2 Lernbeeinträchtigungen und Verhaltensstörungen als Beziehungsstörungen

Förderprogrammen beikommen kann. Der britische Psychologieprofessor Bob Marvin stellt vor dem Hintergrund seiner bindungstheoretischen Forschungen zu oppositionellem Verhalten in der Kindheit lapidar fest: »Um es kurz zu sagen: Die meisten Varianten der traditionellen Sicht betrachten das Problem oder die Störung als in der Person des Kindes angesiedelt« (Marvin 2009 190). Aber, so Marvin weiter: »In der bindungstheoretischen Perspektive zeigt sich (…): Das Problem wird als in der Beziehung liegend angesehen (…)« (Marvin 2009, 191 ff). Dass diese Sichtweise auch Einzug in die Kinder- und Jugendlichenpsychiatrie und Psychotherapie hält, die ja doch überwiegend für eine personverankerte Blickrichtung einsteht, zeigt sich an aktuellen Behandlungskonzepten für Angststörungen und Depressionen im Kindes- und Jugendalter. Üblicherweise wurden Angst und Depression im Kindes- und Jugendalter als internalisierende Störungen aufgefasst und dementsprechend eher isoliert mit manualisierten Trainingsprogrammen behandelt. Die sich allerdings immer deutlicher durchsetzende Überzeugung, dass diese Störungen auch eine nicht zu vernachlässigende interpersonelle Ätiologie aufweisen, führt zu einer Erweiterung des diagnostischen und psychotherapeutischen Vorgehens – mehr weg von einer personalen (personverankerten) Sichtweise und hin zu einer interpersonellen (beziehungsorientierten) Sichtweise. Im Mittelpunkt der Diagnostik und der Behandlung steht die Frage: »Wie lässt sich das Symptom des Kindes als Beziehungssymptom zwischen Eltern und Kind verstehen?« (Göttken/von Klitzing 2015, 149). Das heißt, »klassische« personverankerte Störungsbilder werden zusehends, auch von »klassisch« personbezogenen Sichtweisen und Behandlungsansätzen, als interpersonell bedingte Beziehungssymptome aufgefasst.

Wenn es sich also als richtig erweist, dass viele Lernbeeinträchtigungen und Verhaltensstörungen im Grunde auf Beziehungsstörungen verweisen, dann müssen wir uns überlegen, wie wir diesen Störungen angemessen begegnen können. Denn es scheint doch so, als würde der verstärkte Bezug auf didaktische Konzepte und isolierte Förderprogramme nicht den Erfolg zeitigen, den wir uns wünschen. Mittlerweile spricht man diesbezüglich auch in einschlägigen Fachkreisen – allerdings noch etwas »unter der Hand« – von einer »Lücke in der Lehrerbildung« (Kreis 2015). Auf den Punkt gebracht bedeutet diese Lücke, dass die Lehrer und Lehrerinnen im Grunde nicht auf die Anforderungen der Praxis und auf die Bedürfnisse der Schülerinnen und Schüler ausreichend vorbereitet sind. Und »unter der Hand« meint, dass die Fakten dem Personal der wissenschaftlichen Lehrerbildung zwar bekannt sind, eine curriculare Veränderung allerdings auf sich warten lässt.

Im Bereich der Pädagogik bei Lernbeeinträchtigungen zeigt sich diese »Lücke« am eindrücklichsten. Obwohl man weiß, dass ca. 95 % der Schülerinnen und Schülern in Schulen mit dem Förderschwerpunkt Lernen nicht an personverankerten Störungen oder angeborenen Minderbegabungen, sondern an ihrem soziokulturellen Umfeld leiden (Ellinger 2013, Schroeder 2015), fokussieren weiterhin ca. 95 % der universitären Lehre auf eine überwiegend personbezogene Sichtweise der Entstehung von Lernbeeinträchtigungen mit den sich daraus ableitenden Unterrichts- und Förderkonzepten (Lauth et al. 2014). Zu fragen ist, und diese Frage verweist sowohl auf die Lehrerbildung, die sich den Anforderungen stellen muss, als auch auf die konkrete Praxis in der Schule, wie wir den betroffenen Kindern und Jugendlichen als Lehrerinnen und Lehrer ein entsprechendes Unterstützungsangebot zukommen lassen können, so dass schulisches Lernen wieder möglich wird oder die Lernbeeinträchtigungen und Verhaltensstörungen in Umfang und Schwere zumindest abgemildert werden?

1.3 Die Bedeutung der Lehrerpersönlichkeit und der Lehrer-Schüler-Beziehung

Im Grunde liegt die Antwort auf der Hand: Schule und Unterricht sind Beziehungsräume par excellence! Die Lehrer-Schüler-Bezie-

1.3 Die Bedeutung der Lehrerpersönlichkeit und der Lehrer-Schüler-Beziehung

hung, neben den Beziehungen, die die Kinder mit ihrer Gleichaltrigengruppe eingehen, ist geradezu prädestiniert, um den skizzierten Beziehungsstörungen zu begegnen. Im allgemeinen Verständnis ist das jedem klar:»›Und überhaupt‹, fuhr Goethe fort, ›lernt man nur von dem, den man liebt‹« (Eckermann 1981, 148). Kein Kind vermag auf die Dauer, so der Pädagoge und Lehrer Konrad Schneid,»so ohne weiteres Wissensstoff von einem Menschen anzunehmen, der ihm völlig gleichgültig ist (...)« (Schneid 1979, 10). Und es ist die Theorie der »reziproken Affekte« (Tausch/Tausch 1991), die zu erklären vermag, warum dort, wo Lehrerinnen und Lehrer sich freundlich und verstehend verhalten, mehr produktives Schülerverhalten festzustellen ist als dort, wo das Verhalten der Lehrkräfte restriktiv und egozentrisch ist. Jeder, der seinem Alltagsverständnis folgt, weiß also, dass wir dann am besten lernen, wenn wir keine Angst haben, wenn uns andere Dinge nicht allzu sehr beschäftigen, wenn wir denjenigen, der sich um unser Lernen bemüht, mögen, und wenn es diesem darüber hinaus auch noch gelingt, die Sache, um die es geht, anschaulich und interessant darzubieten. Aber es ist auch die Lehrer-Schüler-Beziehung und die Person des Lehrers und der Lehrerin, die dann ins Spiel kommen, wenn es Probleme mit dem Lernen und Verhalten gibt, denn: Förderung geschieht maßgeblich durch die Person der Lehrerin bzw. des Lehrers im Rahmen der Lehrer-Schüler-Beziehung. *Die Lehrperson ist sowohl das wirksamste Unterrichts- als auch Fördermittel!*

Im Übrigen ist auch dies ein Sachverhalt, der der Pädagogik alles andere als fremd ist, der aber unter anderem auch dadurch in Vergessenheit geraten ist, weil es eben auch eine Folge der evidenzbasierten Ausrichtung sonderpädagogischer Forschung und Lehre ist, Literatur, die älter als fünf Jahre ist, als veraltet und damit als irrelevant aufzufassen. Auch auf die Gefahr hin, dass die folgenden Sätze als nicht besonders relevant angesehen werden können, erscheint es geboten, wenigstens anhand einiger pädagogischer Persönlichkeiten kursorisch zu zeigen, dass das Thema »pädagogische Beziehung und Persönlichkeit« zu den immerwährenden Themen der Pädagogik gehört, »die sich halten, wiederkehren und nicht

1 Einleitung: Pädagogik als praktische Wissenschaft und professionelle Praxis

vorüberrauschen wie die Telefonmasten von PISA und anderen Aufgeregtheiten des Moments« (Prange 2005, 166). Ob die skizzierte Evidenzbasierung ebenso zu den »Aufgeregtheiten des Moments« gehört, wird die Geschichte zeigen. Doch nun zu den angekündigten pädagogischen Persönlichkeiten: So fragt bereits *Seneca* (*etwa im Jahre 1; † 65 n. Chr.) um 50 nach Christus: »Warum schulde ich dem Arzt und Erzieher mehr als nur den Lohn?« und er gibt sogleich die Antwort darauf: »Weil der Arzt und Erzieher uns zu Freunden werden und uns nicht durch die Dienstleistung verpflichten, die sie verkaufen, sondern durch ihr gütiges Wohlwollen wie einem Familienmitglied gegenüber«. Erzieherisches (und ärztliches) Handeln ist also alles andere als eine standardisierbare Dienstleistung, und der Zögling/Schüler (und Patient) ist in diesem Verständnis auch alles andere als ein Kunde. Seneca verweist damit auf das Moment der Gleichzeitigkeit von Diffusität und Spezifität im professionellen Arbeitsbündnis. Die Überbetonung eines Strukturelements führt unweigerlich zu einer Deprofessionalisierung (Oevermann 1996). Die Schülerinnen und Schüler sind also nicht einfach nur Adressaten oder »Kunden« unserer schulischen Interventionen, sondern müssen von uns als ganze Personen anerkannt werden. Erst die Interpersonalität der Lehrer-Schüler-Beziehung führt zum Lernen der Kinder.

Der Renaissance-Humanist *Erasmus von Rotterdam* (*1469; †1536) bringt den Sachverhalt folgendermaßen auf den Punkt: »Der erste Schritt beim Lernen ist die Liebe zum Lehrer« und weiter: »›Am meisten lernt der, der gerne lernt‹; man lernt aber gerne von denjenigen, die man lieb hat.« Es versteht sich von selbst, dass mit »Liebe« hier keine erotische Liebe gemeint ist (vgl. Strobel Eisele/ Roth 2013), sondern eine pädagogische Liebe (vgl. Seichter 2007), die dem Aristoteles zugeschriebenen Ausspruch über Platon: »amicus Plato, sed magis amica veritas«, zu deutsch: »Platon ist mir lieb, aber noch lieber die Wahrheit«, folgt. Erasmus von Rotterdam nimmt hier allerdings eine Einsicht vorweg, die Sándor Ferenczi, ein ungarischer Psychoanalytiker, im Jahre 1932 auch für die psychotherapeutische Behandlung gewonnen hat: »Ohne Sympathie keine Heilung!«

1.3 Die Bedeutung der Lehrerpersönlichkeit und der Lehrer-Schüler-Beziehung

(Ferenczi 1999). Das heißt, wenn es uns nicht gelingt, die uns anvertrauten Kinder auf eine grundlegende Weise zu mögen, ist die Gefahr des Scheiterns des Unterrichts signifikant erhöht. Zwar können wir ohne Probleme die »Kosten« dieser Nicht-Passung auf die Seite der Schülerinnen und Schüler verschieben – diese lernen dann einfach nicht – und uns so vermeintlich schadlos halten, doch hat die Ignoranz einer Beziehungsstörung auch für den Lehrer und die Lehrerin einen nicht unerheblichen Preis, denn die Reibungsverluste sind enorm, und Erschöpfung, Niedergeschlagenheit, Gereiztheit, Sarkasmus und ähnliches sind die Folgen.

Die Bedeutung der Beziehungsgestaltung zwischen dem Lehrer und seinem Schüler hat auch *Johann Heinrich Pestalozzi* (*1746; †1827) hervorgehoben: »Unser Geschlecht bildet sich wesentlich nur von Angesicht zu Angesicht, nur von Herz zu Herz menschlich.« Für Pestalozzi ist damit sowohl die Intersubjektivität als auch deren emotional-affektive Einbettung maßgeblich für die Personagenese, also für die Personwerdung des Menschen durch Erziehung. Selbstverständlich betont auch schon die frühe Verhaltenspsychologie die Bedeutung von Beziehung. So gibt Werner Correll, ein emeritierter Professor für Pädagogische Psychologie und Freund von Burrhus Frederic Skinner, gerade mit Blick auf unterrichtliche Prozesse bereits Mitte der 1960er Jahre zu bedenken, dass ein »positives Verhältnis zwischen ›Demonstrationspersonen‹ und Beobachter (die) Voraussetzung für die Übernahme einer Fremderfahrung in die eigene Erfahrung (ist)« (Correll 1971, 197). Dass hierbei das so genannte »positive Verhältnis« als ein Mittel zum Zweck instrumentalisiert und gewissermaßen als »Verstärker« im Ansatz des so genannten »programmierten Lernens« eingesetzt wird und damit wenig bis gar nichts mit intersubjektiver Anerkennung und Fürsorge zu tun hat, die Pestalozzi wohl im Blick hatte, bleibt freilich unerwähnt. Wie dem auch sei, Pestalozzi nimmt in seinen Ausführungen ein Postulat vorweg, für das heute insbesondere die Bindungstheorie einsteht.

In Anknüpfung an die großen pädagogisch-philosophischen Vorfahren erläutert dann *Johann Wolfgang Goethe* (*1749; †1832), wie wir

1 Einleitung: Pädagogik als praktische Wissenschaft und professionelle Praxis

bereits gesehen haben, im Gespräch mit Johann Peter Eckermann lapidar »›Und überhaupt‹, fuhr Goethe fort, ›lernt man nur von dem, den man liebt‹.« Für Goethe war das völlig klar – ein Lernen, das nicht in ein förderliches und fürsorgliches Verhältnis eingebettet ist, ist ein mühsames Unterfangen. Und seit der psychoanalytisch informierten Pädagogik weiß man auch, dass das anfängliche Lernen in der Schule hauptsächlich aus Liebe zum Lehrer geschieht (vgl. Bernfeld 1971).

Jenseits aller sowohl allgemeindidaktischen als auch fachdidaktischen Überlegungen und spezifischen Unterrichtskonzepte bleibt es doch dabei, wie *Theodor Litt* (*1880; †1962) bemerkt, dass »Erziehung ein Handeln (ist), durch das der Mensch sich auf den Menschen bezieht«. Es ist also der (pädagogische) Bezug des Lehrers auf den Schüler, der das Wesen des Unterrichts und der Erziehung ausmacht. Selbstverständlich ist das erzieherische Verhältnis, dessen historische und theoriegeschichtliche Entwicklung sehr schön von Friedrich W. Kron zusammengetragen wurde (Kron 1970), keineswegs ausreichend für die Initiierung von Lern- und Entwicklungsprozessen, doch bleiben all die Bemühungen sehr beschwerlich, die den pädagogischen Bezug aus der Pädagogik ausklammern oder ihn nur als ein Mittel zum Zweck (s. o.) missbräuchlich verwenden.

Und schließlich, ohne Anspruch auf Vollständigkeit, denn es ließen sich hier weitere Gewährsmänner und Gewährsfrauen anführen, soll noch auf den Pädagogen und Existenzphilosophen *Otto Friedlich Bollnow* (*1903; †1991) verwiesen werden, der ein Zeitzeuge der empirisch-realistischen Wende in der Pädagogik, die fortan Erziehungswissenschaft hieß, war. Angesichts der nunmehr überwiegend sozialwissenschaftlichen und psychologischen Durchdringung des Gegenstands der Pädagogik und der Formen pädagogischen Handelns mahnt er: »Und dennoch darf man bei aller wissenschaftlichen Behandlung des Erziehungs- und Unterrichtsvorgangs nicht vergessen, daß es letztendlich der Mensch ist, die in ihrer vollen Menschlichkeit überzeugende Persönlichkeit, die im Kind erst die Erziehungsbereitschaft hervorruft und ohne die alle Erziehungsbemühung wirkungslos bliebe.« Es scheint also, folgt man Bollnow, die Person des Lehrers und der Lehrerin zu sein, der letztendlich die

1.3 Die Bedeutung der Lehrerpersönlichkeit und der Lehrer-Schüler-Beziehung

entscheidende erzieherische und unterrichtliche Relevanz zugesprochen werden muss. Dass sich die »theoretische Pädagogik wie die Physik, die Psychologie, die Ethik und die Metaphysik auf eine mehr als 2000 Jahre umfassende Geschichte (...)« (Benner/Oelkers 2003, 7) beziehen kann, ändert nichts an der diesbezüglichen Geschichtsvergessenheit. Es gehört normalerweise zum professionellen Habitus eines Sozial-, Kultur- oder Geisteswissenschaftlers, dass dieser sich der Theoriegeschichte seines Fachs bewusst ist und darüber Auskunft geben kann. Und noch bedeutsamer sind die disziplinäre Selbstvergewisserung und das damit einhergehende disziplinäre Selbstverständnis für all diejenigen Disziplinen, die über eine korrespondierende professionelle Praxis verfügen. Letztendlich verstehen sich Ärzte, Pfarrer und Richter »gleichsam (als) Zwerge, die auf den Schultern von Riesen sitzen, um mehr und Entferntes als diese sehen zu können – freilich nicht dank eigener scharfer Sehkraft oder Körpergröße, sondern weil die Größe der Riesen uns emporhebt« (v. Salisbury 1991, 116). Der frühscholastische Philosoph Bernhard von Chartres, dem dieses Gleichnis um 1120 zugeschrieben wurde, wusste um die Bedeutung der Theorie- und Professionsgeschichte einer Disziplin. Für die Pädagogik als Wissenschaft von der Erziehung und als professionelle erzieherische Praxis hingegen kann mittlerweile nicht mehr gesichert davon ausgegangen werden, dass die überwiegende Zahl der Standes- und Professionsvertreter auf den Schultern der pädagogischen Giganten sitzen. Vielmehr lassen sie sich gerne von den disziplinären Vertretern der Psychologie – und aktuell noch viel lieber von denen der Neurowissenschaften – freudig »auf den Arm nehmen« und von dort, im Schutz paternalistischer Fürsorge, die Welt in Augenschein nehmen. Insofern ist es auch nicht verwunderlich, wenn zu pädagogischen Fragestellungen jeder andere gefragt wird, nur nicht die Pädagogik selbst. Mit Blick auf die Bedeutung der pädagogischen Persönlichkeit und der pädagogischen Beziehungsgestaltung bekommt die Pädagogik allerdings Rückendeckung durch die Medizin – und diese hat ja im öffentlichen und fachspezifischen Diskurs ein größeres Gewicht als die Pädagogik. Darüber hinaus ist das Verhältnis von Medizin und Pädagogik seit Hippokrates eher ein verwandtschaftliches als ein bevormundendes, wie die 2500jährige Geschichte der Gesundheitspädagogik zeigt (Henner 1998). Insbesondere die Forschungsergebnisse zur Arzt-Patient-Beziehung sowohl in der allgemeinärztlichen als auch in der fachärztlichen Praxis und die Ergebnisse der Forschung zu den Wirkfaktoren von Psychotherapie stützen die pädagogische Annahme von der Bedeutung der Lehrerpersönlichkeit und der Lehrer-Schüler-Beziehung für die Lernprozesse der Kinder. So kann mittlerweile festgehalten werden, dass das wirksamste und das am allerhäufigsten verwendete Arzneimittel in der allgemeinärztlichen und fachärztlichen Praxis der Arzt selbst ist (Balint 2001). Mit ihm verbinden sich Hoffnung und Zuversicht. Damit ist der Tatbestand gemeint, den Werner Leibbrand, ein Psychiater und Medizinhistoriker, als »Mehr als Arzt« (Leibbrand 1939, 19) bezeichnet hat. Das, was den Heilungsprozess voran oder Linderung bringt, liegt im Zusammenspiel von ärztlichem Wissen, ärztlichem Können und einer gewissen ärztlichen Haltung begründet, ohne die sich die spezifischen Kenntnisse und spezifischen Fertigkeiten nicht wirksam realisieren lassen. Ärztliche Praxis ist weit mehr als eine standardisierte Wissensanwendung. Vielmehr scheint ärztliches Handeln dann am erfolgreichsten zu sein, wenn zu den spezialisierten Wissensbeständen und Kunstfertigkeiten die, wie der Medizinethiker Giovanni Maio feststellt, Elemente der Zuwendung, der Gabe und der Fürsorge hinzutreten (Maio 2015, 2014). Und diese Elemente beschreiben genau das, was man als kranker Mensch implizit erwartet, wenn man einen Arzt aufsucht. Gelingt es dem Arzt dann noch, das häufig implizit mitschwingende Beziehungsangebot von Seiten der Patienten aufzugreifen, ist die Wahrscheinlichkeit eines erfolgreichen Behandlungsverlaufs deutlich erhöht (Dörner 2003). Dass die »Droge« Arzt so wirksam ist, liegt wahrscheinlich in dem anthropologischen Sachverhalt der existenziellen Angewiesenheit auf andere Menschen begründet, die ja sowohl in phylogenetischer als auch in ontogenetischer Sicht auf die frühen Stadien der menschlichen Entwicklung zurückgeht. Mit Bezug auf die Phänomenologie von Georg Wilhelm Friedrich Hegel führt der bulgarische

1.3 Die Bedeutung der Lehrerpersönlichkeit und der Lehrer-Schüler-Beziehung

Geistes-, Kultur- und Sozialwissenschaftler Tzvetan Todorov aus: »Das Humane beginnt dort, wo sich die biologische Begierde nach Erhaltung des Lebens der menschlichen Begierde nach Anerkennung unterordnet« (Todorov 1998, 34). Und weiter: »Die Existenz des Individuums als spezifisch menschliches Wesen beginnt nicht auf einem Schlachtfeld, sondern im Erheischen des mütterlichen Blicks durch den Säugling (...)« (39). Er, der mütterliche Blick, »bestätigt es in seiner Existenz« (Streeck 2007, 29 mit Bezug auf Todorov 1998). Damit ist klar, in existentiellen (Not-)Situationen sind wir auf die Anerkennung des Anderen angewiesen – zu Beginn auf den (liebevollen und fürsorglichen) Blick unserer Eltern, durch den wir uns erkennen. Wenn wir dann aber auch mal krank werden und einen Arzt aufsuchen müssen, ist es eben, wenn es gut geht, der ärztliche Blick, der uns als Patienten anerkennt und uns die nötige Aufmerksamkeit und Versorgung verspricht, auf die wir angewiesen sind. Im ärztlichen Blick realisiert sich das, was Leibbrand (s. o.) als das »Mehr als Arzt« skizziert hat. Das gilt, ohne allzu weit vorgreifen zu wollen, natürlich nicht nur für die Eltern und die familiäre Situation und für den Arzt und das ärztliche Handeln, sondern ohne Abstriche auch für den Lehrer und die Lehrerin und die Unterrichtspraxis. Für Schülerinnen und Schüler, auch wenn das nicht immer klar vor Augen tritt, hat das Lernen in der Schule immer auch existentielle Momente – Lernen macht (auch) Angst. Und es ist der pädagogische Blick des Lehrers und der Lehrerin, der die Situation der Kinder erfasst und ihnen hilft, durch Anerkennung der Person die Anspannung so zu regulieren, dass Lernen möglich wird.

Ebenso weisen aktuelle Studien zur Wirksamkeit von Psychotherapie darauf hin, dass psychotherapeutische Behandlungen dann am erfolgreichsten sind, wenn sie einem elterlichen oder erzieherischen Modell folgen (Strupp 1986). Es kommt weniger darauf an, ob nun die Psychotherapien einen verhaltenstherapeutischen, einen psychodynamischen, einen systemischen oder einen humanistischen Ansatz vertreten. Dreh- und Angelpunkt jeder psychotherapeutischen Behandlung ist das Verhältnis von Psychotherapeut und Patient, und dieses professionelle Verhältnis verspricht dann am besten seine entwicklungsförderlichen Potentiale freizusetzen, wenn es eben einem elterlichen/erzieherischen Modell nachgebildet ist. Das heißt im Grunde nichts anderes, als dass Psychotherapie als eine Form der Nacherziehung mit »guten« Eltern(-teilen) aufzufassen ist. Sigmund Freud, der Begründer der Psychoanalyse, hat diesbezüglich 1905 schon verdeutlicht, dass die psychoanalytische Behandlung über weite Strecken »ein Stück Erziehungsarbeit« (Freud 1905a, 25) darstelle und allgemein als »Nacherziehung zur Überwindung innerer Widerstände« (ebd.) angesehen werden muss. Ernst Schneider, ein Schweizer Volksschullehrer, Reformpädagoge und Psychoanalytiker, hält so auch in der ersten Ausgabe der Zeitschrift für Psychoanalytische Pädagogik 1926 unmissverständlich fest: »Die Psychoanalyse als Heilverfahren, das das Unbewußte bewußt macht und die verfehlte Ordnung nachträglich zu stiften unternimmt, wurde immer als eigentlich pädagogisches Verfahren gewertet« (Schneider 1926, 6). Diesem Verständnis folgend, ist es auch für Anna Freud, eine der maßgeblichen Begründerinnen der Kinderanalyse, klar, dass der Psychotherapeut in seiner Person zwei Aufgaben vereinen muss: »Er muß analysieren und erziehen (...)« (Freud, A. 1927, 72). Für die Pädagogik als Wissenschaft und als professionelle Praxis ergibt sich damit nicht nur, wie wir bereits gesehen haben, ein Verwandtschaftsverhältnis mit der Medizin. Vielmehr kommt ihr auch eine Reflexionsfunktion für die Theorie und Praxis der Psychoanalyse zu. Dieser Sachverhalt ist ja einer, der eher weniger den Psychoanalytikern und den Pädagogen gewahr ist. Das Verhältnis von Psychoanalyse, Pädagogik und Erziehung ist bisweilen mehr von Missverständnissen und Vorurteilen geprägt als von wechselseitiger Anerkennung und fundiertem Wissen um die jeweils andere Disziplin und Profession (Bittner/Ertle 1985). So werden die Psychoanalytiker (auch heute noch) nicht müde, die psychoanalytische Praxis kategorial der erzieherischen Praxis gegenüber zu stellen. Begründet wird diese Haltung damit, dass die Psychoanalyse die Aufklärung und Befreiung des Subjekts von inneren und äußeren Zwängen zum Ziel habe. Erziehung hingegen ziele im Grunde nur auf eine Reproduktion der gesellschaftlichen Verhältnisse ab, die das Individuum weiterhin repressiv in Unfreiheit halte. Weiterhin assoziiert man mit Pädagogik und Erziehung in Psychoanalytikerkreisen häufig auch Besserwisserei und eine als Drohung völlig missverstandene »Zeigefingerpädagogik«. Um einen Psychoanalytiker zu diskreditieren, reicht es in diesem Sinne dann auch völlig aus zu behaupten, sein Denken und Handeln sei unanalytisch, was meist nichts anderes heißt, als dass es als informierend, auffordernd, unterstützend – eben als erzieherisch – wahrgenommen wird (Hechler 2014). Nimmt man die Theorie der praktischen Pädagogik (Brumlik et al. 2013) ernst, dann ließen sich die psychoanalytisch begründeten Psychotherapieverfahren auch im Paradigma pädagogischen Sehens, Denkens und Handelns verorten.

Doch halten wir an dieser Stelle kurz inne und versuchen uns die Bedeutung dieser Erkenntnisse im Allgemeinen zu verdeutlichen. Das, was für die ärztliche Praxis gilt, nämlich, dass der Arzt selbst das wirksamste Arzneimittel darstellt, gilt gleichermaßen auch für die übrigen »klassischen« Professionen (Hechler 2016). Es ist immer die Person des Pfarrers, des Richters, des Erziehers und eben auch des Arztes, dessen Auftreten letztendlich darüber entscheidet, ob die Verkündigung des Wort Gottes Gehör findet, ob das Urteil auch Gerechtigkeit (wieder-)herstellt, ob das Zeigen auch zu einem Lernen führt oder ob der Eingriff Heilung oder Linderung nach sich zieht (Brumlik et al. 2013). Immer gilt also die jeweilige Gleichung: Pfarrer = *Heils*mittel, Richter = *Rechts*mittel, Erzieher = *Erziehungs*mittel und Arzt = *Heil*mittel. Soweit zur Bedeutung der Person des Professionellen.

Blicken wir nun auf die zweite Aussage, dann haben wir es mit einem Sachverhalt zu tun, der die professionelle Beziehung thematisiert. Und hier wird es interessant. Es scheint sich herauszustellen, dass professionelle Beziehungen nach dem Muster einer »guten« Eltern-Kind-Beziehung gestaltet sind: »If analogies are called for, an educational or parenting model is more appropriate for the study of psychotherapy than is the drug treatment model, with its associated concepts of placebos and randomized clinical trials« (Strupp1986, 128). Das heißt, um Missverständnissen vorzubeugen, natürlich nicht, dass die Professionellen »bessere« Eltern sein sollen oder gar,

1 Einleitung: Pädagogik als praktische Wissenschaft und professionelle Praxis

dass die Diffusität und Intimität, die neben der spezifischen Aufgabenzentrierung in allen professionellen Beziehungen zu finden sind und die selbstverständlich das zentrale Charakteristikum einer diffusen Sozialbeziehung, wie das Eltern-Kind- und Paarbeziehung sind, ausmachen, überbetont und agiert werden sollten – ganz im Gegenteil. Vielmehr geht es darum, die *Eltern-Kind-Beziehung als ein paradigmatisches Modell professionellen Handelns* zu begreifen und dementsprechend zu fragen, wie das die Eltern so anstellen, dass die Kinder gedeihen. Von dieser Fragestellung bleibt natürlich im Konkreten völlig unberührt, dass es mehr als genügend Fälle gibt, in denen die Eltern-Kind-Beziehung scheitert und das Wohl des Kindes gefährdet wird. Das, was aber beide Praxen, die der Familienerziehung und die des professionellen Handelns auf den ersten Blick miteinander verbindet, ist die Tatsache, dass es bei beiden Praxen immer um grundlegende Fragen des Lebens geht. Bei den Kindern ist das ganz klar. Da braucht es die versorgenden Eltern, die das Kind füttern, zärtlich in den Armen halten, es pflegen, es beruhigen, mit den »Regeln des Hauses« vertraut machen, ihm zeigen, wie es sich selbst anziehen und die Zähne putzen kann und vieles mehr, um eine gesunde Entwicklung zu ermöglichen. Die Eltern sind also für den Aufbau einer funktionierenden Lebenspraxis ihrer Kinder von existentieller Bedeutung. Erziehung – auch die professionelle – ist in diesem Verständnis *existenz*basiert und weniger *evidenz*basiert. Ähnlich verhält es sich aber auch in Situationen, in denen wir gezwungen sind, professionelle Hilfe in Anspruch zu nehmen. Das ist meist dann der Fall, wenn wir kurzfristig und punktuell mit Ereignissen im Leben konfrontiert sind, die sich nicht so einfach von selbst verstehen und bewältigen lassen – Ereignisse also, die im Grunde ebenfalls existentieller Natur sind. Das merken wir immer dann, wenn wir zum Beispiel krank werden, emotional stark erschüttert sind, um die gerechte Behandlung unserer Person fürchten müssen oder sich Lernaufgaben stellen, die sich eben nicht durch ein Lernen aus eigener Kraft lösen lassen. In all diesen Fällen ist uns die Führung unseres Lebens so ohne weiteres nicht mehr möglich. Das, was also die Eltern-Kind-Beziehung und die professionellen Beziehungen verbindet, ist die Tatsache, *dass sich beide Sozialformen auf die Bewältigung existentieller Aufgaben richten.* Und dabei wird immer der Andere, ob nun in Gestalt des Vaters/der Mutter oder des Professionellen, benötigt, um diese existentiellen Herausforderungen, die das Leben bereithält, erfolgreich zu bewältigen.

Exkurs II: Die Eltern-Kind-Beziehung als paradigmatisches Modell professionellen Handelns

Die Herausbildung der als »klassisch« zu bezeichnenden Professionen muss vor dem Hintergrund der Erziehungsfunktion der Familie gesehen und verstanden werden. Letztendlich verweist professionelles Handeln auf die Ausdifferenzierung von und Fokussierung auf zentrale Elemente familialer Erziehung. Im Mittelpunkt der Familienerziehung stehen zumindest immer die Sorge um die Gesundheit, die Vermittlung von Moralität und von Sinn und Bedeutung und das Aufzeigen unterschiedlicher Lerngegenstände zum Zweck der Aneignung. Damit lassen sich die gesellschaftlichen Zentralwerte wie Gesundheit, Gerechtigkeit, Wahrheit und Bildung kulturgeschichtlich auf die Familie und deren Funktion und Organisation zurückführen. Gesellschaftliche Zentralwerte verweisen in anthropologischer Hinsicht auf familiale Notwendigkeiten, die die Funktionalität der Familiengruppe und damit deren Überleben aufrechterhalten haben. Können die Eltern bis zu einem gewissen Grade die zentralen Elemente familialer Erziehung in »Personalunion« verwalten und bearbeiten – Eltern als Ärzte, Richter, Erzieher und Pfarrer –, so trägt das familiale Modell mit Blick auf die Verwobenheit von Individuation und gesellschaftlicher Entwicklung und Ausdifferenzierung nur bedingt. Professionen kümmern sich gewissermaßen als »spezialisierte Eltern« um die Bearbeitung lebenspraktischer Krisen durch Konsens-, Therapie-, Kompetenz- und Wahrheitsbeschaffung. Erzieherinnen und Erzieher, Richter und Richterinnen, Ärztinnen und Ärzte und Pfarrerinnen und Pfarrer sind damit vordringlich als »stellvertretende Eltern« aufzufassen – so erlangen sie ihre Wirksamkeit. Deswegen sind auch die Person des Professionellen und die professionelle Beziehungsgestaltung die wirksamsten Interventionsmittel. Und das wusste auch schon Sigmund Freud, der zwar auf der einen Seite für die Praxis der Psychoanalyse empfahl, sich »den Chirurgen zum Vorbild zu nehmen, der alle seine Affekte und selbst sein menschliches Mitleid beiseite drängt« (Freud 1912, 380) und der für den Analysierten undurchsichtig sein soll »und wie eine Spiegelplatte nichts anderes zeigen, als was ihm gezeigt wird« (Freud 1912, 384). Der gleiche Freud, Milan Sreckovic nennt diesen Freud den »Freud des Gebens« (Sreckovic 2015, 166), weiß aber: »Oder: erinnern wir uns daran, daß es in der Psychoanalyse üblich ist, das Ursprüngliche und Wurzelhafte an Stelle des Abgeleiteten und gemilderten einzusetzen, und sagen wir, der Arzt bedient sich bei seinem Erziehungswerk irgend einer Komponenten der Liebe. Er wiederholt bei solcher Nacherziehung wahrscheinlich nur den Vorgang, der überhaupt die erste Erziehung ermöglicht hat. Neben der Lebensnot ist die Liebe die große Erzieherin, und der unfertige Mensch wird durch die Liebe der ihm Nächsten dazu bewogen, auf die Gebote der Not zu achten und sich die Strafen für deren Übertretung zu ersparen« (Freud 1916, 365 ff). Diese skizzierten Maßnahmen, die in professionellen Kontexten Anwendung finden, kommen »nicht anders als in der Beziehung zwischen Mutter und Kind ganz spontan zum Zuge« (Hurry 2002, 81).

Schließlich hat die Ableitung professionellen Handelns aus den Anforderungen familialer Erziehung auf die Interventionspraxis der Professionen ebenfalls nicht unerheblichen Einfluss, denn: »Ähnlich wie in der Therapie, muß auch in der Pädagogik auf Mechanismen und Struktureigenschaften der naturwüchsigen Praxis zurückgegriffen werden. Die Prinzipien der pädagogischen Praxis werden nicht neu erfunden, sondern der Praxis der naturwüchsigen Sozialisation ›entnommen‹ und durch bewußte methodische Prüfung gesteigert und geklärt« (Oevermann, 1996, 142). Das heißt, die Grundstrukturen professionellen Handelns finden sich in der Familie schon vorgegeben – dort wird, natürlich in begrenzterem und deutlich weniger reflektierterem Maße, auch eingegriffen (Eingriff als professionelle

1.3 Die Bedeutung der Lehrerpersönlichkeit und der Lehrer-Schüler-Beziehung

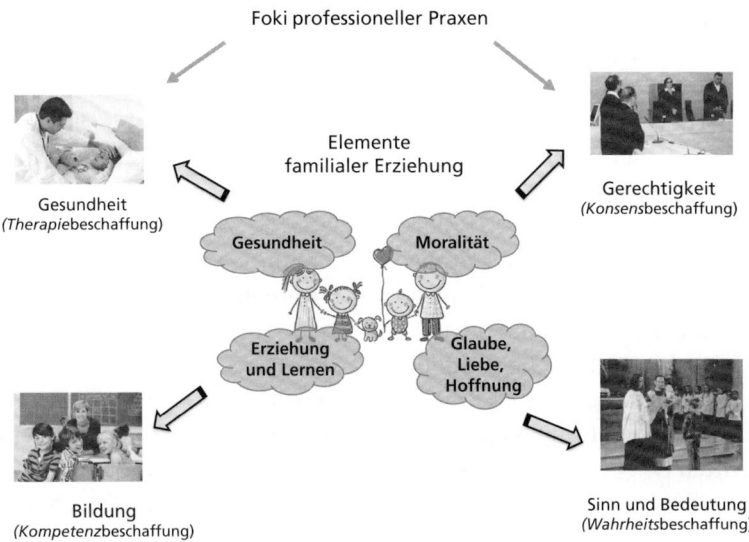

Abb. 1: Zusammenhang von Familienerziehung und professionellen Praxen

Grundoperation des Arztes), gezeigt (Zeigen als professionelle Grundoperation des Erziehers), verkündigt (Verkündigung als professionelle Grundoperation des Pfarrers) oder auch geurteilt (Urteilen als professionelle Grundoperation des Richters) (vgl. Hechler 2016). Und wie der Frankfurter Professionssoziologe Ulrich Oevermann den Tatbestand umrissen hat, werden die Prinzipien der naturwüchsigen familialen Praxis im Rahmen systematischer disziplinärer und professioneller Bearbeitung »durch bewußte methodische Prüfung gesteigert und geklärt« (Oevermann 1996, S. 142).

Aus familiendynamischer Sicht hat Fertsch-Röver (2014) diesbezüglich ein »übergreifendes Modell von Ko-Regulation« (26) vorgestellt, das das notwendige Zusammenspiel von existentieller Not und koregulierendem Anderen sehr gut verdeutlicht. Mit Blick auf existentielle Ernstsituationen geht es sowohl in Eltern-Kind-Beziehungen als auch in professionellen Beziehungen zunächst um eine Wahrnehmungseinstellung, die dazu in der Lage ist, die Signale des Gegenübers (Kind, Schüler, Patient, Klient usw.) – auch wenn diese häufig als störend erlebt werden – als Mitteilungen über sein Befinden zu entschlüsseln. Das ist an sich nicht immer leicht, denn das, was manifest durch (sprachliches) Verhalten mitgeteilt wird, ist in den seltensten Fällen das, was latent gemeint ist. So müssen beispielsweise die Hyperaktivität, die Ängstlichkeit oder die Ablenkbarkeit immer auf deren subjektive Bedeutung für das Kind/den Schüler im Kontext einer sozialen Eingebundenheit befragt werden – es geht letztendlich darum, der so genannten Dysfunktion eine Funktion zu unterstellen. Das heißt, Unterrichtsstörungen, Lernbeeinträchtigungen und Verhaltensstörungen haben immer auch einen funktionalen Kern mit Blick auf die Regulation einer inneren Not. Das »Hören mit dem dritten Ohr« (Reik 1983) erfordert von uns anschließend, das, was wir manifest und latent wahrgenommen haben, erst einmal auch zur Kenntnis zu nehmen und das Wahrgenommene auch aushalten zu können – so unverstanden dies auch erst einmal für uns ist. Aktionismus, der als Reaktion auf zum Beispiel unverstandenes störendes Verhalten allzu menschlich ist, ist hier allerdings fehl am Platz. Die pädagogische Funktion des Haltens meint, eben nicht sofort in Stress und Aufregung zu geraten und mehr oder weniger unüberlegt zu agieren, sondern angesichts des bislang vielleicht Unverstandenen und der Ungewissheit, die in allen pädagogischen Situationen immer mitschwingen, eine *gelassene Präsenz* zu verkörpern. Damit bringt der Lehrer zum Ausdruck, dass ihn so leicht nichts aus der Ruhe bringt – ganz im Sinne des römischen Komödiendichters Terenz, der in seinem Heautontimorumenos feststellt: »Mensch bin ich, nichts Menschliches achte ich mir fremd.« Eine so verstandene pädagogische Haltung vermag die Schüler, insbesondere die mit einem sonderpädagogischen Förderbedarf, zu beruhigen, da sie so die Erfahrung machen, dass das, was sie (innerlich und äußerlich) bewegt, offensichtlich handhabbar ist, denn sonst würde der Lehrer ja auch in Aufregung geraten. Aus dieser Position ist es dann möglich, über die manifest und latent mitgeteilten Signale nachzudenken, und dieses Nachdenken führt zu zunächst zu einer Entdramatisierung und

1.3 Die Bedeutung der Lehrerpersönlichkeit und der Lehrer-Schüler-Beziehung

schließlich zu einer Modifikation des Mitgeteilten. Handlungsleitend kann dabei die Frage sein: »Was fehlt dem Schüler, dass er diese oder jene Verhaltensweise zeigen muss und was braucht er dementsprechend von mir, um sie aufgeben zu können?« Das ist im Grunde *die* zentrale Frage des Unterrichts – insbesondere dann, wenn es mit dem Lernen mal nicht so klappt. Schließlich müssen die Überlegungen des Lehrers auch irgendwie zur Sprache gebracht beziehungsweise in Handlung übersetzt werden. Im besten Fall befördert die reflektierte Reaktion des Lehrers ein Kohärenzgefühl auf Seiten des Schülers. Die schwierige und notverursachende Situation wird so durch die ko-regulierende Funktion des Lehrers in eine zwar weiterhin herausfordernde Situation transformiert, die nun allerdings als verstehbarer, sinnhafter und auch handhabbarer (vgl. Antonovsky 1997) und damit als weniger bedrohlich erlebt wird. So kann Lernen (wieder) gelingen. Letztendlich helfen der Lehrer und die Lehrerin den Schülerinnen und Schülern in schwierigen Unterrichts- und Lernsituation zu mentalisieren, das heißt, sie sind wieder in der Lage, Perspektivwechsel zu vollziehen und über sich und die eigene Intentionalität und deren der anderen unter Einbezug des sozioemotionalen Bedingungsgefüges nachzudenken.

Der Philosoph Sören Kierkegaard hat unseres Erachtens nach genau das auf den Punkt gebracht, was die ko-regulierende Funktion der Eltern ausmacht und was auch für die Gestaltung professioneller Beziehungen, zu denen eben auch die Lehrer-Schüler-Beziehung gehört, richtungsweisend sein kann. In seiner als Beichtrede konzipierten Abhandlung »Die Reinheit des Herzens«, stellt Kierkegaard (1926) fest, dass das Gute dem Menschen nur so hilft,

> »wie die liebende Mutter das Kind lehrt alleine zu gehen: Die Mutter steht vor dem Kinde in so großer Entfernung, daß sie wirklich das Kind nicht halten kann, aber sie breitet ihre Arme aus, sie macht alle Bewegungen des Kindes nach; es schwankt, und schnell beugt sie sich, als ergriffe sie es – darum glaubt das Kind, daß es nicht allein gehe. Mehr kann selbst die liebreichste Mutter nicht tun, wenn es wirklich so sein soll, daß das Kind allein gehe. Und doch tut sie mehr, denn ihr Antlitz, ja ihr Antlitz winkt wie der Lohn des Guten, wie die Ermunterung der Seligkeit. So geht das Kind allein: Das Auge auf das Antlitz

der Mutter und nicht auf die Schwierigkeit des Weges geheftet, sich auf die Arme stützend, die es doch nicht halten, nach der Zuflucht in der Mutter Umarmung strebend, kaum ahnend, daß es im selben Augenblicke zeigt, daß es sie entbehren kann – denn nun geht das Kind allein« (67).

In dieser Passage kommt verdichtet zum Ausdruck, wie sich das Wesen professionellen Handelns beschreiben lassen könnte. Sowohl der eingreifende Arzt, der verkündigende Pfarrer, der urteilende Richter als auch der zeigende Erzieher können letztendlich nur darauf hinwirken, dass sich Linderung oder Heilung, Seelenheil, Rechtsfrieden oder aber auch Lernen einstellen – garantieren können sie dies nicht. Gleichzeitig aber verkörpern sie mit ihrem Blick auf die ihnen professionell Anvertrauten Hoffnung, Zuversicht und Ermunterung – also genau die Einstellungen, die das »Mehr-als« ausmachen. Darüber hinaus wird auch noch deutlich, dass die Professionellen die notwendige Entwicklung für den Patienten, den Gläubigen, den Mandanten und den Zögling nicht stellvertretend realisieren können – im Sinne: »Lass mal, ich mache das jetzt für Dich!« Dieses Moment macht häufig auch die Ohnmacht im professionellen Handeln aus. Aber, wie Kierkegaard ja auch festhält: damit ist schon viel getan, und wahrscheinlich auch das Hauptsächliche. Gleichzeitig bemerkt Kierkegaard aber auch, dass eben nicht nur Feinfühligkeit, sondern in vielen Fällen Angst und Furcht Verwendung finden, um das Lernen der Menschen zu befördern. So schreibt Kierkegaard (ebd.) weiter:

> »Auch die Furcht will dem Menschen helfen, sie will ihn lehren, allein zu gehen, aber nicht, wie die liebreiche Mutter; denn es ist die Furcht selbst, die das Kind immer umstößt. Sie will ihm auch vorwärts helfen, aber nicht, wie das Winken der liebreichen Mutter; denn die Furcht selbst liegt schwer auf ihm, so daß er nicht von der Stelle kommen kann. Sie will ihn zum Ziel führen, und doch ist es die Furcht selbst, die ihm das Ziel fürchterlich macht. Sie will ihm zum Guten helfen, und doch gewinnt ein auf diese Weise Lernender nie die Gunst des Guten (…)« (68).

Angst und Furcht sind nie gute Lehrmeister. Ein Lernen, das auf Angst beruht, ist kein Lernen, sondern, wenn überhaupt, Dressur – und das ist genau das Gegenteil von dem, was professionelle Praxen

1.3 Die Bedeutung der Lehrerpersönlichkeit und der Lehrer-Schüler-Beziehung

zum Ziel haben. Denn immer geht es um die Herstellung oder Wiederherstellung von Mündigkeit und personaler Selbstbestimmung. Angst hat hier keinen Platz.

Blicken wir aber nach der Darlegung der allgemeinen Bedeutung der Person des Professionellen und der professionellen Beziehung wieder im Besonderen auf die Person des Lehrers und der Lehrerin und auf die Lehrer-Schüler-Beziehung, dann können wir für unser Thema vorläufig festhalten, dass erstens Lernen und die Förderung des Lernens (des gesamten Entwicklungsprozesses des Schülers) dann am besten gelingen oder aussichtsreicher erscheinen, wenn sich die Person des Lehrers/der Lehrerin als hauptsächliches Lehr- und Fördermittel begreift, und zweitens, dass sich professionelles Unterrichten an einem elterlichen Modell orientieren sollte. Ohne nun einen umfassenden und vollständigen Tugendkatalog des Lehrers aufstellen zu wollen, kann man mit Blick auf seine emotionalen und sozialen Kompetenzen grob folgende Aussagen wagen:

- Der gute »Lehrer« zeigt Präsenz und Akzeptanz.
- Er erkennt die Schüler als Gegenüber an und mutet ihnen entsprechend ihrer Verfassung auch etwas zu.
- Er nimmt die Gefühle seiner Schüler wahr und spiegelt sie differenziert wider.
- Er zeigt eine fürsorgliche und verlässliche Zugewandtheit, ist interessiert an und neugierig auf seine Schüler und empfindet eine grundsätzliche Sympathie für diese.
- Er weiß um die Irrungen und Wirrungen des menschlichen Entwicklungsprozesses, so dass sein Blick auf die Kinder durch Demut, Gelassenheit und Humor bestimmt wird.
- Schließlich ist ihm bewusst, dass die Lehrer-Schüler-Beziehung ein zentraler Moderator für den schulischen Lernerfolg der Kinder ist.

Paul Moor (1974) hat vieles von dem ja schon in seinen drei heilpädagogischen Maximen auf den Punkt gebracht, sinngemäß fordert er vom Erzieher und Lehrer: 1.»Nicht gegen den Fehler, sondern für das Fehlende!«, 2.»Erst verstehen und dann erziehen!« und 3.»Nicht nur das Kind, sondern auch sein Umfeld ist zu erziehen!« Letztendlich bestätigt die aktuelle Forschungslage zu den professionellen Akteuren und zur professionellen Beziehung nur das, was auch schon Herman Nohl erstmals im Jahre 1935 festgestellt hat: Voraussetzung für Erziehung und Unterricht ist ein tragfähiger pädagogischer Bezug, der Elemente »von der Mutterliebe und der Vaterführung« (Nohl 2002, 174) vereinigen muss. Und eingebettet ist dieses grundlegende pädagogische Verhältnis in das, was Otto Friedrich Bollnow (2001) das »pädagogische Betriebsklima« (12) nennt. So verstanden wird »Unterricht als Umgang von Personen konkret als Praxis (…), die empfänglich macht für Prozesse der Personwerdung« (Schaal 1983, 121).

2

Ausbildungsprogramm »Feinfühlig Unterrichten«

Wenn also sowohl der Person des Lehrers und der Lehrerin als auch der Lehrer-Schüler-Beziehung für das Lernen und die Förderung von Kindern mit herausfordernden Erlebens-und Verhaltensweisen, mit denen wir es vermehrt in der Schule zu tun haben, eine so große Bedeutung zugesprochen werden muss, eine Bedeutung, die gewissermaßen noch vor den einschlägigen schulpädagogischen Wissensbeständen und didaktischen Fertigkeiten anzusiedeln ist, dann müssen wir uns die Frage stellen, wie diese professionellen Fertigkeiten, Kenntnisse und Haltungen im Rahmen der universitären Lehrerbildung auch vermittelt werden können. Wir müssen ernst machen mit der Forderung Herbarts, wonach die Pädagogik die Wissenschaft ist, »die der Erzieher für sich bedarf«

(Herbart 1964, 22). Allzu häufig finden wir noch die Annahme, dass die Psychologie den Kern pädagogischen Handelns ausmache – Unterricht ist diesem Verständnis nach nichts weiter als angewandte Psychologie. Doch hat der niederländische Pädagoge und Psychologe Martinus Jan Langeveld bereits in den 1950er Jahren unmissverständlich dargelegt, »daß die Psychologie nie und nirgends die Erziehung leiten und richten kann. Daß aber (...) die Psychologie im Gegenteil nach Ursprung, Bedeutung und Gegenstand vom pädagogischen Denken abhängig ist« (Langeveld 1968, 71). Die Psychologie wird dann für Unterricht und Erziehung relevant, wenn sie aus dem pädagogischen Gedankenkreis heraus formuliert wird – dann haben wir es mit einer »echten« pädagogischen Psychologie zu tun (Hechler 2016). Dass die Pädagogische Psychologie weiterhin an den psychologischen Hochschulinstituten ansässig ist, und nicht etwa (auch) an den pädagogischen und sonderpädagogischen Fakultäten, zeigt, dass wir es nicht mit einer pädagogisch aufbereiteten und formulierten Psychologie zu tun haben, sondern mit einer akademischen Psychologie, die zumindest für pädagogische Fragestellungen eine Allzuständigkeit für sich beansprucht (Bergmann 2015). Ganz anders verhält es sich im Übrigen mit den psychosozialen Grundlagen der Medizin. Dort ist es selbstverständlich, die medizinische Psychologie und medizinische Soziologie an der medizinischen Fakultät zu verorten. Von der Theorie und Praxis der Heilkunde aus werden die Erkenntnisse der Psychologie und der Soziologie auf ihre medizinische und ärztliche Relevanz geprüft und in entsprechender Form auch aufbereitet und vermittelt. Neben den wissenschaftstheoretischen und standespolitischen Differenzen ist aber aus der Praxis des Unterrichtens häufig noch eine weitere Meinung zu vernehmen. So ist nicht selten zu hören, dass »das mit der Beziehung« ja sowieso dazu gehört, »das machen wir immer« und braucht nicht eigens Thema universitärer Lehre und Forschung und außeruniversitärer Fort- und Weiterbildung zu sein.

Allerdings scheinen, und hierfür sprechen die einschlägigen Forschungsergebnisse zu den »Belastungen, die Unterricht unmöglich machen« (Ullrich/Zimmermann 2014), sowohl die Entscheidung, das eigene Heil als Lehrerin und Lehrer überwiegend in der Psychologie zu suchen, als auch die Annahme, intuitives Beziehungsmanagement wird schon ausreichen, um den Bindungsbedürfnissen der Kinder gerecht zu werden – schließlich handelt es sich ja um Unterricht und nicht um Therapie –, auf mittlerer Sicht nicht belastbar genug, um, mit Blick auf den Lehrer und die Lehrerin, gut zu lehren und, mit Blick auf die Schülerinnen und Schüler, gut zu lernen. Ein Ausweg aus dieser Situation ist darin zu sehen, die angehenden Lehrerinnen und Lehrer zu befähigen, feinfühlig zu unterrichten. Feinfühlig unterrichten heißt, blicken wir noch einmal zurück zu dem bisher Ausgeführten, bindungstheoretisch fundiert und mentalisierungsförderlich lehren zu können. Erst mit diesen professionellen Kenntnissen, Fertigkeiten und Haltungen können wir den spezifischen Bedürfnissen der in Rede stehenden Schülerinnen und Schüler, die immer häufiger in den Schulen in Erscheinung treten, gerecht werden. Diese professionelle Grundhaltung ist im Übrigen nicht nur für die Schülerinnen und Schüler mit besonderer Bedürfnislage hilfreich, sondern in gleichem Maße auch für alle anderen Kinder – denn so wird, wie bereits gezeigt werden konnte, ein Lernen (und auch Lehren) in (Angst-)Freiheit möglich. Gerade mit Blick auf eine inklusive (Schul-)Entwicklung erscheint eine grundlegende lehr-/lernbezogene Feinfühligkeit als geradezu unabdingbar. Dass diese skizzierten Elemente einer pädagogischen Haltung in der Lehrerschaft und in der Schule als Organisation schulischer Erziehung nicht vorbehaltlos geteilt werden, versteht sich von selbst. Häufig wird sogar das Argument vorgebracht, dass sich die Lehrkräfte ausdrücklich von der emotionalen und sozialen Dimension des Lernens und Lehrens fernhalten sollen, denn diese hätten im Unterricht nichts zu suchen. Gleichwohl zeigt sich am schulischen Horizont etwas, das Michael Felten, ein praktizierender Lehrer und Autor mehrerer schulpädagogischer Schriften, die »personale Wende« (Felten 2011, 14) nennt und damit ganz in Herbarts Sinne für eine »Rückkehr der Pädagogik in die Schule« (Felten 2011, Umschlagvorderseite) plädiert.

Wie können die Inhalte dieser so genannten personalen Wende – in der Psychotherapie im Allgemeinen und in der Psychoanalyse im Besonderen spricht man übrigens von einer intersubjektiven Wende im Verständnis und in der Behandlung psychischer Störungen (Altmeyer/Thomä 2006) – für die Lehrerbildung didaktisch aufbe-

2 Ausbildungsprogramm »Feinfühlig Unterrichten«

reitet werden? Ausgehend von der aktuellen Prüfungs- und Studienordnung haben wir unterschiedliche Lehrangebote konzipiert, die, zumindest gehen wir davon aus, dazu taugen, die angehenden Förderschullehrerinnen und Förderschullehrer für die zur Diskussion stehende Thematik zu sensibilisieren. Es geht uns nicht darum, die Studierenden mit völlig »Neuem« zu irritieren und gar zu verstören, sondern an dem, was bereits gelehrt wird, anzuknüpfen und in Richtung Emotions- und Interaktionszentrierung, in Richtung pädagogische Persönlichkeit und Beziehungsgestaltung weiter auszubauen. Das Würzburger Ausbildungsprogramm »Feinfühlig Unterrichten« besteht im Kern aus vier ausbildungsrelevanten Teilen, die von einem Forschungsprojekt und einem Fort- und Weiterbildungsangebot flankiert werden. Zunächst werden die zentralen Ausbildungsbestandteile vor- und zur Diskussion gestellt. Danach sollen auch die damit verbundenen Forschungsaktivitäten und die aus dem Ausbildungsprogramm »Feinfühlig Unterrichten« hervorgehenden Fort- und Weiterbildungsangebote zur Darstellung gebracht werden.

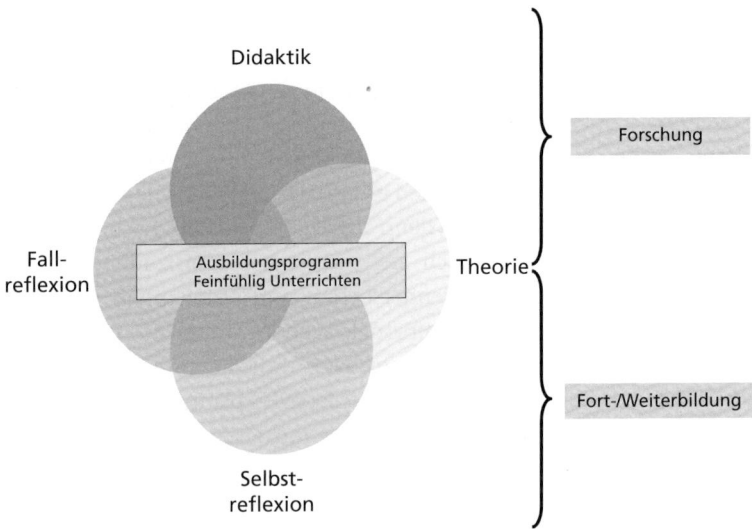

Abb. 2: Elemente des Ausbildungsprogramms »Feinfühlig Unterrichten«

2.1 Phänomenbezogene Didaktik – Nicht Gedachtes lernen, sondern Denken lernen

Eine, wenn nicht gar *die* zentrale Kernkompetenz des Lehrers und der Lehrerin ist die Fertigkeit des Unterrichtens. Unterricht ist als eine komplexe Form erzieherischen Handelns zu verstehen, die es darauf abgesehen hat, Sachverhalte, die sich zumeist nicht so ohne weiteres vor Augen führen lassen, so zur Darstellung zu bringen, dass sich die Schülerinnen und Schüler Kenntnisse über diese Sachverhalte aneignen und diese Kenntnisse auch in lebenspraktisch relevanter Weise zur Anwendung bringen können. Auf den Punkt gebracht, könnte man sagen, Unterricht hebt darauf ab, jemanden etwas so zu zeigen, dass er/sie es wieder zeigen kann. Damit ist die Aufgabe des Unterrichts hinlänglich beschrieben. In diesem Sinne gleicht Erziehung im Allgemeinen und Unterrichten als Form der Erziehung im Besonderen einem Handwerk (Prange 2012). Es geht, wie bei allen Professionen, nicht nur um einen spezifischen Sonderwissensbestand, über den die jeweiligen Professionsinhaber verfügen, sondern im Wesentlichen auch um eine spezifische Kunstfertigkeit im Umgang mit den den Professionen anvertrauten Zentralwerten – in unserem Fall dem der Bildung. Die Didaktik als Lehre von den Formen des Erziehens ist im schulisch-unterrichtlichen Anwendungsfall als die Lehre von den Inhalten und der Form ihrer Darstellung aufzufassen: Was muss wie gezeigt werden, so dass die Aneignung der von dem Lehrer und von der Lehrerin vermittelten Themen durch die Schülerinnen und Schüler wahrscheinlich wird? In dieser Auffassung von Didaktik zeigt sich deren bifokale Aufgabenstellung. Immer geht es um die Fragen, welche Inhalte vermittelt werden sollen und wie diese am besten zu vermitteln sind. Für den ersten Aufgabenteil ist die so genannte didaktische Analyse zuständig. Der deutsche Erziehungswissenschaftler und Didaktiker Wolfgang Klafki hat hinsichtlich der Relevanz des Unterrichtsinhalts für die Schülerinnen und Schüler fünf Leitlinien definiert (Klafki 1963), die bis heute Gültigkeit beanspruchen können:

- Die *exemplarische Bedeutung* des Unterrichtsinhalts muss danach fragen, was die Schülerinnen und Schüler mit den Inhalten anfangen können, das heißt, auf welche allgemeinen Sachverhalte die Unterrichtsinhalte abheben.
- Die *Gegenwartsbedeutung* geht über die allgemeine Bedeutung für die Erschließung der Welt hinaus und befragt die Unterrichtsinhalte auf ihre lebenspraktische Relevanz für die Schülerinnen und Schüler.
- Da man nie genau weiß, ob das, was man heute lernt, oder das, was wir heute den Kindern vermitteln, auch noch in Zukunft eine Bedeutung haben wird, muss sich die *Zukunftsbedeutung* mit der Frage beschäftigen, inwieweit mag der heutige zu vermittelnde Unterrichtsinhalt auch zukünftig für die Schülerinnen und Schülern von Bedeutung sein.
- Und schließlich zielt die Frage nach der *Struktur der Unterrichtsinhalte* auf die Art und Weise, wie auf sachbezogene Fragen angemessen geantwortet werden kann. So lassen sich viele Fragen durch Kenntnis wissenschaftlicher Zusammenhänge beantworten. Gleichwohl ist eben nicht jede Schülergruppe, in jedem Alter oder jeder einzelne Schüler zur gleichen Zeit im Besitz dieser Kenntnisse. Insofern gibt die Struktur der Unterrichtsinhalte vor, wie diese zu vermitteln sind.

Darüber hinaus hat die didaktische Analyse nicht nur mikropädagogische, sondern in hohem Maße auch bildungspolitische Bedeutung – insbesondere dann, wenn es um die Frage geht, wie der Lehrplan für die unterschiedlichen Schulformen und Klassenstufen zu gestalten sei. So hat die Didaktik eben auch eine normative Funktion, die der Leitfrage folgt: »Was muss der Mensch wissen, können und wollen, um ein Leben in personaler Selbstbestimmung führen zu können?« Eine so verstandene bildungstheoretisch fundierte Didaktik folgt den Prinzipien des Elementaren, des Fundamentalen und des Exemplarischen (Klafki 1963). Gelingt es, die Unterrichtsinhalte nach eben diesen Prinzipien auszuwählen, wird Unterricht Mittel zum Zweck – er dient damit dem Lernen der Kinder. Bleiben diese Prinzipien außen

2.1 Phänomenbezogene Didaktik – Nicht Gedachtes lernen, sondern Denken lernen

vor, wird Unterricht Selbstzweck, der unhinterfragt den Lehrplan an den Kindern exekutiert. Soweit zur didaktischen Analyse. Die Frage nach dem »Wie« ist den Lehrerinnen und Lehrern schon bekannter und transportiert mehr oder weniger bewusst und offen den Wunsch nach Rezepten des Unterrichtens. Dies ist selbstverständlich auch ein legitimer Wunsch. Nur auch hierbei gilt es zu unterscheiden, ob der Wunsch darauf abhebt, das eigene Unterrichten oder das Lernen der Kinder zu vereinfachen. Statthaft sind alle Bemühungen, die die Aussicht auf verbesserte Aneignungsmöglichkeiten erhöhen. Statthaft ist es auch, sich das Leben als Lehrerin oder als Lehrer nicht über Gebühr zu erschweren – dies sollte allerdings eher mit Blick auf das Lernen der Kinder eine nachrangige Bedeutung haben. Didaktik im Horizont der »Wie?«-Frage lässt sich zunächst in Richtung Allgemeine Didaktik entfalten. Hier hat in ausgewiesener Weise Rotraud Coriand, Professorin für Erziehungswissenschaft/Allgemeine Didaktik an der Universität Duisburg-Essen, die Theoriegeschichte und die aktuelle Relevanz allgemeindidaktischer Modelle in erziehungstheoretischer Hinsicht dargestellt (Coriand 2015). Mit Bezug auf Wolfgang Sünkel, ein ehemaliger Pädagogikprofessor, datiert Coriand den Beginn der Wissenschaftsgeschichte der Didaktik auf das Jahr 1648. In diesem Jahr ist ein Werk erschienen, das »drei notwendige Merkmale zugleich erfüllt: 1) die *Absicht* einen pädagogischen Sachverhalt der wissenschaftlichen Bearbeitung zu unterziehen, muss expressiv gemacht sein; 2) es muss das *Verfahren*, das dabei angewandt werden soll, kenntlich gemacht und als wissenschaftliches Verfahren behauptet sein; und es muss 3) eine Realisierung geben, also einen *Text*, der so verfährt« (Sünkel 2007, 14, Hervorh. i. Orig.). Alle drei Kriterien sieht Sünkel in dem Buch, das 1648 unter dem Titel »Methodus linguarum novissima« im polnischen Lissa erschienen und dessen Verfasser kein geringerer als Johannes Amos Comenius ist und das sich gezielt an Lehrpersonen richtet, um sie für ihre Unterrichtspraxis zu qualifizieren, als erfüllt (Sünkel 2007). Auch Friedrich W. Kron, der sich, wie bereits dargelegt, sehr mit dem pädagogischen Verhältnis beschäftigt hat, kommt in seinem Standardwerk »Grundwissen Didaktik« (Kron 2000) ebenfalls zu dem Schluss, dass der Beginn der Wissenschaftstheorie der Didaktik im 17. Jahrhundert anzusetzen und zentral mit dem Namen Comenius verbunden ist. Im darauffolgenden 18. Jahrhundert dominierten die deutschen Aufklärer – zu nennen sind hier im Besonderen J. B. Basedow und E. Chr. Trapp. Erst allerdings durch die Arbeiten von Johann Friedrich Herbart und seinen Nachfolgern wie Karl Volkmar Stoy, Theodor Ziller und Wilhelm Rein im 19. Jahrhundert und dann durch Otto Willmann und Erich Weniger im ausgehenden 19. und beginnenden 20. Jahrhundert setze eine Systematisierung der Didaktik ein, die bis heute die Grundlage moderner Didaktik abgibt (Coriand 2015). Im 20. Jahrhundert dominierten und konkurrierten dann Theorien und Modelle didaktischen Handelns, die jeweils einen anderen Leitbegriff im Fokus ihrer theoretischen Reflexion hatten. Letztendlich lassen sich, folgt man Kron (2000), drei zentrale Leitbegriffe ausmachen, von denen aus sich die didaktischen Überlegungen entwickelten:

- Bildung
  Die didaktischen Entwürfe, die sich am Bildungsbegriff orientierten, verfolgten im Wesentlichen einen Unterricht, der es darauf abgesehen hat, die Kinder in fundamentaler, exemplarischer und elementarer Weise allgemein zu bilden. Klar ist, dass wir ja die Schülerinnen und Schüler nicht bilden können. Gemeint ist aber eine vertiefte Darbietung von einzelnen Bildungsgütern, die sich eignen, die Welt als ganze potentiell zu verstehen und so eine fundamentale Weltsicht und Handlungssicherheit zu erwerben.
- Lernen
  Bleibt die bildungstheoretisch fundierte Didaktik mehr dem geisteswissenschaftlich inspirierten Bildungsgedanken im Verständnis von Wilhelm von Humboldt verpflichtet, so repräsentieren die didaktischen Modelle, die sich am Lernen als Leitbegriff orientieren, die so genannten »realistische Wende« der Pädagogik hin zu einer sich nunmehr überwiegend sozialwissenschaftlich-psychologisch verstehenden Erziehungswissenschaft. Im Zentrum dieser didaktischen Ausrichtung stehen die Planung und die Analyse von Unterricht als eine zur Anwendung zu bringenden Technologie.

2.1 Phänomenbezogene Didaktik – Nicht Gedachtes lernen, sondern Denken lernen

* Interaktion
 Dass sich Unterricht nicht auf eine standardisierbare Anwendbarkeit von Modellen unter minimaler Beachtung der Dynamik der Akteure begrenzen lässt, zeigen interaktionstheoretisch fundierte didaktische Konzepte. Unterricht wird demnach vordringlich verstanden als ein Interaktions- und Kommunikationsprozess, der die Bedeutung der Beziehungsebene zwischen Schülerinnen und Schüler auf der einen und den Lehrkräften auf der anderen Seite berücksichtigt.

Mittlerweile stehen konstruktivistische Ansätze hoch im Kurs der hochschulwissenschaftlichen und professionellen didaktischen Überlegungen (Reich 2012). Besonders attraktiv erscheinen diese Ansätze, weil sich wohl in deren Gefolge der Eindruck vermittelt, man könne als Lehrkraft sowieso wenig für das Lernen der Schüler tun – allenfalls könne man als Ko-Konstrukteur des kindlichen Lernprozesses wirken. Dass hierbei entweder der Konstruktivismus mit Blick auf Pädagogik und Unterricht fehl am Platz ist oder aber konstruktivistische Theorie missverstanden und systematisch missinterpretiert wird, konnte aktuell Jörg Fertsch-Röver in seiner Abhandlung über die Entstehung und Aneignung von Neuem systematisch zeigen (Fertsch-Röver 2016).

Wie auch immer sich die theoretische und praktische Auseinandersetzung mit der Didaktik noch gestalten mag – eines steht fest: Ganz unzweifelhaft verweist die Didaktik auf den Kern pädagogischer Praxis – nimmt sie doch die pädagogische Kunstfertigkeit und die pädagogische Könnerschaft in den Blick und stellt diese in den Mittelpunkt einer sich operativ verstehenden praktischen Wissenschaft. Die Didaktik als die differenzierte Lehre von den Formen erzieherischen Handelns, das die jeweiligen lebensaltersbezogenen und lerndimensionsbezogenen Lernbedarfe der Zöglinge und Schülerinnen und Schüler unterschiedlichen Alters zu erreichen sucht, steht zu Recht im Mittelpunkt einer disziplinären Pädagogik und deren professionellen Praxis. Pädagogische Theorie und erzieherische Praxis gehen, seit es erste systematische Entwürfe der Pädagogik gibt, Hand in Hand. So ist es auch nicht verwunderlich, dass die theoretische Grundlagenliteratur zur Didaktik fast nicht zu überschauen ist – verweist sie doch auf einen enormen theoriegeschichtlichen Hintergrund. Etwas überschaubarer gestalten sich die von der jeweiligen didaktischen Richtung inspirierten Fachdidaktiken und Unterrichtskonzepte. Die schulische Sonderpädagogik differenziert diesbezüglich in sonderpädagogische Fachdidaktiken und sonderpädagogische Unterrichtskonzepte vor dem Hintergrund des jeweiligen Förderbedarfs. So finden sich sowohl spezielle Fachdidaktiken für unterschiedliche Unterrichtsfächer als auch spezielle Unterrichtskonzepte mit Blick auf die unterschiedlichen Förderschwerpunkte in der jeweiligen sonderpädagogischen Fachliteratur. Im Bereich des Förderschwerpunkts Lernen lassen sich sechs prominente Unterrichtskonzeptionen ausmachen: 1. Handlungsorientierter Unterricht, 2. Offener Unterricht, 3. Projektunterricht, 4. Kooperatives Lernen, 5. Entdeckendes Lernen und 6. Direkter Unterricht (Heimlich/Wember 2007). Etwas anders gelagert zeigt sich die Sachlage im Förderschwerpunkt soziale und emotionale Entwicklung. Hier orientieren sich die Unterrichtsmodelle und die Konzepte schulischer Förderung überwiegend an psychotherapeutischen Ansätzen (Gasteiger-Klicpera et al. 2008; Hillenbrand 2003). Allerdings lassen sich auch in jüngster Zeit Ansätze eines integrativen Modells des Unterrichts bei Verhaltensstörungen ausmachen, die die Möglichkeiten von Unterrichtskonzepten außerhalb des psychotherapeutischen Einflussbereichs systematisch mit einbeziehen (Stein/Stein 2014). Der Würzburger Professor für Pädagogik bei Verhaltensstörungen, Roland Stein, und die Sonderpädagogin Alexandra Stein entwerfen ein integratives Modell der Didaktik und des Unterrichts bei Verhaltensstörungen, das die Erziehungsfunktion des schulischen Unterrichts wieder in den Mittelpunkt der Schulerziehung stellt und damit Unterricht als einen Verständigungsprozess zwischen den Beteiligten ausweist (Stein/Stein 2014).

Die Didaktik und das unterrichtliche Vorgehen, insbesondere in dem hier vorgestellten Ausbildungsprogramm »Feinfühlig Unterrichten«, kann sich allerdings nicht damit zufrieden geben, dass

2.1 Phänomenbezogene Didaktik – Nicht Gedachtes lernen, sondern Denken lernen

Unterricht primär so etwas ist wie ein auf die Themen bezogener fast beliebig anmutender Aushandlungsprozess, die Anwendung technokratischer Unterrichtsprinzipien oder gar eine fast ausschließliche Begleitung des kindlichen Lernens, denn: die Kinder lernen zwar, aber eben nicht immer das, was sie lernen sollen bzw. was wir für sie als wichtig und als lebenspraktisch relevant erachten. Das Kind in der Schule »artikuliert seine Lernbedürfnisse ja nicht pädagogisch (…)« (Prange 1988, 160) und weiß in diesem Sinne auch nicht sofort, was ihm dargeboten werden muss, um seinen Lernbedarf, den es vielleicht noch gar nicht so wahrgenommen hat, aufzuheben. Vielmehr sind die Schülerinnen und Schüler darauf angewiesen, dass die subtilen und noch oft unklaren Lernbedürfnisse »vom Erzieher pädagogisch gedeutet werden« (ebd., 160). Damit kommt dem Lehrer und der Lehrerin wieder die Verantwortung zu, für die er bzw. sie einzustehen haben. Es ist die didaktische Aufgabe des Lehrers, ein Thema als erzieherisch bedeutsam zu erkennen und dieses durch eine entsprechende Form und entsprechende inhaltliche Ausgestaltung auch zur Darstellung zu bringen. So verhält sich der Lehrer zum Schüler nicht anders als der Arzt zum Patienten, »der sich zwar über die Schmerzen seines Patienten belehren lässt, aber nicht darüber, welche Diagnose zutreffend und welche Therapie angemessen sein mag. Da folgt er seinem Professionswissen (…)« (ebd., 160). Durch diese didaktische Kunstfertigkeit wird im Übrigen auch deutlich, »was ein Pädagoge und nur ein Pädagoge wirklich kann im Unterschied zum Psychologen oder Arzt oder Therapeuten« (Prange 1987, 357).

Im Ausbildungsprogramm »Feinfühlig Unterrichten« begegnen wir dieser didaktischen Herausforderung zunächst mit einer pädagogischen Rückbesinnung. Mit Karl Lange, einem der Herbart-Ziller-Schule angehörigen Didaktiker, gehen wir davon aus, dass *Lernen als Begegnung mit Situationen* arrangiert beziehungsweise inszeniert werden sollte, in denen die den Kindern angeborene Neugierde und ihr Drang nach Exploration angesprochen werden. Und diese Inszenierung von erzieherisch relevanten Situationen zum Zweck des Lernens der Kinder ist vordringlichste Aufgabe des Lehrers und der Lehrerin. Nur die Lehrkraft vermag, und hier zeigen sich ihr professioneller Sonderwissensbestand und ihre professionelle Könnerschaft, Stoffauswahl, Konstruktion von Operationsobjekten sowie Akzentuierung der jeweils bedeutsamen Gegenstände des Lernens zu leisten. Das, worauf es der Didaktik im Verständnis eines feinfühlig informierten Unterrichts ankommt, ist: »Es müssen Tatsachen für das Kind in Probleme verwandelt werden« (Lange 1909, 225). Und dies gelingt dann am besten, so Lange weiter, »wenn dem Zögling nur ein konkretes, seiner bisherigen Erfahrung nahe liegendes und lebhaftes Interesse erregendes Ziel geboten werde, ein Ziel, das im wesentlichen in der Aneignung neuer, interessanter Vorstellungen besteht« (Lange 1909, 224). Damit ist im Grunde alles gesagt. Ein Darbieten von Inhalten, mit denen die Kinder nichts anfangen und die sie nicht mit bereits Bekanntem verknüpfen können, verbietet sich. Gerald Hüther, ein mit pädagogischen Fragestellungen befasster namhafter Neurobiologe, hat diese Erkenntnis erst kürzlich zu einer von sieben Thesen, die das Lernen betreffen, zusammengefasst: »Lernen ist ein auf vorangegangenen Lernerfahrungen aufbauender Prozess« (Hüther 2016, 47). Neue Lerninhalte müssen anschlussfähig sein, müssen also an bereits vorhandene Kenntnisse und Fertigkeiten anknüpfen.

In diesem Sinne ergänzen wir unsere Lehre mit Blick auf spezifische Unterrichtskonzepte und sonderpädagogische Fachdidaktik im Förderschwerpunkt Lernen ganz gezielt um Elemente einer *phänomenbezogenen Didaktik*. Das hat den Vorteil, dass die Studierenden mit Didaktikseminaren schon einige Erfahrungen gesammelt haben und hier Anknüpfungspunkte leicht möglich sind – denn was für den kindlichen Lernprozess gilt, gilt eben auch für den Lernprozess im Rahmen eines universitären Studiums und einer universitären Ausbildung. Was wir mit phänomenbezogener Didaktik meinen, sind insbesondere die Unterrichtskonzepte, die sich konsequent mit einem *exemplarischen Lehren und Lernen* auseinandersetzen – einem Lehren und Lernen also, das von erfahrbaren Phänomenen ausgeht und den Schülerinnen und Schülern anschaulich vermitteln möchte, welche Fragen sich den Menschen gestellt haben, die mit diesen Phänomenen in forschender Auseinandersetzung konfrontiert waren.

2.1 Phänomenbezogene Didaktik – Nicht Gedachtes lernen, sondern Denken lernen

Ein gutes und einleuchtendes Beispiel für einen entdeckenden Unterricht und für ein exemplarisches Lehren und Lernen gibt die Hyäne als Thema des Sach- bzw. Biologieunterrichts ab.

Abb. 3: Hyäne (Quelle: http://www.1freewallpapers.com/hyena/de)

Will man also die Hyäne zum Gegenstand des Unterrichts machen, so bieten sich mit Blick auf die Artikulation unterschiedliche Vorgehensweisen an. So kann zum Beispiel ein Unterrichtsvortrag darauf abheben, den Kindern zunächst die biologischen Fakten der Hyäne zu erläutern. Folgt man diesbezüglich dem Greifswalder Zoologen Udo Gansloßer, dann handelt es sich bei der Hyäne um ein Raubtier aus der Säugetierfamilie mit vier rezenten Arten, die in zwei Unterfamilien unterschieden wird. Zu nennen sind in der ersten Unterfamilie die Tüpfel-, die Streifen- und die Schabrackenhyäne, die sich alle drei durch ein kräftiges Gebiss auszeichnen. Die monotypische zweite Unterfamilie repräsentiert der Erdwolf, der sich fast ausschließlich von Termiten ernährt und dessen Backenzähne, entgegen denen der ersten Unterfamilie, deswegen stark verkleinert sind (Gansloßer 2013). Neben den allgemeinen Merkmalen können sich die Ausführungen des Lehrers und der Lehrerin dann noch auf die Lebensweise der Hyäne

2 Ausbildungsprogramm »Feinfühlig Unterrichten«

und deren stammesgeschichtlichen Systematik erstrecken – viel Stoff also, den es mitzuteilen und (auswendig) zu lernen gilt, denn die Klassenarbeit über die Hyäne ist nicht mehr fern. So kann man es machen, so sollte man es aber nicht machen, wenn uns die Ausführungen von Karl Lange nachdenklich gemacht haben. Wie realisiere ich also Lernen als Begegnung mit Situationen so, dass das Thema den Schülerinnen und Schülern konkret vor Augen tritt, nah an den bisherigen Erfahrungen ist und ein lebhaftes Interesse weckt? Aus phänomendidaktischer Sicht können wir an die sokratische Pädagogik (Mugerauer 1992) anknüpfen und uns der berühmten »Was ist das-Frage?« bedienen. Im Konzept der phänomenbezogenen Didaktik zeigen wir das Bild einer Hyäne und fragen die Kinder, was auf dem Bild zu sehen ist. So knüpfen wir an bereits Bekanntem an, motivieren die Kinder damit, ihr Wissen mitzuteilen und bekommen so einen Eindruck von dem, was die Kinder schon wissen und wie sie mit Neuem umgehen. Neben den ganz Gescheiten, die schon Gelegenheit hatten, sich mit unterschiedlichen Tierarten und Gattungen zu befassen, bekommt man üblicherweise als Antwort, dass es sich auf dem Bild wohl um einen Hund handelt. »Stimmt«, könnte man nun als Lehrkraft entgegnen, »da spricht einiges dafür!« Und weiter: »Was ist es denn genau an dem Tier, das euch an einen Hund erinnert?«. Nachdem dann die vier Beine, der Schwanz, das Fell und einiges mehr genannt wurden, fällt den Kindern zumeist selbst auf, dass da irgendetwas aber nicht so genau passt – es stellen sich bei den Kindern Fragen ein. Dies ist ein enorm wichtiger Schritt im Lernprozess (Ellinger 2013). Für das Lernen erscheinen Fragen, die zwar auf Nicht-Wissen hinweisen, aber dadurch den Kindern viel leibhaftiger gegenwärtig sind, viel bedeutsamer als faktengetränkte Antworten auf Fragen, die sich den Kindern nie gestellt haben. Als Lehrerinnen und Lehrer können wir diese Irritation aufgreifen und unsererseits danach fragen, wo denn vielleicht Unterschiede zum Hund festzustellen sind. Dann hören wir oft, dass der Rücken ganz anders sei und auch der Kopf würde nicht so ganz zum Hund passen und vieles mehr. Beobachtet man die Kinder sowohl während der Beschreibung des Bildes als Abbildung eines Hundes als auch dann, wenn sie feststellen, dass es

2.1 Phänomenbezogene Didaktik – Nicht Gedachtes lernen, sondern Denken lernen

wohl doch nicht so ganz mit dem Hund passt, dann nehmen wir eine Erregung bei den Kindern wahr, die auf ihren Forscher- und Entdeckergeist zurückzuführen ist. Die Kinder sind motorisch unruhig, die Augen glänzen, Aufregung macht sich breit und die Sprache stockt. Nichts wäre an dieser Stelle dem Lernprozess der Kinder hinderlicher als ein Lehrer oder eine Lehrerin, der bzw. die das motorische, affektive und kognitive »Durcheinander« nicht auszuhalten vermag und zu früh und wenig feinfühlig eingreift. Das hat auch schon der Physiker und Pädagoge Martin Wagenschein mit Blick auf das Verhältnis von Physikunterricht und Sprache unzweideutig festgestellt: »Nichts tötet die Sprache so sicher wie das in-flagranti-Korrigieren eines Kindes, das, *weil es denkt* (kursiv im Original), in den ehrwürdigen Stand des Stammelns eingetreten ist« (Wagenschein 1971, 131). Und weiter: »Das stockende – und dann auch wieder sich überstürzende – Sprechen ist das dem Denken *gemäße* (kursiv im Original)« (Wagenschein 1971, 132). Das sollten wir uns als Lehrerinnen und Lehrer immer mal wieder zu Bewusstsein bringen: Stocken und Stammeln sind nicht per se Ausdruck eines Defizits, das auf mangelnde Performancefähigkeiten der Schülerinnen und Schüler verweist, sondern viel häufiger, als uns das gegenwärtig ist, Ausdruck eines forschenden Denkens. Im diesem Verständnis folgt eine phänomenbezogene Didaktik der Maxime: *Nicht Gedachtes lernen, sondern Denken lernen!*

Aus der skizzierten Phänomenbezogenheit ergibt sich zwingend ein Unterricht, der sich seinem Wesen nach als *forschender Unterricht* versteht. Grundlegend hierfür ist zunächst die Differenzierung der Handlungsformen »Forschen« und »Unterrichten«. Etwas plakativ zugespitzt ließe sich festhalten: »Forschen bedeutet das Simulieren von Krisen« (Oevermann, 2016, S. 112), und Unterrichten bedeutet die Vermittlung von Routinen. Erkennbar wird, dass es beim Forschen immer um das Nachspüren von Ungewissheiten geht, wohingegen sich der Unterricht mit der Vermittlung von Gewissheiten begnügt. Sicherlich ist die Vermittlung von routinisiertem Wissen und Können zentral für einen forschenden Zugang zu unterschiedlichen Phänomenen – man muss also auch etwas wissen und können, um zu forschen! Aber nicht selten geht der schulische

Unterricht nicht über die Stufe der Vermittlung von Routinewissen hinaus, und damit droht die Gefahr, dass die vermittelten Themen für die Kinder nicht anschlussfähig sind, als nicht sinnhaft erlebt werden und somit nicht zu nachhaltigen Aneignungsprozessen führen. Die Nichtbeachtung der Erfahrungsbezogenheit produziert häufig »totes« Wissen, deren Reproduktion schließlich nur noch der schulischen Selektionsfunktion dient. Mit dem Lernen der Kinder hat das nichts mehr zu tun. Lernprozesse werden erst dann potentiell möglich, wenn sich die Kinder einer lernthemabezogenen Herausforderung gegenübersehen, für deren Lösung Routinewissen nicht ausreicht oder aber noch gar nicht zur Verfügung steht – ein Wissen also, das erst auf dem Weg der forschenden Hinwendung zum Thema entwickelt wird bzw. entwickelt werden muss. Angesichts dieser Herausforderung ist Denken-Lernen gefragt. Allerdings erfordert die Hinwendung zu einem Thema, ohne sofortige Absicherung mit Blick auf die Methoden und den Zugang, ein gehöriges Maß an Exploration – verbunden mit Mut, einer gewissen Frustrationstoleranz und einer gehörigen Portion Entdeckungslust. Wie später noch gezeigt werden soll, kommt hier der Bindungsorientierung in der schulischen Erziehung eine erhebliche Bedeutung zu – denn unter den Bedingungen der Angst sind ein forschender Unterricht und ein entdeckendes Lernen nicht möglich. Gleichwohl, und diesen Sachverhalt gilt es zu erwähnen, ist in vielen Schulen und in vielen Klassenräumen ein entdeckendes Lernen gar nicht erwünscht. Das häufigste Argument gegen ein entdeckendes Lernen ist der Verweis auf den Lehrplan – dieser gäbe es einfach nicht her, den Kindern auf ihren Entdeckungsreisen zu folgen, denn man wüsste ja nicht, wie viel Zeit dies in Anspruch nähme und man käme damit mit den anderen Themen in Verzug. Dieser Einwand ist sicherlich nicht von der Hand zu weisen – Lernen und Unterrichten lassen sich in Kontext einer phänomenbezogenen Didaktik schlecht standardisieren, die Prozesse sind nicht so leicht steuer- und vorhersehbar und bewegen sich eher in eine ungewisse Unterrichtszukunft. Das gilt es erst einmal auch auszuhalten, und das gilt ganz besonders für den Lehrer und die Lehrerin. Nach deren Professionsverständnis sind sie ja die Vertreter des Wissens und müssen diese Funktion auch verkörpern. Dass allerdings eine Expertise des Nicht-Wissens, die ja selbstverständlich ein je spezifisches umfangreiches Wissen voraussetzt, dem Lernen der Kinder zuträglicher ist, da sich ihnen so die Fragen, die dann zur Erkenntnis führen, erschließen, bleibt der universitären Lehrerbildung weiterhin doch eher verdächtig. Und so vermittelt man den Studierenden an der Universität und den Kindern in der Schule unentwegt Antworten auf Fragen, die diese überhaupt nicht gestellt haben, geschweige denn nachvollziehen können. Ein erster Schritt in Richtung eines entdeckenden und forschenden Unterrichts besteht also darin, sich mehr den Fragen im Unterricht zuzuwenden als den Antworten. Erst aus einer fragenden Grundhaltung, aus dem Zustand der neugierigen Ratlosigkeit, entstehen nach vorne gerichtete Denkbewegungen.

2.1.1 Natur-Verstehen lehren und lernen

Ein grundlegendes Unterrichtskonzept, das einer phänomenbezogenen Didaktik zugehörig ist, geht zurück auf den bereits bekannten Martin Wagenschein – seines Zeichens Physiker und Gymnasial- und Hochschullehrer (Wagenschein, 2008). Wagenschein war im Rahmen seiner Lehrtätigkeit an der Universität über das naturwissenschaftliche Halbwissen der Studierenden so erschüttert, dass er sich fragte, wie es passieren kann, dass jahrelanger schulischer naturwissenschaftlicher Unterricht fast ganz ohne bleibende Kenntnisse, über die der Mensch im nachschulischen Leben dann verfügen und reflexiv anwenden kann, an den Schülerinnen und Schülern vorbeizieht. Letztendlich besteht die Antwort auf diese Frage in der Feststellung, dass sich, wie bereits angedeutet, Unterricht auf die Vermittlung von routinisiertem Wissen, von Antworten und von bereits durchdachten Sachverhalten beschränkt. Die Kontexte, aus denen dieses Wissen als Antwort auf Fragen hervorgegangen ist, werden nicht thematisiert. Und so bleiben die zur Vermittlung bestimmten Kenntnisse überwiegend »totes Wissen« – für die

Schülerinnen und Schüler, aber auch nicht selten für die Lehrerinnen und Lehrer. Das Unterrichtskonzept »Natur-Verstehen lehren und lernen« hingegen geht von vorfindbaren Phänomenen der sinnlich erfahrbaren Lebenswelt aus und fragt relativ naiv danach, wie es zu diesen Phänomenen kommt und was wir darunter verstehen können. Im Fokus dieses Unterrichts steht ein »ursprüngliches Verstehen« (Wagenschein, 1981), das überwiegend auf dem Wege von Experimenten und Simultanexperimenten zu Wege gebracht wird (Spreckelsen, 2001; Soostmeyer, 2001). Naturphänomene werden so relativ unvermittelt, eindrücklich und erfahrungsbezogen zur Darstellung gebracht. Im Zentrum stehen damit überwiegend physikalische, chemische und biologische Prozesse, deren experimentelle Provokation unmittelbar Fragen aufwirft, denen dann mit dem zur Verfügung stehenden Wissen nachgegangen wird. Themen sind hier zum Beispiel »Warum regnet es?«, »Warum schwimmt die Ente«, »Warum ziehen sich manche Stoffe an?«, »Warum verändert sich Licht, wenn es durch eine Scheibe fällt?« und einiges mehr. Alle Antworten auf diese Fragen werden auf dem Weg der intensiven Beschäftigung mit dem Phänomen formuliert und dann auf ihren Wahrheitsgehalt hin geprüft. Damit kommen die Schülerinnen und Schüler in die Situation eines Naturforschers, der ja auch zunächst beobachtet, systematisiert, seine Schlüsse zieht und diese dann überprüft. Phänomenbezogener Naturkundeunterricht wird so zu einem gemeinsamen Erkundungs- und Entdeckungsprozess, der immer offen ist für Überraschungen und zentral auf bestehendes Wissen der Schülerinnen und Schüler zurückgreift. Es ist das Vorwissen der Kinder, von dem aus Neues erkundet wird, und so wird aus einem »Unterricht, der ausschließlich objektive Lernziele an den Subjekten exekutiert und deren Erfüllung zu messen trachtet« (Maurer, 1981, S. 111), ein Lehren des Verstehens.

Martin Wagenschein hat mit Blick auf das Verstehen von Naturphänomenen fünf Leitsätze aufgestellt, die die Merkmale eines phänomenbezogenen Unterrichts mit dessen immanenten Verstehensprozessen ausgesprochen gut fassen:

2.1 Phänomenbezogene Didaktik – Nicht Gedachtes lernen, sondern Denken lernen

»1. *Verstehen* heißt verbinden. Alles Verstehen ist relativ. Im Seltsamen (Erstaunlichen, Verwunderlichen) wird ein Gewohntes erkannt.
2. Wo man etwas Staunenswertes, A, zurückgeführt hat auf ein anderes, B, das nicht so verwunderlich ist, da hat man schon *etwas* verstanden, mag auch B noch merkwürdig genug sein. Man muss *nicht alles auf einmal* tun wollen.
3. Man lerne und lehre solches Verstehen auf den *schlichtesten* Wegen. Das gilt für die experimentellen Hilfsmittel wie für die Denkmittel.
4. Zahlen und *Formeln* allein sind keine Ausweise der Exaktheit und Wissenschaftlichkeit, denn man kann sie auch einsichtslos gebrauchen. Was man ohne sie verständlich machen kann, hat man besser verstanden als das, wozu man unnötigerweise ihr schweres Geschütz auffährt.
5. Man bleibt bei den *Phänomenen*, solange wie möglich, und verbinde sie verstehend untereinander. Wo aber *Bilder* sich *aufdrängen*, weiche man ihnen nicht aus« (Wagenschein, 1962, S.193, kursiv im Original)

In didaktischer Hinsicht, also mit Blick auf die Frage, wie sich die nötigen Wissensbestände, Fertigkeiten und professionelle Haltungen für die Realisierung eines entdeckenden Lehrens und Lernens vermitteln lassen, setzen sich die Studierenden zunächst intensiv mit den Ursprüngen des Denkens und des Lernens in der vorschulischen Zeit auseinander. In diesem Sinne wird das Seminar mit einem Film über die naturwissenschaftliche Früherziehung in Kindertagesstätten eingeleitet. Dort wird gezeigt, wie basales exemplarisches Lehren und Lernen stattfindet und dieses darauf befragt, welche Konsequenzen sich hieraus für schulisches Lernen ergeben bzw. ergeben könnten. Dieses doch etwas provokante Vorgehen – »Was hat denn der Kindergarten mit der Schule zu tun?« – regt erfahrungsgemäß schon zum Nachdenken und zum Diskutieren an. Es wird zum Beispiel in Frage gestellt, ob die frühkindliche Bildung im Rahmen der entdeckenden Aneignung von Naturphänomen mit dem schulischen Unterricht verglichen werden kann. Es wird weiterhin nicht selten angezweifelt, ob sich die Phänomenbezogenheit durchhalten lässt, ob ein exemplarisches Lehren und Lernen in allen Fächern möglich ist, ob der Lehrplan erfüllt werden kann, ob die notwendige didaktische Reduktion nicht Wesentliches außen vorlassen muss und vieles mehr. Diese Fragen sind ausgesprochen »gute« pädagogische Fragen, denn sie ermöglichen die Auseinandersetzung mit einem Lehren und Lernen, das sowohl von den vorfindbaren Phänomenen der Lebenswelt als auch von den damit aufkommenden Fragen der Kinder ausgeht. Und damit bleibt das Lernen der Kinder im Fokus der pädagogischen Bemühungen – darum geht es! Die Studierenden bekommen dann die Gelegenheit, am eigenen Leib exemplarisches Lehren und Lernen von naturwissenschaftlichen Phänomenen zu erfahren – denn mittlerweile ist den meisten klar geworden, dass auch sie hinsichtlich deren Erklärungen nur ein Halbwissen aufweisen – was nichts anderes heißt, als dass die angehenden Lehrerinnen und Lehrer auch vielfach nur das bereits Vorgedachte gelernt haben und dies zumeist nur in Grundzügen, so dass ein tiefgreifendes Verständnis der Phänomene unserer Lebenswelt nicht oder nur rudimentär erlangt werden konnte. Anhand von unterschiedlichen Experimenten und wechselnden Rollen der Studierenden (mal als Lehrer, mal als Schüler) stellt sich im Seminar ein gemeinsamer Erkundungs- und Entdeckungsprozess ein, der immer offen ist für Überraschungen und zentral auf bestehendes Wissen der Schülerinnen und Schüler (hier: der Studierenden) zurückgreift. Es ist das Vorwissen der Kinder (hier: der Studierenden), von dem aus Neues erkundet wird. Die Position und Funktion der Lehrkraft (hier: des Dozenten) verändert sich deutlich, und es entsteht im Seminar fast greifbar eine große Lust und Freude, den Dingen gemeinsam auf den Grund zu gehen.

Auf den schulischen Unterricht bezogen, bedeutet das, dass sowohl die veränderte Funktion der Lehrkraft als auch die sich verändernde Lehrer-Schüler-Beziehung dazu beitragen, dass sich die Kinder angstfreier, voraussetzungsloser, mit Neugierde und Lust den Phänomenen zuwenden und beim Verstehen – und auch gerade beim Nicht-Verstehen – auf die Unterstützung der Lehrkräfte bauen können. Auf diesem Wege des Lehrens und Lernens werden sowohl die Ressourcen der Kinder gewürdigt als auch die Selbstwirksamkeitsüberzeugungen bestärkt. Die Pädagogik von Martin Wagenschein und das damit in Zusammenhang stehende didaktische Konzept des exemplarischen Lehrens und Lernens und des entdeckenden Lernens stellen ein Lehr-/Lernfeld bereit, in dem Kinder nicht nur besser lernen, sondern auch mit Hinblick auf ihre soziale und emotionale Entwicklung gefördert werden können. Und die Studierenden können erfahren, dass Didaktik über den Lerngegenstand hinaus zu umfänglichen Entwicklungsprozessen führen kann – vorausgesetzt, die Lehrkraft versteht Lehren als einen gemeinsamen Erkundungsprozess, für den sie sich mit ihrem Wissen zum Zwecke des Lernens der Kinder zur Verfügung stellt. Der Lehrer ist nicht mehr überwiegend Dompteur, sondern Dirigent!

2.1.2 Kultur-Verstehen lehren und lernen

Da die Welt aber nicht nur aus Naturphänomenen besteht, die es zu verstehen gilt, sondern in gleicherweise auch aus sinnstrukturierten kulturellen Phänomenen, die sich ihrem Wesen nach überwiegend durch Unbestimmtheit und Ungewissheit auszeichnen, ist es notwendig, die anhand der Naturforschung explizierte fragende Erkenntnishaltung mit Bezug auf kulturelle Manifestationen, insbesondere diejenigen, die in Textform zu Tage treten, zu adaptieren. Zentral für die funktionale Bewältigung der Lebenspraxis ist die Kompetenz eines sinnentnehmenden Lesens der uns umgebenden Welt (Hechler, 2014). Der uns umgebenden Welt ist konstitutiv Sinn eingeschrieben, den es zu lesen und zu verstehen gilt (Prange 2005). Somit kommt dem Lesen und dem Verstehen des Gelesenen für die Bewältigung und Gestaltung des eigenen Lebens eine enorme Bedeutung zu. Berücksichtigt man die 2013 veröffentlichten Ergebnisse der 2012 durchgeführten PIAAC-Studie (Programme for the International Assessment of Adult Competencies), die es auf die Erforschung der Alltagskompetenzen von Erwachsenen abgesehen hatte und die lapidar feststellt: »Erwachsene in Deutschland erzielen im Mittel 270 Punkte und liegen damit zwar numerisch nur knapp, aber statistisch signifikant unter dem OECD-Durchschnitt von 273 Punkten. Die mittlere Lesekompetenz der verschiedenen Teilnehmerländer variiert zwischen 250 Punkten (Italien) und 296 Punkten (Japan)« (Rammstedt, 2013, S. 13), dann muss der Förderung des sinnentnehmenden Lesens in der Schule eine besondere Aufmerksamkeit zukommen. Sinnentnehmendes Lesen allerdings korreliert mit der Fähigkeit zur Perspektivenübernahme. Eine phänomenbezogene Förderung des Textverstehens fokussiert auf die Mehrdeutigkeit von Texten, die zunächst wahrgenommen werden muss und dann nicht sofort in Richtung Eindeutigkeit entwickelt werden darf. Phänomenbezogene Förderung des sinnentnehmenden Lesens stimuliert das eigene Denken, hält zur Ambiguitätstolerenaz an und fordert zum Perspektivwechsel auf. Auf diesem Wege wird ein Möglichkeitsraum beim Lesen erzeugt, in dem sich unterschiedliche Verstehensoptionen des Gelesenen frei entfalten können. Die Kinder werden geradezu aufgefordert, sich über den Sinn des Gelesenen frei und möglichst kontrastiv zu äußern. Jede der Verstehensoptionen hat zunächst ihre Berechtigung. Im weiteren Verlauf des Lesens kann dann überprüft werden, welche Verstehensoption sich als brauchbar und für das weitere Textverstehen als sinnvoll erweist. Die Kinder werden angehalten, zwischen »sagen« und »meinen« zu unterscheiden. Das heißt, sie explizieren zunächst genau, was im Text gesagt wird, stellen hierzu Fragen und fassen den manifesten Gehalt zusammen. Dann aber wenden sie sich der Frage zu, was mit dem Gesagten gemeint ist – es geht also um das Verstehen des latenten Sinns des manifest Gesagten. Und hierbei, das erfahren die Kinder gewissermaßen am eigenen Leibe, macht es einen großen Unterschied, ob ich etwa eine Gebrauchsanweisung, einen Roman, ein Märchen oder aber ein Gedicht lesen und verstehen will. Auch bei der Entschlüsselung kultureller Manifestationen in Gestalt von Texten werden hier die Kinder aufgefordert und darin unterstützt, sich zunächst den Fragen zuzuwenden, die die Texte aufwerfen. Es geht nicht darum, sofort zu wissen, was gemeint ist – im Gegenteil! Unsicherheit mit Bezug auf das Verstehen ist gewissermaßen gewünscht, weil nur hieraus weitere Verstehensbemühungen um Klärung des Sinns entstehen können, die von der kindlichen Erfahrungswelt ausgehen und damit zu einem signifikanten Lernen führen können.

Am deutlichsten haben die beiden U.S.-amerikanischen Pädagoginnen Ann L. Brown und Annemarie S. Palincsar bereits in den

2.1 Phänomenbezogene Didaktik – Nicht Gedachtes lernen, sondern Denken lernen

1980er Jahren mit dem Modell des Reciprocal Teachings, das mehr oder weniger mit wechselseitigem Lernen und Lehren übersetzt werden kann, die Grundlage für eine mentalisierungsbasierte Förderung des Textverstehens gelegt (Palincsar u. Brown, 1984). Im Grunde fokussiert das Reciprocal Teaching auf die Förderung von vier zentralen und grundlegenden Fähigkeiten, die für die Lesekompetenz unabdingbar sind. Jeder, der liest, um zu verstehen, sollte über diese Fähigkeiten verfügen, und üblicherweise müssen diese Fähigkeiten auch gar nicht der bewussten Verfügbarkeit zugeführt werden, um zu verstehen. Vielmehr verlaufen diese Prozesse implizit. Erst wenn es zum Nicht-Verstehen kommt, wendet man sich den implizit ablaufenden kognitiven Prozessen zu, expliziert sie und versucht so zu ergründen, an welchen Stellen das Verstehen gehemmt ist. Es ist das Verdienst von Palincsar und Brown, diese Fähigkeiten herausgearbeitet, sie als Strategien konzeptualisiert und im Rahmen eines strukturierten Unterrichtsgesprächs (Aeschbacher, 1989b) zur Anwendung gebracht zu haben. Im Reciprocal Teaching erfolgt das Lesen und das sinnentnehmende Bearbeiten von Texten entlang von vier Strategien: 1. dem »Fragenstellen«, 2. dem »Zusammenfassen«, 3. dem »Klären« und 4. dem »Vorhersagen«.

Abb. 4: Strategieschritte des Reciprocal Teachings

2 Ausbildungsprogramm »Feinfühlig Unterrichten«

Mit Blick auf die hochschuldidaktische Aufbereitung im Rahmen der Lehrerbildung begeben sich die Studierenden und der Dozent/die Dozentin, ähnlich dem bereits skizzierten Bereich der schulischen/universitären Erforschung von Naturphänomenen, auf eine ungewisse Erkundungsreise. Gegenstand der didaktischen Seminare sind verschiedene Textsorten, deren manifeste Bedeutungsebenen und latente Sinnebenen sequentiell erschlossen werden sollen. Auch hier ist eine neugierige und lustvolle Erkenntnishaltung, die zunächst von der Begeisterung des Dozenten/der Dozentin getragen und oftmals auch erst initiiert werden muss, unabdingbare Voraussetzung für nachhaltiges Lernen und ursprüngliches Verstehen. Die Funktion der Dozenten kann mit der eines kundigen Begleiters einer Expedition verglichen werden. So erläutern beispielsweise die Dozenten mit Blick auf den Strategieschritt »Fragenstellen«, dass Fragen dann am hilfreichsten sind, wenn sie nicht nur entweder ein »Ja« oder ein »Nein« als Antwort nach sich ziehen – also gewissermaßen als geschlossene Fragen imponieren –, sondern dann, wenn sie offener gestellt sind, sich auf die Hauptaussage des Textes beziehen und sowohl explizite als auch implizite Informationen aufgreifen. Es gibt innerhalb dieses Strategieschritts keine »dummen« Fragen – Ziel ist die Entwicklung eines Interesses und das Herantragen möglichst vieler komplexer Fragen, die sich nur dann beantworten lassen, wenn man genau im Text sucht. In diesem Verständnis muss das »Fragenstellen« Spaß machen, und der Dozent/die Dozentin gibt hierfür ein Vorbild ab. Mit Bezug auf den Strategieschritt »Zusammenfassen« versucht die Dozentin/der Dozent dann, den Studierenden ein Verständnis dafür zu vermitteln, was genau am Text wesentlich ist und was vielleicht vernachlässigt werden kann. So wird Sich-Wiederholendes gestrichen, zusammengefasst, paraphrasiert, Inhalte und Aussagen werden relativiert und differenziert. Im Grunde geht es darum, eine erste »globale Textkohärenz« (Gschwendtner, 2012, S. 66) herzustellen – in dem Sinne: »Aha, darum geht es im Text!«. Diese Textkohärenz ist allerdings etwas, das anderweitiger Auslegung und anders gestalteter Zusammenfassungen auch standhalten muss. Das »Zusammenfassen« ist gewissermaßen ein Zirkelprozess bis zu dem Punkt, an dem man den Eindruck hat, die Zusammenfassung ist kohärent und evident. Gleichwohl bleiben noch Fragen offen und Bedeutungen unklar. Das »Zusammenfassen« geht ja nur deswegen gut von statten, weil man einige Textstellen hervorhebt und andere eben vernachlässigt. Im darauffolgenden Strategieschritt »Klären« geht es nun genau darum, sich dem Unverstandenen und Vernachlässigten wieder zu nähern, und um den Versuch, diese Textteile in den hergestellten Zusammenhang zu bringen. Dazu muss das, was zunächst außen vor blieb, wieder mit genauem Interesse angeschaut und in seiner Bedeutung geklärt werden. So kann es sein, zumindest im schulischen Anwendungsfall, dass Wörter nicht bekannt sind oder dass sich Zusammenhänge nicht erschließen. Aufgabe ist es nun, die Wortbedeutung und die Sinnhaftigkeit der Zusammenhänge zu klären, um auf diesem Weg eine Integration in den Gesamtzusammenhang zu ermöglichen. Konnte durch den Strategieschritt »Zusammenfassen« ein erstes Verstehen durch Differenzierung ermöglicht werden, so kann durch den Strategieschritt »Klären« ein erweitertes, damit verlässliches und evidentes Verständnis des Textes durch Integration hervorgebracht werden, das es dann auch ermöglicht, zum vierten Strategieschritt »Vorhersagen« voranzuschreiten. Im Strategieschritt »Vorhersagen« soll dann die Formulierung einer Hypothese darüber gewagt werden, wie es im Text weitergeht. »Diese Hypothese leitet somit als Leseziel auf besondere Art den weiteren Leseprozess an, steuert Aufmerksamkeit und die weitere Textexploration« (Gschwendtner, 2012, S. 67). An der Fähigkeit zur Vorhersage und der Lust, den Text weiter zu spinnen, zeigt sich, ob die ersten drei Strategieschritte erfolgreich waren. Es ist auch hier wieder die Aufgabe der Dozenten, die Studierenden zu motivieren, sich den Fortgang des Textes vorzustellen und unterschiedliche Lesarten, wie es weiter gehen kann, zu entwickeln. Ebenso ist von zentraler Bedeutung, dass es nicht die eine Lesart oder Verstehensoption gibt. Viel wichtiger ist, wie bereits dargelegt, die kreative Produktion von auch sich kontrastierenden Hypothesen vor dem Hintergrund des bisher Verstandenen und die Frage danach, wie es weitergeht. So entsteht ein Zirkel des Verstehens, der die manifeste

Bedeutung und den latenten Sinn eines Textes immer mehr zu erschließen vermag.

Exkurs III: Forschender Habitus in der Lehrerbildung

Émile Durkheim, ein französischer Soziologe und Ethnologe, der auch als Lehrbeauftragter für Pädagogik tätig war, stellt in seiner Abhandlung über die Entwicklung der Pädagogik die Frage, ob man Lehrer lernt, indem man Schüler war (Durkheim 1977). Gemeint ist damit die potentiell ungünstig verlaufende Professionalisierung des Lehrers und der Lehrerin aufgrund der zumeist unzureichenden Distanzierung zur Schule als Institution und zur Rolle des Schülers. Der Statuswechsel vom Schüler in der Schule über den Studierenden an der Universität hin zum Lehrer an der Schule wird nur unzureichend markiert und vollzogen. Hierzu tragen nicht zuletzt die Modularisierung und damit die Verschulung des Studiums im Rahmen der Bologna-Reform bei – Lehrerinnen und Lehrer kommen so im Grunde nie aus der Schule heraus bzw. sind nie aus der Schule herausgekommen. Eine professionelle, also kritische und reflexive Haltung gegenüber der »Verewigung der Routine« (Durkheim 1977, 11) bleibt nicht selten aus. Die Aufgabe der universitären Lehrerbildung ist aber genau darin zu sehen, diese »Verewigung der Routine« durch entsprechend gestaltete Seminare und Vorlesungen nicht weiter aufrecht zu erhalten und zu stabilisieren, sondern im Gegenteil durch die Etablierung eines »forschenden Habitus« (vgl. Heis/Mascotti-Knoflach 2010; Kullmann 2011) zu durchbrechen und damit eine Distanz zur Schule als Institution und zur Rolle des Schülers herzustellen, die es ermöglicht, sich der Schule und ihren Akteuren mit einem professionellen Habitus als Lehrer und Lehrerin reflexiv wieder zuzuwenden.

In diesem Verständnis haben die didaktischen Seminare nicht nur die Funktion, die Studierenden mit einem die Mentalisierungsfunktion der Kinder fördernden exemplarischen Lehren und Lernen vertraut zu machen, sondern in einen forschenden Habitus, wie er

2.1 Phänomenbezogene Didaktik – Nicht Gedachtes lernen, sondern Denken lernen

für Universitäten kennzeichnend ist bzw. sein sollte, einzuführen. Universitäre Lehre und Forschung zeichnet sich durch eine Verlangsamung und eine akribische und genaue Hinwendung zum jeweiligen Phänomen und den aus diesen entstehenden Fragen unter den Bedingungen der Entlastung von Handlungsdruck aus. Damit verhält sich Wissenschaft kontrastiv zur menschlichen Lebenspraxis und zur professionellen Berufspraxis als Lehrer. In beiden Fällen muss gehandelt werden – ein Nichthandeln wäre zumindest für professionelle Akteure erklärungsbedürftig. Die Praxis fordert Stellungnahme. Im Bereich des professionellen Lehrerhandelns allerdings geht es nicht nur um Handlung, sondern auch um die Begründung des professionellen Handelns – nicht direkt in der Situation, das geht gar nicht und würde vielmehr zu einem Dauerproblem werden, wenn man permanent darüber Gedanken anstellt, was man im Augenblick gerade tut, hier sind Routinen gefragt, aber doch im Sinne einer nachträglichen Begründungsverpflichtung. Das heißt, der Lehrer und die Lehrerin müssen ihre professionellen Handlungen nachträglich begründen können und zwar im Horizont des disziplinären und professionellen pädagogischen Wissens. Die Aneignung dieser Wissensbestände geschieht eben auf dem Weg der forschenden Auseinandersetzung mit den Gegenständen der Pädagogik. Universitäre Lehrerbildung muss den Studierenden die Fragen nahebringen, die sich aus der Beschäftigung mit unterschiedlichen pädagogisch relevanten Phänomenen ergeben haben, hierbei lange genug verweilen und die Studierenden ermuntern, eigene Antworten auf die sich stellenden Fragen zu finden. Erst vor dem Hintergrund der hochschuldidaktischen Simulation von Erkenntnis-, Verstehens- und Erklärungskrisen macht es Sinn, diese auf die Krisen bezogenen, von Studierenden gefundenen Antworten mit generalisierten Wissensbeständen anzureichern, weiterzuführen und gegebenenfalls auch zu korrigieren. So führt das Lernen im Rahmen der universitären Lehrerbildung sukzessive zur Ausbildung eines forschenden Habitus, der professionelle Wiederannäherung an die Schule und die Schülerinnen und Schüler ermöglicht. Dass sich dieser universitäre Bildungsprozess als enorm zäh herausstellt und die Praxis einer so gestalteten Hochschullehre eher mit einer massiven Widerständigkeit, den Statuswechsel vom Schüler zum Forscher und von dort aus zum Lehrer zu vollziehen, konfrontiert ist, zeigt sich immer wieder in Seminaren, die Kasuistiken, also zumeist transkribierte Interaktionssequenzen aus dem Unterricht, zum Gegenstand haben. Das rekonstruktionslogische und sequentielle Vorgehen bei der Analyse von Protokollen ist nicht selten einfach zu vermitteln. Es geht ja darum, die Strukturen von Unterricht, die Interaktionen von Lehrkräften und Schülerinnen und Schülern, die konkrete Praxis des Unterrichtens auf Seiten der Lehrerinnen und Lehrer und die konkrete Praxis der Aneignung und des Lernens auf Seiten der Schülerinnen und Schüler Schritt für Schritt in Erscheinung treten zu lassen, so dass deutlich werden kann, an welchen Interaktionsstellen sich Entscheidungsmöglichkeiten des Handelns aufgetan haben, welche Möglichkeiten gewählt, welche damit ausgeschlossen wurden und wie sich die Interaktion vor dem Hintergrund der jeweiligen Wahl weiter entwickelt. Immer wieder hört man dann von Studierendenseiten: »Lassen Sie uns doch einfach mal weiterlesen, dann wissen wir schon, wie es ausgeht« oder »Das hat der Lehrer halt nur so dahingesagt – später zeigt sich schon, wie er es gemeint hat«. Es fällt den Lehramtsstudierenden ausgesprochen schwer, sich ausgiebig und in Ruhe der extensiven Analyse einzelner Interaktionssequenzen zuzuwenden – also eine Neugierde dafür aufzuwenden, was sich im Protokoll mit Blick auf unterrichtliche Interaktion alles zeigt und welche Fragen damit aufgeworfen werden. Vielmehr drängen die Studierenden darauf, Mehrdeutigkeit möglichst umgehend in Eindeutigkeit zu überführen – sich also nicht lange mit den Fragen aufzuhalten, sondern nach den Antworten Ausschau zu halten. Insofern kann man Émile Durkheim wohl recht geben: Lehrer sein wird man dadurch, indem man Schüler war! Immer geht es um das Liefern von Antworten – sowohl als Schüler als auch als Lehrer. Und wenn die Durchbrechung dieser »Verewigung der Routine« durch die universitäre Lehrerbildung hin zu einem »forschenden Habitus« nicht gelingt, verharrt der Lehrberuf in vor-professionellen Verhältnissen.

Damit dürfte mit Blick auf die Ausführungen zu einer phänomenbezogenen Didaktik klargeworden sein, dass die hieraus abgeleiteten Unterrichtskonzepte nicht nur ein nachhaltiges Verstehen der Lerngegenstände ermöglichen, sondern insbesondere auch Kindern, die unter soziokulturell und sozioemotional benachteiligten Bedingungen aufwachsen, eine Entwicklungsförderung durch Unterricht zu Teil werden lassen. Das heißt im Konkreten, dass Unterricht dazu beitragen kann, bindungsunsichere und traumatisierte Kinder mit den unterschiedlichsten Manifestationen ihrer bisherigen Lebensgeschichte in ihrer Entwicklung zu fördern. Entwicklungsförderung durch Unterricht – dieser Ansatz vermag mehr zu leisten, als man zunächst annehmen könnte.

2.2 Feinfühlig Unterrichten im Netzwerk der Klasse

Entwicklungsförderung durch Unterricht oder ein unterrichtsbasierter Umgang mit Kindern mit malignen Beziehungserfahrungen (Fertsch-Röver 2014) erfordern weit mehr als die Anwendung von phänomenbezogenen didaktischen Modellen und den hieraus abgeleiteten Unterrichtskonzepten. Diese entfalten erst dann ihre entwicklungsförderlichen Potentiale, wenn sie mit einem spezifischen Reflexionswissen angereichert werden, das letztendlich erst dafür sorgt, dass wir mit den Kindern entsprechend ihren beeinträchtigenden Beziehungserfahrungen feinfühlig umgehen können.

Im Kern geht es um die Erkenntnisse der Bindungstheorie, deren handlungsrelevante Implikationen für Lehrer und Lehrerinnen eine unverzichtbare Basis schulischer und unterrichtlicher Praxis abgeben. Im Mittelpunkt stehen hier die unterschiedlichen Bindungstypen, ihre Auswirkungen auf die Gestaltung von Unterricht und die Möglichkeiten eines fördernden Umgangs mit diesen (▶ Kap. 2.2.1). Im Bereich der Medizin und der Psychologie ist die Relevanz der Bindungstheorie mittlerweile unbestritten (Strauß/Schauenburg 2016). Mit Blick auf die pädagogische Disziplin und Profession steht eine solche Verhältnisbestimmung im Großen und Ganzen noch aus. Wenn also im Folgenden bindungstheoretische Wissensbestände erörtert werden, dann überwiegend in pädagogischer Absicht und nicht so sehr in klinisch-psychologischer oder klinisch-medizinischer Perspektive.

Verspricht uns die Bindungstheorie ein tiefergehendes Verständnis sowohl der intrapsychischen Verfasstheit der Kinder als auch der interpersonellen Dynamik im Rahmen der Lehrer-Schüler-Beziehung und des Unterrichts, so bleibt allerdings immer noch die Frage offen, wie denn den unterschiedlichen Manifestationen der Bindungsorganisationen im unterrichtlichen Geschehen auf die Spur zu kommen ist. Hier ist es enorm hilfreich, die psychodynamischen Konzepte von »Übertragung« und »Gegenübertragung« hinzuzuziehen (▶ Kap. 2.2.2). Fremdverstehen verläuft in diesen sich verklammernden Konzepten über das Selbstverstehen. Das heißt, die Art und Weise, wie ich mich als Lehrerin und Lehrer fühle, kann darauf hin befragt werden, was meine Gefühlslage möglicherweise über den betreffenden Schüler oder auch über den Zustand der Klasse aussagt. Selbstverständlich kann ich nur dann als effektiver Resonanzkörper in Erscheinung treten, wenn ich mich mit meinen eigenen »blinden Flecken« vertraut gemacht habe und ich so keine Gefahr laufe, dass meine eigenen ungelösten Konflikte in der Klasse ausgetragen oder mittels einzelner Schüler personalisiert werden.

Schließlich findet Unterricht nicht in einer pädagogischen Zweibeziehung statt, sondern zumeist in einer Mehrpersonenkonstellation (▶ Kap. 2.2.3). Die Dynamik einer Klasse als Gruppe ist nicht zu unterschätzen und auch nicht mit den Mittel eines so genannten Classroom-Managements (Syring 2016) handhabbar. Gelingt es der Lehrkraft, die Klasse zu einer funktionierenden Arbeitsgruppe werden zu lassen, steht der Förderung der sozioemotionalen Entwicklung der Kinder nicht mehr viel im Wege – die Klasse kann so zu einer sicheren Basis werden. Auch zeigt sich, dass Lernen in einer gruppendynamisch geführten Klasse besser gelingt. Die Missachtung gruppendynamischer Phänomene in einer Klasse führt auf der anderen Seite aber schnell zu destruktiven Entwicklungen – Lernbeeinträchtigungen und Verhaltensstörungen, Mobbing, Schulabsentismus, depressive, aggressive und ängstliche Verstimmtheiten und allgemeine Belastungen, die das Lernen und Unterrichten schwer machen, sind nicht selten unerkannte Folgen einer dysfunktional verlaufenden Gruppendynamik.

Im Zentrum der folgenden Ausführungen steht in diesem Sinne ganz prominent die Bindungstheorie, die um die Erkenntnisse der Psychodynamik und der Gruppendynamik mit Blick auf deren pädagogische Relevanz ergänzt und angereichert wird.

2.2.1 Bindungstheorie

Im Grunde lassen sich zwei polare, aber aufeinander verweisende und sich regulierende motivationale Systeme ausmachen, die uns Menschen zwar konstitutiv mitgegeben, also angeboren sind, deren Funktionalität aber im Laufe unserer (früh-)kindlichen Entwicklung ausgebildet, also erworben werden muss. Für unser (Über-)Leben und für unsere Entwicklung sowohl als Gattung Mensch (Phylogenese) als auch als einzelner Mensch (Ontogenese) haben sich das Explorationssystem und das Bindungssystem als ausgesprochen hilfreich erwiesen (Brisch 1999). In anthropologischer Perspektive ist der Mensch von Geburt an auf die Unterstützung durch versorgende Bezugspersonen angewiesen. Ohne diese Bezugspersonen würde der Säugling nicht überleben. Das Bindungssystem sorgt also dafür, dass sich der Säugling an diese Bezugspersonen bindet, und umgekehrt, dass sich die Bezugspersonen durch die Signale des Säuglings – zu nennen ist hier zum Beispiel die Fähigkeit zum »sozialen Lächeln« – gewissermaßen aufgefordert fühlen, sich um diesen zu kümmern, ihn zu schützen und liebevoll zu versorgen. Immer also, wenn bei uns Menschen Angst, aus welchen Gründen auch immer, entsteht, wird unser Bindungssystem aktiviert – die ganz Kleinen suchen dann vertraute Bezugspersonen, um die innere

Anspannung zu regulieren, die Älteren unter uns versuchen erst einmal, sich selbst zu beruhigen. Dass dies mit fortschreitendem Alter möglich ist, verdanken wir der Tatsache, dass wir die frühen ko-regulierenden Erfahrungen mit den bedeutsamen Anderen generalisieren können und auf diesem Wege ein internales Arbeitsmodell (Lengning/Lüpschen 2012) ausbilden – also eine beständige und verlässliche Vorstellung darüber, wie mit dem Zustand der Angst umzugehen ist. Daniel Stern, ein bedeutender Säuglingsforscher der ersten Stunde, spricht diesbezüglich von so genannten RIG´s (**R**epresentations of **I**nteractions that have been **g**eneralized) und meint damit die Entwicklungstatsache, dass sich mit anderen bedeutsamen Menschen wiederholende und mit Affekten aufgeladenen Interaktionen wie Sedimenten in uns absetzen und damit einen Grund für zukünftige Bewertungen sozialer Interaktion abgeben (Stern 2011). So entsteht das, was die Bindungstheorie als Bindungstypen bezeichnet. Gemeint ist damit, dass sich aus den sich wiederholenden interaktionellen zwischenmenschlichen Erfahrungen, die die Regulation von Angst zum Gegenstand haben, gewisse Erlebens- und Handlungsbereitschaften herausbilden, die bei drohender (objektiver oder auch subjektiv empfundener) Gefahr aktiviert werden. Zu nennen sind hier drei hauptsächliche Bindungsmuster: 1.) das sichere Bindungsmuster, 2.) das unsicher-ambivalente Bindungsmuster und 3.) das unsicher-vermeidende Bindungsmuster.

Die »Fremde Situation«

Diese Muster können erstmals im Alter von 12 bis 18 Monaten durch eine standardisierte Testsituation, die so genannte »Fremde Situation« (vgl. Grossmann/Grossmann 2011), erhoben werden. Der Aufbau und die Durchführung der »Fremden Situation« gliedern sich in folgende acht Episoden:

2.2 Feinfühlig Unterrichten im Netzwerk der Klasse

Tab. 1: Episoden der »Fremden Situation«

Episode	Beschreibung der Episode
1	Die Mutter kommt mit ihrem Kind in einen Versuchsraum, der mit Spielsachen ausgestattet ist. Der Versuchsleiter gibt eine kurze Einführung und entfernt sich anschließend.
2	Nun sind Mutter und Kind allein im Zimmer. Falls das Kind nach zwei Minuten nicht beginnt, mit den Spielsachen zu spielen, soll die Mutter es dazu ermutigen.
3	Während des Spiels gesellt sich dann eine dem Kind fremde Person hinzu. Diese nimmt freundlichen Kontakt mit der Mutter auf und versucht auch, gegen Ende der Episode, mit dem Kind spielend in Kontakt zu kommen.
4	Erste Trennungsphase: Die Mutter verlässt daraufhin den Raum, und das Kind bleibt mit der fremden Person alleine.
5	Erste Wiedervereinigungsphase: Nach einer kurzen Zeit kommt die Mutter zurück, und die fremde Person verlässt den Raum.
6	Zweite Trennungsphase. Die Mutter verlässt nun nach einer gewissen Zeit den Raum und lässt das Kind alleine zurück.
7	Die fremde Person betritt daraufhin den Raum und bleibt beim Kind.
8	Zweite Wiedervereinigungsphase: Die Mutter kommt zurück, und die fremde Person verlässt unauffällig den Raum.

Im Grunde geht es darum, die Reaktionen der Kinder auf die Trennung und Wiedervereinigung mit der Mutter – mittlerweile spricht man eher allgemeiner von Bezugspersonen – zu beobachten und zu systematisieren. Die Klassifikation der Reaktionen der Kinder erfolgt nach einer vierdimensionalen Verhaltensskala, die eine siebenstufige Einschätzung erlaubt (Ainsworth et al 1978; Kißgen 2009):

1. *Kontakt Erhalten*: Kontakt meint hier ausschließlich Körperkontakt; beobachtet und beurteilt wird das Ausmaß an Aktivität und Beharrlichkeit des Kindes, den bestehenden Kontakt mit dem Erwachsenen aufrechtzuerhalten.

2. *Nähe Suchen*: Hier wird die Intensität und Ausdauer des Kindes beurteilt, die es einsetzt, Körperkontakt oder Nähe mit der Bezugsperson zu erlangen bzw. wiederzuerlangen.
3. *Kontakt Widerstand*: Hier wird die Intensität, die Häufigkeit oder die Dauer des vom Kind gezeigten Abwehrverhaltens eingestuft, wenn entweder die Bindungsperson oder die fremde Person versuchen, mit dem Kind in Kontakt zu treten oder eine Interaktion mit ihm zu starten.
4. *Nähe Vermeiden*: In dieser Skala wird die Intensität, die Beständigkeit, die Länge und das prompte Auftreten des kindlichen Vermeidungsverhaltens in Bezug auf Nähe und Interaktion mit der Bezugsperson auch über eine Distanz hinweg bewertet.

Charakteristische Merkmale der Bindungstypen

Das, was die Bindungsforscher interessiert, sind, wie bereits erwähnt, die Reaktionen der Kinder auf die Trennung und die Wiedervereinigung. Durch die Klassifikation der Reaktionen der Kinder konnten die Forscher die oben genannten Bindungstypen identifizieren. Diese zeichnen sich durch folgende charakteristischen Merkmale aus:

- Unsicher-vermeidende Bindung im Kontext der »Fremden Situation«
  - Kinder scheinen nicht verängstigt.
  - Kinder zeigen wenig Anzeichen von Stress bei der Trennung.
  - Nähe zur Mutter wird bei Wiedervereinigung vermieden.
  - Mutter wird bei Wiedervereinigung gemieden oder nur flüchtig begrüßt.
  - Wenn die Kinder von der Mutter auf den Arm genommen werden, klammern sie sich nicht an sie.
  - Das Explorationsverhalten der Kinder ist während der gesamten Situation gar nicht oder kaum eingeschränkt.
  - Auf den Punkt gebracht, könnte man folgende Aussage diesen Kindern zuschreiben: »*Ich werde von Dir zurückgewiesen, wenn*

es mir nicht gut geht. Ich versuche, diese Enttäuschung durch Spielen zu bewältigen, ich lasse mir nicht anmerken, dass ich eigentlich erleichtert bin, wenn Du wieder zurückkommst«.

Mittlerweile hat sich die Bindungsdiagnostik enorm ausdifferenziert und unterschiedliche Verfahren, von projektiven Tests über halbstandardisierte Interviews bis hin zu standardisierten Fragebögen, für unterschiedliche Altersgruppen, vom Kleinkindalter bis zum Erwachsenenalter, entwickelt (Gloger-Tippelt/König 2016; Julius/Gasteiger-Klicpera 2009; Gloger-Tippelt 2011). So können zum Beispiel im Separation Anxiety Test (SAT), einem »bildgestützten, projektiven Geschichtenergänzungstest, in dessen Verlauf den Kindern Fragen zu acht Bildern gestellt werden, auf denen jeweils ein Junge oder ein Mädchen (je nach Geschlecht des interviewten Kindes) abgebildet ist, das über kürzere oder längere Zeit von einer Bindungsfigur getrennt wird« (Julius 2009, 121), sehr gut die charakteristischen Merkmale der unterschiedlichen Bindungstypen, wie sie zuerst in der »Fremden Situation« klassifiziert werden können, im späteren Grundschulalter zur Darstellung gebracht werden. Durch den SAT lassen sich sehr schön die ursprünglichen Klassifikationen in ihrer Entwicklung hin zu den entsprechenden Ausdrucksgestalten im Grundschulalter nachzeichnen. In diesem Sinne werden nachfolgend die charakteristischen Merkmale der Bindungstypen, wie sie sich aus der »Fremden Situation« ergeben haben, um exemplarische Aussagen des SAT ergänzt. So soll ein vertiefter und nachvollziehbarer Eindruck über die Ausdrucksgestalten der unterschiedlichen Bindungsmuster ermöglicht werden.

- Unsicher-vermeidende Bindung im SAT

Abb. 5: Die Eltern verreisen für 4 Wochen (SAT) (Julius 2009)

Auf das Bild »Die Eltern verreisen für vier Wochen« zeigt sich für ein unsicher-vermeidendes Bindungsmuster beispielhaft folgender Dialog mit einem acht Jahre alten Jungen[3]:

I.: »Was glaubst Du denn, wie sich das Kind da fühlt?«
K.: »Nicht schön.«
I.: »Nicht schön, warum denn nicht?«
K.: »Vielleicht wenn die Oma stirbt und dann ist er ganz allein, ganz allein. Nicht gut, wenn er ganz allein ist.«
I.: »Hm – und was meinst, du denkt das Kind jetzt?«
K.: »Dass die Eltern nie mehr wieder zurückkommen.«
I.: »Was meinst du, was das Kind jetzt tun wird, wenn die Eltern weg sind?«
K.: »Nix, sitzen, ferngucken«

Die zentralen Merkmale eines unsicher-vermeidenden Bindungsmusters dürften deutlich geworden sein. Kommen wir nun zur sicheren Bindung.

---

3 Für alle Interviewpassagen, die sich auf den SAT beziehen, gilt: I. steht für Interviewer, K. steht für Kind.

- Sichere Bindung im Kontext der »Fremden Situation«
  - Kinder zeigen Stress oder auch nicht.
  - Stress verursacht nicht das Alleinsein, sondern die Trennung von der Mutter.
  - Kinder wünschen deutlich Kontakt zur Mutter, auch wenn die fremde Person die Kinder trösten kann.
  - Die Bezugsperson dient als sichere Basis zum Explorieren.
  - Kinder können zur fremden Person freundlich sein oder auch nicht.
  - Der Kontakt zur Mutter wird bei der Wiedervereinigung gewünscht und aktiv gesucht.
  - Bei der Wiedervereinigung sind die Kinder schnell wieder zu trösten bzw. zu beruhigen.
  - Hier ließe sich vielleicht formulieren:
    »Wenn es mir schlecht geht, bist Du mein Ort, an dem ich mich sicher fühle. Du sorgst Dich so um mich, dass ich bald wieder die Welt erkunden kann«.
- Sichere Bindung im Kontext des SAT

Abb. 6: Die Mutter wird auf einer Trage in den Notarztwagen gebracht (SAT) (Julius 2009)

Im SAT ergibt sich beispielhaft mit einem sechs Jahre alten sicher gebundenen Mädchen nachfolgende Interviewsequenz:

2 Ausbildungsprogramm »Feinfühlig Unterrichten«

I.: »Was denkst Du denn, wie fühlt sich das Mädchen?«
K.: »Ganz schlecht, weil seine Mutter weg is.«
I.: »Ja, Mhm.«
K.: »Gehen sie die besuchen?«
I.: »Was meinst Du?«
K.: »Ich würde sie sofort besuchen.«
I.: «Ja. Was meinst Du, könnte das Mädchen auch noch ein anderes Gefühl haben?«
K.: »Ja, es ist bestimmt sehr, sehr traurig, weil seine Mutter krank ist und macht sich jetzt Sorgen. Ich wäre bestimmt traurig und würde mir große Sorgen machen.«
I.: »Hast Du auch eine Idee, was das Mädchen jetzt denken könnte?«
K.: »Sie hofft, dass ihre Mama bald wieder gesund wird.«
I.: »Und was glaubst Du, wird das Mädchen jetzt machen?«
K.: »Es wird zu seinem Vater gehen und weinen. Er tröstet sie dann und dann gehen sie zusammen ins Krankenhaus.«
I.: »Und was meinst Du, wie diese Geschichte ausgeht?«
K.: »Dass die Mutter bald wieder gesund ist und nach Hause kommt.«

Soweit zu den Merkmalen einer sicheren Bindung. Nehmen wir jetzt die unsicher-ambivalente Bindung in den Blick

♦ Unsicher-ambivalente Bindung im Kontext der »Fremden Situation«
- Bindungssystem ist bereits aktiviert, wenn die fremde Person und die Mutter im Raum sind.
- Kinder zeigen kaum Explorationsverhalten.
- Die Trennung bewirkt intensiven Stress.
- Bei Wiedervereinigung zeigen die Kinder ambivalentes Verhalten: einerseits Nähe suchend, andererseits widersetzendes Verhalten.
- Eventuell zeigen die Kinder auffallend passives oder aber zorniges Verhalten.
- Die Kinder lassen sich schlecht bzw. nur langsam von der Mutter wieder beruhigen.
- Hier könnte gesagt werden:
»Ich kann mich einfach nicht auf Dich verlassen und bin mir nicht sicher, dass Du bei mir bleibst. Deswegen halte ich Dich auch so fest und lass Dich nicht los. Es macht mich aber unglaublich wütend, dass ich Dir nicht trauen kann.«

2.2 Feinfühlig Unterrichten im Netzwerk der Klasse

* Unsicher-ambivalente Bindung im Kontext des SAT

Abb. 7: Der Junge läuft von zu Hause weg (SAT) (Julius 2009)

Will man die Merkmale einer unsicher-ambivalenten Bindung im SAT verdeutlichen, bietet sich die folgende Interviewsequenz mit Bezug auf das Bild »Der Junge läuft von zu Hause weg« an. Es handelt sich hierbei um die Antworten eines neunjährigen Jungen.

I.: »Und was tut er jetzt?«
K.: »Abhauen.«
I.: »Wohin? Weißte das?«
K.: »Nach Berlin.«
I.: »Hmm.«
K.: »'n Auto klauen.«
I.: »Und was macht er dann mit dem Auto, wo fährt er hin?«
K.: »Der fährt weg.«
I.: »Wohin denn?«
K.: »Nee, der klaut sich 'nen Panzer.«
I.: »Und dann, was macht er dann?«
K.: »Fährt weg.«
I.: »Wohin?«
K.: »Zu seine Eltern und ballert die Eltern ab.«

Soweit erst einmal zu den charakteristischen Merkmalen der drei grundlegenden Bindungstypen, die für sich betrachtet auch noch nichts mit den so genannten Bindungsstörungen zu tun haben. Beim

103

sicheren Bindungsmuster leuchtet uns das sofort ein, aber auch die beiden unsicheren Bindungstypen sind nicht sofort als Bindungsstörungen zu verstehen, denn auch bei ihnen lässt sich eine zu Grunde liegende Organisation identifizieren. Das heißt, im Angesicht von Unsicherheit und Angst können auch diese Kinder auf ein Muster zurückgreifen, das ihnen hilft, die Not zu wenden. Zwar kann sicherlich mit Blick auf die drei Bindungstypen von unterschiedlicher Funktionalität gesprochen werden, doch was wirklich eine Bindungsstörung ausmacht, ist das Nicht-Vorhandensein einer organisierten Struktur. Erst dann kann man sinnvollerweise von einer Bindungsstörung sprechen. Im Rahmen der »Fremden Situation« haben sich auch solche Situationen gezeigt, die nicht einem Bindungstyp zugerechnet werden konnten. Man sprach dann hier von einer so genannten desorganisierten Bindung. Dieser Typ kann allerdings auch charakteristische Merkmale aufweisen.

- Desorganisierte Bindung im Kontext der »Fremden Situation«
  - Kinder zeigen desorientiertes und desorganisiertes Verhalten.
  - Kein deutlich definierbares Verhaltensmuster.
  - So kann ein Kind in der Trennungsphase schreien, sich aber auch abwenden, wenn die Mutter wieder zur Tür hereinkommt.
  - Auftauchendes organisiertes Verhalten wird unterbrochen.
  - Kinder zeigen Verwirrung und so etwas wie Angst vor der Mutter.
  - Hauptbindungspersonen haben eigenes Bindungssystem noch aktiviert.
  - Keine Ko-Regulation möglich.
  - Vielleicht ließe sich für diese Kinder in etwa aussagen: *»Ich will zwar zu Dir, aber Du machst mir Angst. Ich weiß nicht, woran ich mit Dir bin. Ich fühle mich alleine, schutz- und hilflos und bin verzweifelt«*

- Desorganisierte Bindung im Kontext des SAT

Abb. 8: Die Mutter wird auf einer Trage in den Notarztwagen gebracht (SAT) (Julius 2009)

Der folgende Interviewauszug dokumentiert einen desorganisierten Bindungstyp. Interviewt wurde ein zehnjähriger Junge.

I.: »Was glaubst du, wie fühlt sich das Kind auf dem Bild?«
K.: »Traurig.«
I.: »Warum könnt es sich traurig fühlen?«
K.: »Weiß ich nicht.«
I.: »Mhm, was glaubst du, was denkt das Kind auf dem Bild gerade?«
K.: »Jetzt bin ich ganz alleine.«
I.: »Und was glaubst du, wird es tun?«
K.: »Weinen...«
I.: »...Mhm...«,
K.: »...sich selbst umbringen.«
I.: »Mhm, was meinst du, wie die Geschichte ausgehen wird?«
K.: »Seine Mutter stirbt.«

Zusammenfassend können wir also von zunächst vier voneinander zu unterscheidenden Bindungstypen sprechen, von denen drei (sicher, unsicher-ambivalent und unsicher-vermeidend) eine Bindungsorganisation aufweisen. Das heißt, die betreffenden Kinder können in Situationen der Angst bzw. in Stresssituationen auf ein Muster der Regulation zurückgreifen. Gleichwohl besteht ein Übergang zwischen unsicher gebundenen und so genannten hoch unsicher gebundenen Kindern (Brisch 1999), die dann auch, neben den desorganisiert gebundenen Kindern, als bindungsgestört klassifiziert werden können.

Bindungssystem und Explorationssystem

Soweit zum ersten motivationalen System, das unser Erleben, Verhalten und Denken steuert. Wie in den Bindungstypen bereits angeklungen, hat das Bindungssystem gewissermaßen einen produktiven »Gegenspieler« – ganz im Sinne des Aufbaus eines Muskels, der erst dann richtig gut funktioniert, wenn Beuger und Strecker sich wechselseitig aufeinander beziehen. Das Bindungssystem sorgt also dafür, dass in unsicheren Zeiten Sicherheit durch interpersonelle Bezugnahme (wieder-)hergestellt werden kann. Das Herstellen von Sicherheit alleine ist allerdings noch kein Garant dafür, dass menschliche Entwicklung im Allgemeinen und kindliche Entwicklung im Besonderen auch stattfindet oder stattfinden kann. Das versteht sich ja von selbst: Bleibt man immer nur an den Orten und in Beziehung zu den Personen, an denen und in denen keine Verunsicherung droht, tritt man letztendlich auf der Stelle – nichts geht wirklich weiter. Der Preis der Sicherheit wäre der (Entwicklungs-)Stillstand. Und wir wissen ja, dass Lernen nur in der Auseinandersetzung mit dem zunächst Fremderscheinenden geschieht – und damit auch ein nicht unerhebliches Potential an Unsicherheit bereithält. Die Lösung wäre ja nun nicht, sich angesichts der mit dem Lernthema verbundenen Unsicherheit zurückzuziehen – das mag für eine geraume Zeit gut und sinnvoll zu sein, doch dann geht es darum, sich dem Gegenstand neugierig zuzuwenden, ihn und die ihn umgebende Welt gewissermaßen zu explorieren. Der Gegenspieler zum Bindungssystem ist also das Explorationssystem. Erst im Zusammenspiel von Bindung und Exploration entsteht das, was wir als Entwicklungsdynamik bezeichnen können. Damit ist noch keine Aussage über die Funktionalität des Zusammenspiels getätigt, sondern nur, dass wir das eine nicht ohne das andere betrachten können. Die biologischen Grundlagen des und die Motivation zum Explorieren sind uns, ähnlich dem Bindungssystem, angeboren. Der Mensch kommt auf die Welt und will diese erkunden. Dieses Erkundenwollen zeigt sich üblicherweise zumeist als Neugierde – in dem Wort selbst, finden sich im Grunde schon beide für das Explorationssystem relevante Faktoren: Es geht um die Gier nach Neuem! Auch diese Gier treibt uns, neben der nach Bindung, um und vor allen Dingen auch an. Die Harvard Business School-Professoren Paul R. Lawrence und Nitin Nohria fassen diesen anthropologischen Tatbestand in ihrem Werk »Driven – Was Menschen und Organisationen antreibt« als Lerntrieb und stellen ihn dem Erwerbstrieb, dem Bindungstrieb und dem Verteidigungstrieb zur Seite (Lawrence/ Nohria 2003). Diese Sichtweise ist für uns Pädagogen ja nicht ohne Bedeutung, geht es doch in unserem Geschäft darum, das Lernen zu erreichen. Und es scheint sogar so, als könnte das gelingen, denn der Mensch scheint biologisch auf das Lernen programmiert zu sein. Aber auch hier gilt: Ein funktionierendes Explorationssystem entwickelt sich nicht gemäß eines Reifungsprozesses, sondern nur im Rahmen eines erzieherisch angeleiteten Lernprozesses. Unterstützt man die Kinder nicht in ihren Explorationsbemühungen oder hemmt diese sogar, wird sich zukünftig wenig exploratives Verhalten zeigen und eher zurückhaltende Ängstlichkeit dominieren, die wenig mit Erfahrungen der Selbstwirksamkeit zu tun hat. Darüber hinaus dürfen die übrigen Triebe oder motivationale Systeme in ihrer Bedeutung und Wirksamkeit nicht unterschätzt oder gar vernachlässigt werden. Habe ich Angst oder muss ich mich gar verteidigen, bleibt für Lernen nur noch wenig Raum, denn: *Angstniveau und Leistungsniveau korrelieren negativ!* So geht es beim Lernen im Allgemeinen und bei der schulischen Erziehung im Besonderen immer um eine ausgewogene Aktivierung des Bindungs- und Explorationssystems.

Epistemisches Vertrauen und Bindung

Die Dynamik von Bindung und Exploration und das damit einhergehende Zusammenspiel von Angst und Neugierde sind auf interpersonelle Regulation angewiesen. Wie der Mensch sich den Herausforderungen des Lebens stellt bzw. stellen kann, ist zentral davon abhängig,

2 Ausbildungsprogramm »Feinfühlig Unterrichten«

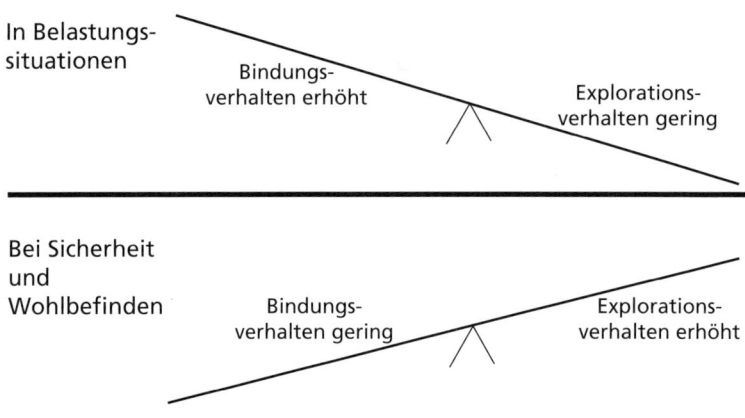

Abb. 9: Zum Verhältnis von Bindung und Exploration

inwieweit es den Bindungspersonen gelungen ist, grundlegend Sicherheit zu vermitteln und gleichermaßen die kindliche Neugierde zu unterstützen und gegebenenfalls auch anzuregen. Das Kind orientiert sich im Rahmen der Entwicklung seines internalen Arbeitsmodells an seinen relevanten Bindungspersonen. Sind diese für das Kind eine verlässliche und konstante Basis, kann das Kind epistemisches Vertrauen ausbilden, das insbesondere für spätere Lern- und Beziehungsprozesse, in der Schule, im Beruf, in der Partnerschaft etc., von großer Bedeutung ist, denn epistemisches Vertrauen bezeichnet das basale Vertrauen in eine Bezugsperson als sichere Informationsquelle (Sperber et al. 2010, Wilson & Sperber 2012).

In einer großangelegten Studie (Corriveau et al. 2009) konnte gezeigt werden, dass sicher gebundene Kinder die Aussagen ihrer Eltern mit Blick auf einen zur Diskussion stehenden Sachverhalt oder Gegenstand bevorzugen, gleichermaßen allerdings auch ihren eigenen Wahrnehmungen und Einschätzungen vertrauen. Unsicher gebundene Kinder hingegen trauen insgesamt der eigenen Wahrnehmung deutlich weniger als sicher gebundene Kinder. Mit Blick auf desorganisiert gebundene Kinder konnte nachgewiesen werden, dass diese regelmäßig in eine angstgesteuerte Wachsamkeit geraten, weil

2.2 Feinfühlig Unterrichten im Netzwerk der Klasse

sie angesichts einer vorzunehmenden Einschätzung weder sich noch den anderen vertrauen können. Epistemisches Vertrauen entsteht aber auch dann, wenn das Kind die Erfahrung macht, dass die Bezugsperson versucht, die Welt mit den Augen des Kindes zu sehen. Dieser Tatbestand ist für Unterricht alles andere als vernachlässigbar, gibt er doch direkt eine handlungspraktische Orientierung vor. Es macht offensichtlich Sinn, sich von den Kindern zeigen zu lassen, wie sie das, was man als Lehrer und Lehrerin gezeigt hat, aufgefasst haben. So entsteht Vertrauen in den Lehrer und in die Lehrerin, Angst wird damit reduziert und Lernen besser möglich.

Elterliche Feinfühligkeit

Eine ausgewogene und funktionale Balance zwischen Bindung und Exploration und die Entwicklung von epistemischen Vertrauen sind also auf interpersonelle Resonanz angewiesen. Der Garant für eine sichere Bindung mit entsprechendem Explorationsverhalten kann in der elterlichen Feinfühligkeit gesehen werden. Mary Ainsworth, die zusammen mit John Bowlby die Grundlagen der Bindungstheorie ausgearbeitet und weiter differenziert hat, versteht das feinfühlige Elternverhalten als Dreh- und Angelpunkt der kindlichen Bindungsentwicklung (Ainsworth 1977). Die mangelnde Fähigkeit von Eltern oder Bezugspersonen, sich dem Kind gegenüber feinfühlig zu verhalten, kann als massiver Risikofaktor für die kindliche Entwicklung angesehen werden (Ziegenhain/Fegert 2008). Somit wird auch der Einschätzung der elterlichen Feinfühligkeit mit Blick auf das Wohlergehen der Kinder eine enorme Bedeutung zugesprochen. Doch zunächst zu den Merkmalen elterlicher Feinfühligkeit, die im Lehrer-Schüler-Verhältnis zu den Merkmalen einer professionellen Feinfühligkeit werden (▶ Exkurs II). Nach Ainsworth (1977) zeigt sich Feinfühligkeit *erstens* in der Wahrnehmung des kindlichen Verhaltens. Dies geschieht dadurch, dass die Bezugsperson affektiv, interaktiv und kognitiv aufmerksam gegenüber dem verbalen und nonverbalen Verhalten des Kindes ist. *Zweitens* müssen die Signale des Kindes nicht nur differenziert wahrgenommen, sondern auch verstanden, das heißt, interpretiert werden. Die Interpretation der Äußerungen muss kindzentriert und unbeeinflusst von der eigenen Bedürfnislage sein. Das heißt natürlich nicht, dass die Bezugsperson frei von eigenen Empfindungen sein soll – ganz im Gegenteil! Nur muss von einer feinfühligen Bezugsperson erwartet werden, dass sie sich ihrer Befindlichkeit relativ bewusst ist, so dass diese nicht unbemerkt die Interaktion mit dem Kind steuert. *Drittens* sollte sich die Bezugsperson den Signalen des Kindes gegenüber, die diese ja zunächst wahrgenommen und interpretiert hat, angemessen verhalten. Hier kommt dem Entwicklungsalter und dem artikulierten Bedürfnis eine besondere Rolle zu. Im Fokus steht die Frage, ob die Reaktion auf die Signale des Kindes zu einer Beruhigung oder zu einer Anregung führen soll – reagiert die Bezugsperson also auf Signale des Bindungs- oder auf Signale des Explorationssystems. Schließlich erweist es sich *viertens* als unabdingbar, dass die Bindungsperson nicht nur angemessen, sondern auch prompt auf die Signale des Kindes reagiert. Nur durch eine prompte Reaktion kann dem Kind eine Überzeugung über die eigene Selbstwirksamkeit vermittelt werden. Bleiben Reaktionen der Bindungspersonen auf die kindlichen Signale über lange Zeit aus, kann es zu einem Rückzug aus der aktiven Auseinandersetzung mit der Welt kommen und zur Ausbildung von Verhaltens- und Erlebensweisen führen, die im motivationalen Kern nichts mehr von den Mitmenschen und der Umwelt erwarten.

Die Grundlage der elterlichen Feinfühligkeit ist in der Fähigkeit zur Empathie zu sehen. Können sich Eltern nicht in das Erleben ihrer Kinder hineinversetzen, gelingt es ihnen nicht, das kindliche Handeln als intentionales Handeln zu betrachten, auch wenn sich vielleicht die Intentionalität nicht immer sofort erschließt, dann ist es ihnen vielleicht möglich, die kindlichen Signale wahrzunehmen und auch zu interpretieren, daraus aber keine handelnden Schlüsse für sich zu ziehen. Das heißt, die regulierende Reaktion der Eltern bleibt aus. Damit kommt der Einschätzung der elterlichen Feinfühligkeit für die Bindungsentwicklung der Kinder eine große Rolle zu. Ainsworth (1977) hat diesbezüglich eine fünfstufige Skala zur Erfassung elterlicher Feinfühligkeit entwickelt, die in sich noch eine differenzierende Einstufung erlaubt.

2.2 Feinfühlig Unterrichten im Netzwerk der Klasse

Tab. 2: Skala zur Erfassung elterlicher Feinfühligkeit (nach Ainsworth 1977)

Stufe	Beschreibung
9 »sehr feinfühlig«	Die Eltern sind sehr gut auf die Signale des Kindes eingestellt und reagieren prompt und angemessen. Sie können sich in das Kind sehr gut einfühlen. Die Wahrnehmung der Signale des Kindes ist nicht durch eigene Bedürfnisse oder Abwehrreaktionen verzerrt. Die Eltern sind in der Lage, dem Kind als Reaktion auch Alternativen zum artikulierten Verlangen zu bieten.
7 »feinfühlig«	Die Eltern reagieren prompt und angemessen auf die Signale des Kindes, allerdings mit weniger Einfühlungsvermögen. Die Einstimmung der Eltern auf die Signale des Kindes gelingt nicht ganz. Die Aufmerksamkeit der Eltern wird durch innere und äußere Anforderungen eher abgelenkt, so dass Signale übersehen werden können und es zu Fehlinterpretationen und Missverständnissen kommen kann.
5 »unbeständig feinfühlig«	Diese Eltern können außerordentlich feinfühlig sein, sich aber in einigen Situationen gegenüber den Signalen des Kindes als blind erweisen. Der feinfühlige Umgang mit dem Kind weist Lücken auf. Mit Bezug auf die Wahrnehmung der Signale des Kindes zeigen sich die Eltern oft als aufmerksam, vielfach aber auch als unzugänglich. Insgesamt allerdings überwiegt das feinfühlige Verhalten gegenüber dem weniger feinfühligen Verhalten.
3 »wenig feinfühlig«	Die Eltern reagieren auf die Signale des Kindes häufig unangemessen und eher langsam, obwohl sie grundsätzlich die Fähigkeit zur Kommunikation mit ihrem Kind erkennen lassen. Vielfach sind die Eltern von anderen Dingen abgelenkt, so dass es ihnen schwerfällt, sich aufmerksam ihrem Kind zuzuwenden. Es zeigt sich ein Mangel an Einfühlungsvermögen. Den Eltern fällt es schwer, sich in die Lage ihres Kindes hineinzuversetzen. Feinfühligkeit gelingt dann am besten, wenn sich die Bedürfnisse des Kindes mit denen der Eltern weitgehend decken
1 »fehlende Feinfühligkeit«	Die völlig uneinfühlsamen Eltern folgen nahezu ausschließlich ihren eigenen Bedürfnissen. Im Vordergrund stehen die Forderung des Lust-Prinzips und eine deutliche narzisstische Zentriertheit. Die Kontaktaufnahme zum Kind geschieht fast

Tab. 2: Skala zur Erfassung elterlicher Feinfühligkeit (nach Ainsworth 1977)
– Fortsetzung

Stufe	Beschreibung
	ausschließlich vor dem Hintergrund eigener Motivation. In der Regel besteht ein deutlicher Widerspruch zwischen den Bedürfnissen des Kindes und denen der Eltern, so dass die Signale des Kindes ignoriert oder auf sie verzerrt oder mit deutlicher und nicht mehr tolerierbarer Antwortverzögerung reagiert wird. Wenn die Eltern auf die Signale des Kindes reagieren, dann sind diese Reaktionen zumeist unangemessen und unvollständig.

Bindung und Mentalisierungstheorie

Folgt man Svenja Taubner, der Direktorin des Instituts für Psychosoziale Prävention am Universitätsklinikum Heidelberg, dann stellt die Mentalisierungstheorie aktuell eine der bedeutsamsten Theorien im Bereich der Psychoanalyse dar (Taubner 2015). In Auseinandersetzung mit den spezifischen Schwierigkeiten von bestimmten Patienten, sich und die eigene Verfassheit zum Thema des eigenen Nachdenkens zu machen und von dort aus auch den Mitmenschen Intentionalität zu unterstellen, hat sich die Erkenntnis durchgesetzt, dass genau diese Fähigkeit aber der Schlüssel zur psychischen und psychosomatischen Gesundheit darstellt. Der britische Psychologe und Psychoanalytiker Peter Fonagy bezeichnet in seinem Artikel »Thinking about thinking« aus dem Jahr 1991 diese Fähigkeit als Mentalisierungsfähigkeit (Fonagy 1991). Gemeint ist damit die Fähigkeit, sich psychische Vorgänge, die eigenen und auch die der Mitmenschen, zu vergegenwärtigen – auf den Punkt gebracht: »sich selbst von außen und den anderen von innen betrachten« (Allen et al. 2011, 23) zu können. Das klingt zwar zunächst banal, ist es aber nicht, denn unsere biologische Ausstattung befähigt uns zwar grundsätzlich, solche mentalen Operationen vorzunehmen, doch muss die Fähigkeit und die Funktionalität des Mentalisierens ausgebildet werden, kurz: wir müssen mentalisieren lernen. Hierbei lassen sich

2.2 Feinfühlig Unterrichten im Netzwerk der Klasse

vier aufeinanderfolgende Phasen innerhalb der Entwicklungslinie der Mentalisierungsfähigkeit unterscheiden:

Tab. 3: Entwicklungsstufen des Mentalisierens (in Anlehnung an Fonagy 200)

Modus	Entwicklungsalter	Beschreibung
Teleologischer Modus	Neun Monate bis 1,5 Jahre	Eigene und fremde Handlungen können vom Kind als zielgerichtet interpretiert werden. Allerdings besteht noch keine Wahrnehmung hinsichtlich der dem Handeln zu Grunde liegenden Ursachen, insbesondere mit Blick auf deren motivationalen Gehalte. Nur was beobachtet und erfahren werden kann zählt.
Modus der psychischen Äquivalenz	1,5 bis 4 Jahre	Das Kind unterscheidet noch nicht zwischen Innenwelt und Außenwelt. Gedachtes und innere Zustände werden als real erlebt.
Als-Ob-Modus	1,5 bis 4 Jahre	Die Gedanken und inneren Zustände sind von der Realität abgekoppelt. Am deutlichsten ist dieser Modus im Spiel erkennbar.
Reflexiver Modus	ab 4. bis 5. Jahr	Im Modus der Reflexivität gelingt die Integration der psychischen Äquivalenz und des Als-Ob. Ein Nachdenken über das eigene Selbst und über die vermutete Innenwelt der Mitmenschen wird möglich. Perspektivwechsel und damit die Fähigkeit zu lügen, werden möglich.

Am deutlichsten lässt sich die Mentalisierungsfähigkeit bzw. die noch nicht voll ausgebildete Mentalisierungsfähigkeit im so genannten »false-belief-test« (Perner et al. 1987) veranschaulichen:

»Der »Falsche-Überzeugung«-Test

♦ Maxi bekommt die bekannte bunte »Smarties-Schachtel« gezeigt. Sie wird gefragt: »Was glaubst Du, was ist wohl in der Schachtel?«

- Maxi antwortet plausiblerweise: »Smarties!« Die Schachtel wird geöffnet, aber es sind Buntstifte darin.
- Anschließend wird Maxi gefragt: »Draußen wartet dein Freund Peter. Wenn wir ihn hereinholen und ihm die geschlossene Smarties-Schachtel zeigen und ihn fragen: ›Was ist in der Schachtel?‹, was meinst Du, was wird Peter antworten?«
- Dreijährige Kinder antworten »Bleistifte«, vierjährige antworten »Smarties«.
- Das dreijährige Kind kann sich nicht vorstellen, dass das andere Kind eine falsche Überzeugung hat« (Brockmann/Kirsch 2015, 16)

Die Fähigkeit zu mentalisieren, also, die eigene innere Welt und die momentane Verfasstheit reflexiv in den Blick zu nehmen und ebenso die Innenwelten der Mitmenschen mit zu bedenken, ist demzufolge keine Fähigkeit, über die jeder Mensch so ohne weiteres verfügen kann. Und es liegt auf der Hand, dass der Grad des Mentalisierens auf Seiten der Schülerinnen und Schüler wie auch auf Seiten der Lehrerinnen und Lehrer nicht unerheblichen Einfluss auf den Erfolg schulischen Lernens und auf das Wohlbefinden der am Unterricht Beteiligten hat.

Mit Blick auf die Lehrerinnen und Lehrer kann festgehalten werden, dass »gute« Lehrerinnen und »gute« Lehrer immer mentalisieren, wenn sie unterrichten – und dies in dreifacher Hinsicht. Zunächst (1) bedenken sie sich als Lehrer und Lehrerinnen. Hierzu gehören sowohl die reflexive Beschäftigung mit sich in der Rolle des Lehrers oder der Lehrerin als auch die damit zusammenhängende Eingebundenheit in entsprechende schulische Organisationsstrukturen. Darüber hinaus sollten die Lehrerinnen und Lehrer aber auch ihre Berufsbiographie, die sicherlich eng verbunden ist mit dem eigenen Lebenslauf und dessen affektiv-emotionalen, sozial-interaktiven und kognitiv-geistigen Aspekten, berücksichtigen und in der Lage sein, die eigene aktuelle Verfasstheit und das eigene Gewordensein in Bezug zur Tätigkeit als Lehrerin oder Lehrer zu setzen. Es geht weiterhin (2) um eine fachliche Vergewisserung dessen, was wie

2.2 Feinfühlig Unterrichten im Netzwerk der Klasse

wem gezeigt werden soll – also ganz klar eine Reflexion der didaktischen Aufgabe der Lehrkraft in operativer Absicht. Gegenstand dieses reflexiven Bedenkens sind die fachlich-didaktischen Fertigkeiten, genauer: die spezifische pädagogische Kunstlehre des professionellen Akteurs. Schließlich (3) werden auch noch die Schüler und Schülerinnen mit bedacht – und zwar nicht nur als Adressaten schulischer Erziehung, sondern, wie dies im Kontext von Professionen konstitutiv ist, als ganze Personen. Lehrerinnen und Lehrer denken also über ihre Schüler nach, sie machen sich Gedanken über ihre Aneignungsprozesse und Lernprobleme und setzen das Lernen, oder eben auch das Nicht-Lernen, in einen sinnvollen Kontext, der sowohl die schulischen Rahmenbedingungen, das didaktische Vorgehen, die eigene Person als Lehrerin und Lehrer, die Beziehungsgestaltung als auch die Biographie des Kindes umfasst. Indem Lehrer und Lehrerinnen Schüler bedenken, machen sie sich ein Bild vom Kind, in dem einer wechselseitigen Bezogenheit und einer grundlegenden Intentionalität menschlichen Handelns, zu dem eben auch Lernen gehört, grundlegende Bedeutung zugesprochen wird.

Und auch die Schülerinnen und Schüler mentalisieren, wenn sie lernen. Ein Lernen ohne parallele Mentalisierungsprozesse kann im Grunde gar nicht als Lernen aufgefasst werden – es sei denn, man hat es mehr auf Dressur abgesehen. Hierfür wäre reflexives Bedenken dann nicht förderlich. Im pädagogischen Verständnis geht es beim Lernen allerdings zentral um das wechselseitige Verhältnis von Ich und Welt und um dessen Weiterentwicklung. Insofern bezeichnet Lernen in diesem Verständnis »die Veränderungen von Selbst- und Weltverhältnissen sowie von Verhältnissen zu anderen, die nicht aufgrund von angeborenen Dispositionen, sondern aufgrund von reflektierten Erfahrungen erfolgen und die als begründete Veränderungen von Handlungs- und Verhaltensmöglichkeiten, von Deutungs- und Interpretationsmuster und von Geschmacks- und Wertstrukturen erlebbar sind (...)« (Zirfas 2007, S. 164). Um ein solches Lernen zu realisieren, müssen vier Modalitäten gegeben sein (Göhlich & Zirfas, 2007):

- Lernen muss *erfahrungsbezogen* sein. Das heißt, Lernen knüpft an bereits gemachte Lernerfahrungen an und ist in der Lage, diese zu erweitern, zu modifizieren oder aber auch zu korrigieren, so dass eine fortwährende Weiterentwicklung der dem Menschen aktuell zur Verfügung stehenden Wissensbasis möglich ist. In diesem Sinne geht es im Unterricht, etwas trivial gesprochen, immer um einen »Brückenbau« von bereits bekanntem zu unbekanntem Terrain, wobei darauf geachtet werden muss, dass sich im »Fremden« immer auch etwas »Bekanntes« zeigt, sonst entsteht Angst und eine lernende Aneignung wird erschwert.
- Lernen muss *dialogisch* strukturiert sein. Wissen entbindet sich prinzipiell im Gespräch bzw. innerhalb einer Beziehung. Zwar ist Lernen auf der einen Seite unvertretbar, gleichwohl wird es nie ein nur ganz individueller Vorgang sein. In Anlehnung an Prange (1997) kann man sagen: Ohne Sprache und ohne dialogische Beziehung kein Unterricht und auch kein Lernen – wobei deutlich gemacht werden muss, dass Sprache nicht ausschließlich auf das gesprochene Wort abhebt, sondern eben auf den Tatbestand der Notwendigkeit, eine gemeinsame Sprache zu finden, wenn man etwas gezeigt bekommt, das man lernen soll oder will.
- Lernen muss *sinnvoll* sein. Erst die erlebte Sinnhaftigkeit im Lernen führt zur weiteren Motivation, erhält die Neugierde aufrecht und sorgt gewissermaßen dafür, dass das Lernen zu einem intrinsisch motivierten Prozess wird, der zeitlebens nicht zum Abschluss kommt. Ausgangspunkt jeglichen Lernens ist die Motivation. Und diese stellt sich dann ein, wenn es um Gegenstände geht, die den Lernenden interessieren und die er deswegen auch als sinnvoll erfährt.
- Lernen muss *ganzheitlich* sein. Da Lernen eben mehr ist als kognitive Umstrukturierung und Verhaltensänderung und Lernen dann am erfolgreichsten ist, wenn ein subjektiver Sinnzusammenhang vom Lernenden hergestellt werden kann, beziehen sich Lernprozesse auf das Fühlen, Denken und Handeln von Menschen. In Anlehnung an die leibphänomenologischen Entwürfe des 20. Jahrhunderts (vgl. Merleau-Ponty 1966; Schmitz 1998, Scheler

2008; Fuchs 2000) lernt der Mensch durch und mit seinem versubjektivierten Körper, also mit und durch seinen Leib. Und dieser ist unhintergehbar. Ganzheitlichkeit des Lernens bedeutet schließlich noch die Herstellung von Verknüpfungen. Neues entsteht prinzipiell durch Zusammenhangsbildungen von bereits Gegebenen und von noch nicht Gewusstem.

Die Schülerinnen und Schüler mentalisieren also, wenn sie lernen – und sie mentalisieren ebenso in dreifacher Hinsicht, wie dies auch die Lehrerinnen und Lehrer tun. Die Kinder bedenken sich beim Lernen, sie machen sich zum Gegenstand des expliziten und des impliziten Nachdenkens während des Aneignungsprozesses, der möglicherweise auch zum Teil selbst als Mentalisierungsprozess beschrieben werden kann. Sie bedenken aber auch die Person des Lehrers und der Lehrerin, machen sich Gedanken über deren Innenwelten und Motivlagen und reflektieren gleichzeitig die Beziehungsgestaltung zwischen ihnen und ihren Lehrerinnen und Lehrern. Die reflexive Betrachtung der Person des Lehrers und der Lehrerin und die der Beziehungsgestaltung gibt die Voraussetzung für erfolgreiches Lernen ab. Schließlich bedenken die Kinder auch das Thema, das im Unterricht gezeigt wird und das sie sich aneignen sollen. Es wird explizit und implizit nach dessen Relevanz und Bedeutung gefragt und dadurch ein Verhältnis zum Gegenstand gestiftet (Selbst-Welt-Verhältnis). Letztendlich geht es hierbei um eine funktionale Erwartungsausrichtung mit Blick auf den Gegenstand (Fertsch-Röver 2017). Den Gegenstand zu mentalisieren bedeutet, sich auf diesen reflexiv auszurichten (Bezugnahme) und so gleichzeitig eine notwendige Distanz herzustellen, um dann auf den Gegenstand im Sinne einer Aneignung zugreifen zu können.

Sowohl für das Unterrichten als auch für das Lernen spielt die Fähigkeit zu mentalisieren eine herausragende Rolle. Diesbezüglich ist zu bedenken, dass negativer Stress die Mentalisierungsfähigkeit stark einschränkt – ein reflexives Denken und Bedenken und damit eine Abstandnahme ist dann fast nicht mehr möglich. Und das gilt sowohl für die Lehrerinnen und Lehrer als auch für die Schülerinnen

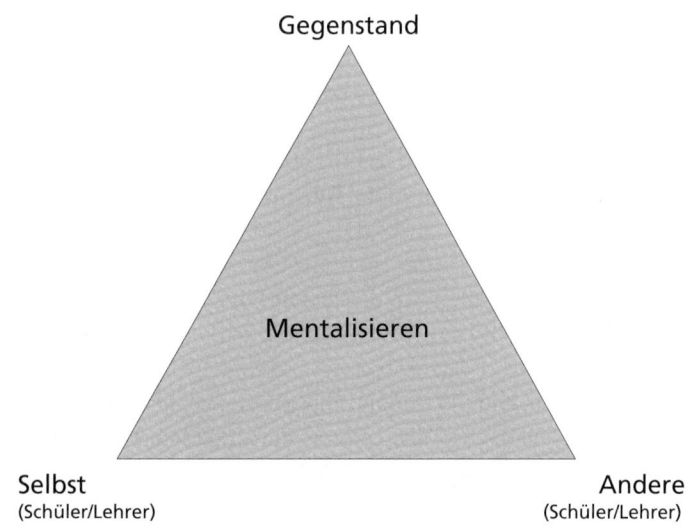

Abb. 10: Dimensionen des Mentalisierens in der Schule

und Schüler. Die einen können dann nicht mehr gut unterrichten, die anderen können dann nicht mehr gut lernen. Somit muss es die dynamische Administration von Unterricht darauf abgesehen haben, negativen Stress von vorn herein zu reduzieren oder aber bei vorhandenem negativem Stress, diesen so zu regulieren, dass das Mentalisieren wieder möglich wird. Der Umgang mit Stress ist eine zentrale professionelle Kompetenz des Lehrers und der Lehrerin.

Bindungstypen und dynamische Lerndreiecke

Vor dem Hintergrund der bisherigen Ausführungen zur Bindungstheorie fällt es eigentlich nicht schwer, deren pädagogische Relevanz zu erkennen. Im deutschsprachigen Raum hält sich aber die pädagogische Rezeption der Bindungstheorie in Grenzen. Selbstverständlich finden sich vereinzelt Arbeiten zur Bindungstheorie in unterschiedlichen pädagogischen Handlungsfeldern (Schleiffer 2014, 2015; Trost 2014), doch von einer systematischen Aufbereitung, insbesondere für

2.2 Feinfühlig Unterrichten im Netzwerk der Klasse

den Bereich der Schule, kann noch nicht die Rede sein. Hier sind nur die ausgesprochen anregenden und gründlichen Forschungen und Veröffentlichungen von Julius (2009) und Jungmann/Reichenbach (2016) zu nennen. Den genannten Autoren ist eine Systematisierung der Erkenntnisse der Bindungstheorie und deren Fruchtbarmachung auch für die schulpädagogische Praxis gelungen. Dies scheint insbesondere dadurch möglich geworden zu sein, dass hier ein Bezug zu englischen Forschern und pädagogischen Praktikern hergestellt wird. Die britische Tradition der Verbindung von Bindungstheorie und pädagogischer Theorie und Praxis kann auf eine Zeit bis zu Bowlby selbst zurückblicken. Aktuell haben britische Forscher und pädagogische Praktiker eine fünfbändige Handreichung für Lehrkräfte zur Wahrnehmung und zum Umgang mit Bindungsmanifestationen im Unterricht herausgegeben. Die so genannte »The Attachment Aware School Series« (Bomber 2015) widmet sich unter anderem folgenden Themen: Inklusive Strategien zur Förderung von Schülern mit Bindungsschwierigkeiten (Bomber 2010), bindungsorientierte Unterstützung von Teenagern (Hughes/Bomber 2009), bindungsorientierte Handlungsprinzipien für Lehrer und Lehrerinnen (Marshall 2014), Praxisstrategien zur Förderung von Kindern mit Bindungsschwierigkeiten in der Schule (Bomber 2007) und noch einige mehr. Darüber hinaus ist die Fort- und Weiterbildung in bindungstheoretischen Grundlagen und deren schulpädagogischen Handlungsstrategien landesweit ausgebaut und eine professionelle Selbstverständlichkeit.

Den Zusammenhang zwischen Bindungs- und Explorationssystem auf der einen Seite und der didaktischen Situation im Unterricht auf der anderen Seite hat insbesondere Heather Geddes, eine britische Lehrerin und »Educational Psychotherapist« (Educational Psychotherapy ist eine besondere Form der Kinder- und Jugendlichenpsychotherapie, die vermehrt auf das erzieherische Umfeld des Kindes/Jugendlichen fokussiert), systematisch untersucht und dargestellt. In ihrer Studie »Attachment in the Classroom: the links between children's early experience, emotional well-being and performance in school« (Geddes 2012) hat Geddes darauf hingewiesen, dass sich das didaktische Dreieck vor dem Hintergrund der skizzierten unterschiedlichen Bindungstypen jeweils auch unterschiedlich ausbildet. Die dynamischen Lerndreiecke von sicher gebundenen Kindern unterscheiden sich jeweils von unsicher-vermeidend und unsicher-ambivalent gebundenen Kindern und diese drei noch einmal deutlich vom desorganisierten Bindungstyp (Geddes 2012).

So kann ein *sicher-gebundenes Kind* seine Aufmerksamkeit sowohl auf das Thema als auch auf die Lehrerin bzw. den Lehrer richten. Beide Beziehungen sind, auch wenn es manchmal schwierig wird, von einer milden positiven Übertragung getragen. Im Grunde sind das die sozio-emotionalen Voraussetzungen, um »Szenen gemeinsamer Aufmerksamkeit« (Tomasello 2002) herzustellen. Die Kinder oszillieren je nach Bedarf zwischen Bezugnahme auf den Lehrer bzw. die Lehrerin und Bezugnahme auf das Thema. Damit wird das didaktische Dreieck funktional ausgestaltet und in eine flexible triadische Dynamik versetzt, die Lernräume ermöglicht.

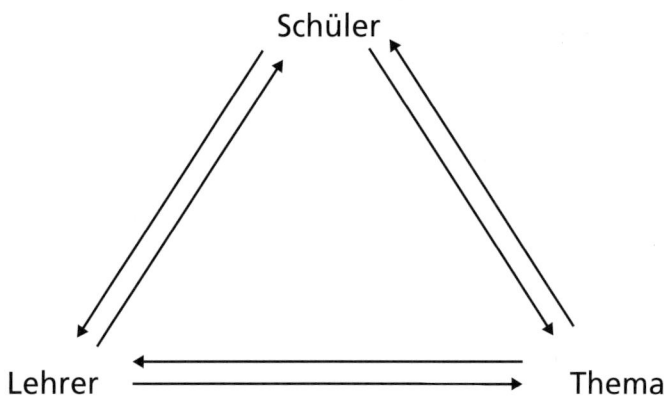

Abb. 11: Lerndreieck eines sicher gebundenen Bindungstyps

Unsicher-vermeidend gebundene Kinder hingegen wenden sich mehr dem Thema zu und sparen die Beziehung zum Lehrer bzw. zur Lehrerin eher aus. Diese Kinder fallen eben im schulischen Kontext nicht so auf, insbesondere auch deswegen, weil sie sich relativ unproblematisch mit der Lernaufgabe beschäftigen – so scheint es zumindest, denn die Kinder haben natürlich, wie alle anderen Kinder auch, mehr oder weniger Schwierigkeiten, sich das Thema anzueignen. Die Hinwendung zur Sache geht mit der Vermeidung einer personalen Beziehung einher. Die Kinder vermeiden oftmals den Augenkontakt mit der Lehrkraft, entziehen sich körperlicher Nähe und fragen selten um Hilfe nach. Wenn diese Kinder Ärger zeigen, dann meist in aggressiver Auseinandersetzung mit Objekten. Bleiben aggressive Durchbrüche aus, dann besteht die Gefahr, die schulischen Schwierigkeiten unsicher-vermeidend gebundener Kinder zu übersehen.

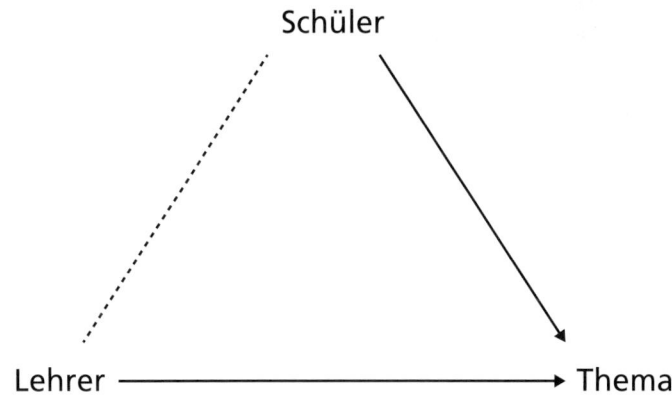

Abb. 12: Lerndreieck eines unsicher-vermeidenden Bindungstyps

Eine bindungsorientierte Förderung besteht grundsätzlich in einem »feinfühligen Lehrerverhalten«. In Anlehnung an das Modell der »feinfühligen Elternschaft« zeichnet sich ein »feinfühliges Lehrerverhalten« durch drei maßgebliche Faktoren aus:

1. *Wahrnehmung* der kindlichen Verhaltensweisen unter der Maßgabe, dass Verhaltensstörungen und Lernbeeinträchtigungen als Regulationsversuche anzusehen sind, die im Kern darauf abheben, mit Stress umgehen zu können.

2. *Interpretation* der Verhaltensweisen der Kinder mit differenzierendem Blick auf die Ausdrucksgestalten des jeweils aktivierten Bindungssystems.
3. *Reaktion* vor dem Hintergrund der Wahrgenommenen und Interpretierten als ko-regulative Hilfe, die darauf abhebt, Angst zu reduzieren und Exploration zu fördern.

Für den Umgang mit Kindern, deren Verhalten und Erleben auf unsichere Bindungsmuster und vielleicht auch auf traumatische Erfahrungen schließen lässt, haben sich fünf Leitlinien als belastbar erwiesen, die die feinfühlige Grundhaltung sinnvoll ergänzen:

- »Guiding Principle 1: Relationships Over Programmes
- Guiding Principle 2: Emotional Age Over Chronological Age
- Guiding Principle 3: Structure over Chaos
- Guiding Principle 4: Time In Over Time Out
- Guiding Principle 5: Sensory Less Over Sensory More« (Marshall 2014, 5).

Diese »Guiding Principles« sind mit Blick auf den Umgang mit bindungsunsicheren und traumatisierten Kindern im Grunde selbsterklärend: Die Lehrer-Schüler-Beziehung hat Vorrang vor der Anwendung standardisierter Förderprogramme. Ausgangspunkt pädagogischen Handelns ist das emotionale Entwicklungsalter des Kindes und nicht sein biologisches Alter. Ordnung und Strukturierung sind hilfreicher als Unordnung und Chaos. In-Beziehung-bleiben hat definitiv Vorrang vor einem separierenden Beziehungsausschluss. Sensorische Komplexitätsreduktion unterstützt die Kinder besser als ein Übermaß an Anregung.

Mit Bezug auf unsicher-vermeidend gebundene Kinder geht es vordringlich darum, das Distanzierungsbedürfnis der Kinder wahrzunehmen, als Ausdruck einer Bindungsorganisation zu verstehen und das Vermeidungsverhalten der Kinder zu akzeptieren. Förderung gelingt durch die Vermittlung von Vorhersagbarkeit und Verlässlichkeit, die über die Beschäftigung mit dem Thema realisiert werden. So können Lehrerinnen und Lehrer zu alternativen Bindungspersonen werden, deren unterrichtliches Beziehungsangebot im Sinne

2.2 Feinfühlig Unterrichten im Netzwerk der Klasse

einer sicheren Bindungserfahrung zu einer Modifikation des bisherigen Bindungsmusters der entsprechenden Kinder führen kann. Auch hier muss noch einmal erwähnt werden, dass die Integration der Bindungstheorie in die unterrichtliche Praxis nichts mit Psychotherapie zu tun hat. Vielmehr gelingt eine schulische und sozioemotionale Förderung der Kinder durch Unterricht! Ein Unterricht, der Unterricht bleibt und der nicht unter der Hand zur Psychotherapie wird.

Kinder, die eher ein *unsicher-ambivalentes Bindungssystem* an den Tag legen, sind dagegen permanent in Kontakt mit der Lehrerin bzw. dem Lehrer – und dies meist in einer konflikthaften Art und Weise, so dass sich die Lehrkraft häufig vom Kind gestört fühlt und im ungünstigsten Fall das Kind ablehnt. Die Kinder äußern zumeist einen großen Wunsch nach körperlicher Nähe und zeigen sich sehr verärgert, wenn diesem nicht entsprochen wird. Ihr Verhalten wird oft als klammernd und kontrollierend beschrieben und zeichnet sich nicht selten durch offene Feindseligkeit gegenüber der Lehrerin und dem Lehrer aus. Im Zentrum stehen das Bemühen der Kinder, die Aufmerksamkeit der Lehrperson für sich zu gewinnen und gleichzeitig damit auch die Angst, diese zu verlieren.

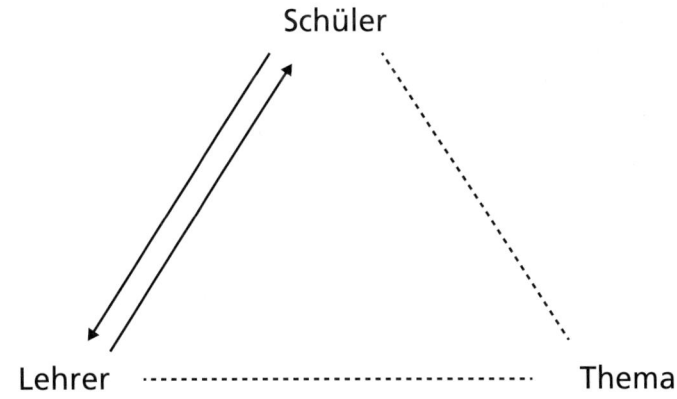

Abb. 13: Lerndreieck eines unsicher-ambivalenten Bindungstyps

2 Ausbildungsprogramm »Feinfühlig Unterrichten«

Im Zentrum eines bindungsorientierten Umgangs mit unsicher-ambivalent gebundenen Kindern erweist sich eine gelassene Präsenz, die um die personale Differenz im Rahmen der Lehrer-Schüler-Beziehung weiß, als außerordentlich hilfreich. Das heißt im Konkreten, dass der Lehrer bzw. die Lehrerin die an sie adressierten Beziehungswünsche und die damit zusammenhängenden Beziehungsängste wahrnimmt, diese als Regulationsversuch einer inneren Not versteht, aber angesichts dieser doch manchmal überbordenden Dynamik standhaft, verlässlich und angemessen abgegrenzt bleibt. Erst aus Abgegrenztheit entsteht fördernde Zuwendung. Diese muss allerdings »echt« sein und nicht als eine Interventionsoption missbräuchlich verwendet werden. So kommt der selektiven Authentizität und der dosierten Selbsteinbringung eine gewichtige Rolle im Umgang mit unsicher-ambivalent gebundenen Kindern zu. Die dosierte und reflektierte Verbalisierung des eigenen Erlebens hat für das Kind eine Hilfs-Ich-Funktion – das Agieren wird unterbrochen, das Denken angeregt und die Erfahrung gemacht, dass aus der abgegrenzten persönlichen Verfasstheit nachhaltigere und befriedigendere Beziehungserfahrungen entstehen können. Indem ich mich vorsichtig und reflektiert über mein Erleben dem Kind gegenüber äußere, biete ich ihm damit eine Interpretation seines Verhaltens und Erlebens an, das dazu beitragen kann, die eigene Regulationsfähigkeit wieder in Gang zu bringen oder gar eine alternative Regulationsmöglichkeit erst auszubilden.

Schließlich zeigt sich das didaktische Dreieck von *desorganisiert gebundenen Kindern* entsprechend ihres eben nicht organisiert ausgebildeten internalen Arbeitsmodells – sowohl eine stabile Beschäftigung mit der Person des Lehrers und der Lehrerin, mit der Sache als auch mit sich selbst (Selbstbezug) erscheinen als nicht möglich. Diese Kinder sind sprunghaft in ihrer Aufmerksamkeit, in ihrer Motorik, in ihren Gedanken und Affekten. Häufig treten diese Kinder trotz aller Sprunghaftigkeit auch durch ein äußerst rigides kontrollierendes Verhalten in Erscheinung, das letztendlich dazu dient, die frei flottierende Angst der Kinder in den Griff zu bekommen. Wahrscheinlich sind es diese Kinder, die überproportional die Diagnose ADHS erhalten (vgl. Gerspach 2014).

2.2 Feinfühlig Unterrichten im Netzwerk der Klasse

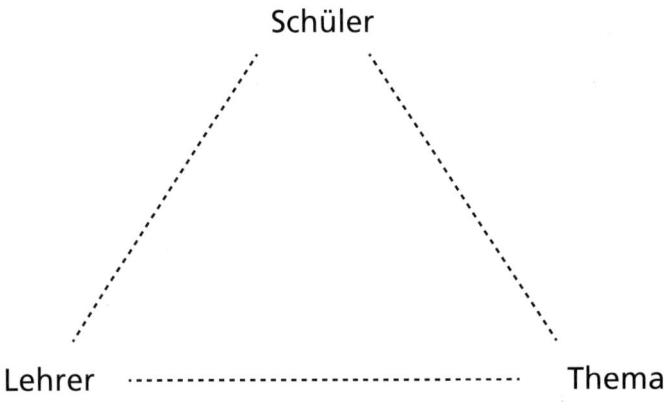

Abb. 14: Lerndreieck eines desorganisierten Bindungstyps

Die Unterrichtssituationen werden durch die Dynamik der kindlichen Innenwelt nicht selten zu Inszenierungen der malignen Beziehungserfahrungen der Kinder. Immer geht es um die Frage: »Kannst du mich ertragen und aushalten oder wirst Du auch gewalttätig?«. Diese Inszenierungen stellen eine große Herausforderung an ein »feinfühliges Lehrerverhalten«, da zumeist auf Seiten der Lehrkraft Aggressionen in den Vordergrund der eigenen Wahrnehmung treten, die auf ein Ausagieren drängen, das selbstverständlich nicht so stattfinden darf, denn dann hätte sich die unbewusste Erwartung des Kindes nach Bestrafung erfüllt. Eine korrigierende Beziehungserfahrung kann nur dann gelingen, wenn es der Lehrerin und dem Lehrer gelingt, eine Distanz zu den eigenen Affekten herzustellen und diese als einen Verstehenszugang zu den Nöten des Kindes aufzufassen. Gegenaggressionen sind grundsätzlich zu vermeiden – auch wenn das nicht immer gelingt. Vielmehr geht es, gerade im Angesicht einer aggressiv aufgeladenen Lehrer-Schüler-Beziehung, um die Realisierung von Fürsorge. Da geht es dem Lehrer und der Lehrerin nicht anders als den Eltern: Immer dann, wenn sich die Kinder wie wild gebärden, wenn man am wenigsten das Bedürfnis hat, sich ihnen liebevoll zuzuwenden, ist aber gerade die elterliche und pädagogische

Fürsorge gefragt. Denn diese vermittelt eine Sicherheit, die besagt, dass dem Kind in dieser Beziehung nichts geschehen wird, was seine leibseelische Integrität verletzen würde.

Zusammenfassende Überlegungen

Vor dem Hintergrund der Ausführungen zur Bindungstheorie lassen sich für unser in Rede stehendes Thema ein paar nicht unwesentliche Schlussfolgerungen ziehen:

- *Manifeste und überdauernde Lernbeeinträchtigungen und Verhaltensstörungen sind häufig Folgen maligner Beziehungserfahrungen.* Nicht immer, doch signifikant auffällig, weisen Kinder mit festgestelltem sonderpädagogischen Förderbedarf in den Förderschwerpunkten Lernen und sozial-emotionale Entwicklung eher unsichere bis desorganisierte Bindungsmuster auf. Hieraus folgt ein Plädoyer für die Einbeziehung bindungstheoretischer Erkenntnisse in die sonderpädagogische Diagnostik.
- *Passagere und punktuelle Lernbeeinträchtigungen und Verhaltensstörungen sind oftmals Ausdruck eines aktivierten Bindungssystems.* Wobei hier zu beachten ist, dass uns die Kinder mit einem aktivierten unsicher-ambivalenten Bindungssystem deutlich mehr auffallen und offenkundig mehr herausfordern als diejenigen Kinder, die eher einem unsicher-vermeidenden Modus folgen – diese treten häufig gar nicht in Erscheinung, haben aber ebenso große Not wie diejenigen Kinder, deren aktiviertes Bindungssystem externalisierendes Verhalten nach sich zieht.
- *Ein permanent aktiviertes Bindungssystem kann zu Lernbeeinträchtigungen und Verhaltensstörungen führen.* Im Bereich der Psychosomatik weiß man, dass Stress zu einer erhöhten Ausschüttung von Adrenalin und Noradrenalin führt, die den Organismus gewissermaßen in Alarmbereitschaft versetzen – so erhöhen sich zum Beispiel die Atemfrequenz und der Puls. Diese Reaktionen sind an sich richtig, weil sie uns in eine aufmerksame Reaktionsbereitschaft versetzen. Hält dieser Zustand allerdings

über eine längere Zeit an und kommt es nicht zu einer Entspannung, können strukturelle und/oder funktionale Schädigungen die Folge sein. Mit Bezug auf den ersten Punkt gilt es zu berücksichtigen, dass Kinder sowohl als Folge maligner Beziehungserfahrungen Lernbeeinträchtigungen und Verhaltensstörungen vorschulisch erwerben und ausprägen und so schon in die Schule eintreten. Dass es aber auch sein kann, dass das Bindungssystem von Kindern, die noch keine manifesten Lernbeeinträchtigungen und Verhaltensstörungen bei Schuleintritt zeigen, durch die Gestaltung der schulischen und unterrichtlichen Situation aktiviert wird. Durch ungünstige Gestaltung des Unterrichts, der damit eher die unsicheren Bindungsmuster bei Kindern aktiviert, besteht die Gefahr, dass die Schule erst Lernbeeinträchtigungen und Verhaltensstörungen evoziert. In diesem Sinne ist die oberste Aufgabe des Lehrers und der Lehrerin darin zu sehen, Angst zu reduzieren.

- *Das didaktische Dreieck wird unter bindungstheoretischer Perspektive zu einem dynamischen Lerndreieck.* Die internalen Arbeitsmodelle und individuellen Bindungstypen haben enormen Einfluss auf die Auskleidung des didaktischen Dreiecks. Unterrichtsstörungen und Lernbeeinträchtigungen müssen unter dieser Perspektive betrachtet werden.
- *Der Lehrer und die Lehrerin können zu alternativen Bindungspersonen werden.* Die Korrektur ungünstiger Bindungserfahrungen und die Förderung der Kinder mit Blick auf schulisches Lernen werden dadurch möglich, dass die Lehrkraft versucht, sich feinfühlig auf die Kinder einzustellen. Feinfühligkeit zeigt sich in einer pädagogischen Haltung, die durch Zuwendung zu den Kindern, durch Vermittlung von Sicherheit, durch die Reduktion von Stress, durch Unterstützung von Exploration und durch Assistenz und Unterstützung gekennzeichnet ist (vgl. Ahnert 2006).
- *Feinfühliges Lehrerverhalten entzieht sich einer Manualisierung und Standardisierung.* Das Konzept des »feinfühligen Unterrichtens« hält keine didaktisch aufbereiteten Maßnahmen und Hand-

lungsanweisungen bereit, denen man als Lehrer und Lehrerin nur zu folgen braucht und die man wie Techniken ohne Berücksichtigung der eigenen Person anwenden kann, wie dies Eckerlein und Hnida (2015) scheinbar vorschlagen, sondern verweist kategorisch auf die Ungewissheitsmomente im erzieherischen Verhältnis – hierauf bezieht sich ja gerade das bindungstheoretische Konzept der Feinfühligkeit. Gäbe es im Lehrer-Schüler-Verhältnis immer sozio-emotionale Eindeutigkeit, müsste auch keine Feinfühligkeit gefordert werden.

* *Bindungsorientierung fördert »eine gewisse pädagogische Sinnesart« (Herbart 1802/1964, 129).* Der Lehrer und die Lehrerin werden sensibler für die sozio-emotionalen Voraussetzungen des Lernens und beziehen diese Erkenntnisse in den Unterricht und in den allgemeinen Umgang mit den Kindern mit ein.
* *Feinfühliges Lehrerverhalten zeichnet sich durch eine gewisse Unverfügbarkeit aus.* In der Bindungsorientierung als unerlässlicher Teil des pädagogischen Taktes, der es darauf abgesehen hat, mit der immanenten Ungewissheitsstruktur umzugehen, kommt noch einmal dessen Unverfügbarkeit verschärft zum Ausdruck. Der pädagogische Takt im Allgemeinen und die bindungsorientierte pädagogische Praxis im Besonderen können nur bedingt geplant werden. Sie sind, wie Jakob Muth das schön ausgedrückt hat, »keiner Planung unterworfen, die aus der Theorie erwächst«, und doch stellen sie eine »für die Theorie und die aus ihr erwachsende Planung notwendige Ergänzung dar« (Muth, 1967, 69).

Diese skizzierten Sachverhalte gilt es in der Lehrerbildung zu berücksichtigen. Und so wenig wie wir mit einer verstärkten Fokussierung auf Didaktik den hier in Rede stehenden Schülerinnen und Schüler beikommen können, umso mehr müssen wir uns um alternative und ergänzende Formen der Lehrerbildung bemühen, die dazu taugen, eine bindungsorientierte pädagogische Haltung bei den zukünftigen Lehrkräften auszubilden. Nur so erscheint die skizzierte Lücke in der Lehrerbildung ausfüllbar – alles andere wäre ein »Mehrdesselben«.

2.2.2 Psychodynamik

Die Bindungstheorie kann deswegen als eine humanwissenschaftliche Metatheorie aufgefasst werden, weil sie einen Gegenstand thematisiert, der in allen humanwissenschaftlichen Disziplinen und ebenso in deren korrespondierenden professionellen Praxen Bestand hat. Blicken wir also auf die Schule und auf die in dieser zum Zweck des Lernens organisierten Interaktion, dann bleibt festzustellen, dass sich die Bindungsmuster in den der Schule entsprechenden personellen Konstellationen in Szene setzen – das geht gar nicht anders und lässt sich auch nicht verhindern, allenfalls ignorieren. Das heißt, sowohl die Lehrer-Schüler-Beziehung, die Beziehungen innerhalb der Gleichaltrigengruppe als auch die Beziehungen in der Klasse als Gruppe einschließlich des Lehrers und der Lehrerin, werden in nicht unbedeutendem Maße von den unterschiedlichen aufeinandertreffenden Bindungsorganisationen bestimmt. Da stellt sich natürlich die Frage, wie man diesen Manifestationen am besten nachspürt, denn den Kindern steht ja nicht auf der Stirn geschrieben: »unsicher-ambivalent gebunden«, »sicher gebunden«, »unsicher-vermeidend gebunden« usw. Das Gleiche gilt auch die Lehrerin und den Lehrer. Insofern ist die Wahrscheinlichkeit, dass es häufig aufgrund unerkannter Bindungsinszenierungen zu massiven dysfunktionalen Dynamiken kommt, in denen die Beteiligten unbewusst ihre inneren Muster nach außen in die Beziehungen hineintragen, doch relativ hoch. Hier gilt natürlich, dass die Kinder von der Verantwortung, in Besitz einer vertieften Erkenntnis ihres unbewussten Seelenlebens zu sein, befreit sind, nicht aber die Lehrerinnen und Lehrer. Von uns kann erwartet werden, dass wir eine Ahnung davon haben, wie wir »ticken«, um welche Themen unsere Ängste organisiert sind und wo sich unsere Leidenschaften finden lassen – kurz: wir sind verantwortlich dafür, dass wir die Dynamik unserer inneren Welt nicht unreflektiert in die Beziehung zu den Kindern hineintragen. Wie aber lassen sich die Bindungsmuster und die internalen Arbeitsmodelle der Kinder erkennen? Hermann Nohl, ein geisteswissenschaftlicher Pädagoge, der in Göttingen lehrte, hat die Herausforderung des

2 Ausbildungsprogramm »Feinfühlig Unterrichten«

pädagogischen Verstehens so umrissen: »wir stehen vor einem Äußeren oder vor Äußerungen, die wir aus einem Inneren deuten müssen, das wir doch selbst wieder nur aus diesem Äußeren erschließen können« (Nohl 1947, 9). Und weiter: »Wo immer wir mit menschlichen Offenbarungen zu tun haben, ist uns eine Mannigfaltigkeit von äußeren Zügen gegeben, die wir aus ihrem Sinn interpretieren, und wir wissen doch von diesem besonderen Sinn nur aus seinen Erscheinungen« (Nohl 1947, 9). Für ein berufspraktisches Verstehen, das sich ja mit Blick auf die Aspekte »Handlungsdruck« und »Datenmaterial« kategorial von einem wissenschaftlichen Verstehen unterscheidet, bietet sich die professionsspezifische Verstehensoperation der Psychoanalyse als eine Folie für pädagogisches Verstehen an. Im Zentrum des psychoanalytischen Verstehens stehen die Phänomene der »Übertragung« und der »Gegenübertragung« – diese geben gewissermaßen den Motor für das seit den 1970er Jahren so genannte »szenische Verstehen« (Lorenzer 1995; Argelander 1992) ab. Es gilt nun aber zu beachten, nicht einfach unter der Hand das Lehrer-Schüler-Verhältnis dem des Analytiker-Analysanden-Verhältnis nachzubilden – diesbezüglich hat Sigmund Freud schon früh Klarheit geschaffen, indem er im Vorwort zur ersten Auflage von August Aichhorns Klassiker »Verwahrloste Jugend« (Aichhorn 1977) 1925 feststellte, »dass die Erziehungsarbeit etwas sui generis ist, das nicht mit psychoanalytischer Beeinflussung verwechselt und nicht durch sie ersetzt werden kann« (Freud 1977, 8). Vielmehr geht es darum, Übertragungsprozesse und die damit in Zusammenhang stehenden Gegenübertragungsreaktionen als ubiquitäre menschliche Phänomene anzuerkennen, die sich nicht »abschalten« oder »ausblenden« lassen. Sigmund Freud bemerkt hierzu: »Die Übertragung stellt sich in allen menschlichen Beziehungen ebenso wie im Verhältnis des Kranken zum Arzte spontan her…« (Freud 1910, S. 55). Und genau darum geht es. Da Übertragungsneigungen und Gegenübertragungsreaktionen nicht zu vermeiden sind, in allen menschlichen Lebensvollzügen auftreten, wäre es mehr als fahrlässig, diesen Dynamiken in den Lehrer-Schüler-Beziehungen keine Aufmerksamkeit zukommen zu lassen oder diese gar zu vernachlässigen.

Übertragung

Das psychoanalytische Verständnis von Übertragung geht davon aus, dass jeder Mensch in aktuellen Beziehungssituationen seine unbewussten, in der Kindheit erworbenen und dynamisch wirksamen Muster überträgt. Übertragen werden neben organisierten triebhaften Impulsen aus dem Es und ins Unbewusste verdrängte Ich- und Überich-Anteile vor allen Dingen Muster der Beziehungsgestaltung, die sich aus den internalen Arbeitsmodellen, die ein Mensch entwickelt hat, speisen. Internale Arbeitsmodelle entstehen aus Bindungserfahrungen in der frühen Kindheit. Es kommt also darauf an, wie feinfühlig die zentralen Bezugspersonen mit dem Kind und seinen Bedürfnissen, Ängsten und Wünschen umgegangen sind. Das feinfühlige Eingehen der Bezugspersonen auf die Signale des Babys tragen zu einer Regulation des biopsychischen Systems bei – Ängste werden gebannt und Exploration wird möglich. Immer dann also, wenn wir uns einer Situation oder einem Sachverhalt gegenübersehen, der uns ängstigt oder auch stark verunsichert, wird unser Bindungssystem aktiviert und wir verhalten uns so, wie wir die frühen Situationen der Angst und Unsicherheit erfahren haben und wie wir mit diesen, unter Einbezug der ko-regulierenden Bezugsperson, umgegangen sind oder bestmöglich umgehen konnten. So bilden sich die Muster, nach denen wir unter anderem auch unsere aktuellen Beziehungen gestalten. Soweit war der Sachverhalt ja schon bekannt. Von Bedeutung ist allerdings, dass diese frühen und prägenden Erfahrungen, die zur Ausbildung internaler Arbeitsmodelle führen, die dann unser weiteres Beziehungsschicksal maßgeblich mitbestimmen, in eine Zeit fallen, an die wir uns bewusst nicht mehr erinnern können – sie unterliegen einer so genannten frühkindlichen Amnesie (Freud 1905). Gleichwohl aber hinterlassen sie ihren Niederschlag in der psychischen Struktur des Individuums und organisieren unsere weiteren Erlebens- und Verhaltensformen. Dass sich diese Muster früh und damit auch dem bewussten Zugriff entziehend bilden, ist an sich betrachtet noch überhaupt kein Problem, denn diese Muster helfen uns, unser Selbst so zu regulieren, dass ein einigermaßen stabiles, angstfreies, lustfreundliches und realitätstaugliches Leben möglich wird. Da sich diese handlungs- und erlebensleitenden Muster aber durch die Interaktion mit der Außenwelt bilden, richtet sich die Übertragung immer an ein Gegenüber – gewissermaßen an den Anderen als Adressaten des Übertragungsangebots. Nur durch Einbezug des Anderen in die inneren und durch Übertragung nach außen gebrachten Szenen, kann es zu einer Regulierung des Selbst kommen. Und es liegt ja nun auf der Hand, dass sich die Übertragungsneigungen von Menschen, die in malignen Beziehungskonstellationen aufgewachsen sind, von denen unterscheiden, die im Rahmen der Familienerziehung sichere Bindungsrepräsentanzen ausbilden konnten. Der Andere, das Gegenüber, wird insofern für die eigene Regulation der Bedürfnisse und Ängste wichtig, als dass er zum notwendigen Mitspieler des inneren Dramas wird, das gerade interpersonell zur Aufführung gebracht wird. Zu beachten ist allerdings, dass man nicht einfach von einer verfahrenen interpersonellen Beziehungssituation im »Hier und Jetzt« kausal auf deren Ursache im »Dort und Damals« schließen kann. Die Übertragungsangebote, mit denen wir als Lehrerinnen und Lehrer zu tun haben und denen wir uns nicht entziehen können, geben sich als solche häufig gar nicht auf den ersten Blick zu erkennen. Es ist der »szenischen Funktion des Ichs« (Argelander 1970) zu verdanken, dass die unbewussten Übertragungstendenzen relativ unauffällig in das aktuelle Beziehungsgeschehen integriert werden. Insofern zeigt sich die Gestalt der Übertragung nicht einfach als eine simple Wiederholung aus vergangenen Zeiten, sondern immer wieder als eine Neuschöpfung, die es zu verstehen gilt.

Übertragungsneigungen sind also völlig normal und dienen dem Menschen dazu, sich in der Welt zu orientieren und das eigene Selbst in Beziehung zu den Anderen und zur Welt zu regulieren und zu stabilisieren. In diesem Sinne ist die Realbeziehung innerhalb des Lehrer-Schüler-Verhältnisses immer auch zu einem gewissen Teil als Übertragungsbeziehung zu verstehen. Dies ist, wie bereits bemerkt, auch nicht weiter problematisch. Die Problematik ergibt sich dann, wenn das Lernen durch die von Übertragung getragenen unbewussten Inszenierungen gehemmt wird. Spätestens an diesem Punkt, wenn die Abklärung der möglichen Ursachen für die Lernhemmung

2.2 Feinfühlig Unterrichten im Netzwerk der Klasse

Abb. 15: Übertragung

keinen wirklichen pädagogischen Befund ergeben hat, kommt man als Lehrerin und Lehrer nicht umhin, sich der Dynamik der Übertragung zuzuwenden.

Gegenübertragung

Nun stellt sich aber die Frage, wie man diesem Übertragungsangebot auf die Schliche kommen kann. Beachtet man den intersubjektiven und relationalen Charakter der Übertragung, dann kann es gelingen, mittels Analyse der eigenen Befindlichkeit, der Übertragungsdynamik nachzuspüren, diese zu verstehen und möglicherweise auch für die Förderung des Lernens in den Dienst zu nehmen. Die eigene Befindlichkeit kann als Reaktion auf das Übertragungsangebot des Kindes aufgefasst und als Gegenübertragungsreaktion bezeichnet werden. Dass die eigene Befindlichkeit allerdings auch Ausdruck eigener ungelöster Konflikte sein kann, versteht sich von selbst und soll hier nicht weiter erörtert werden. Vielmehr sei auf die Bedeutung der Selbsterfahrung für Lehrerinnen und Lehrer hingewiesen (▶ Kap. 2.4). Denn nur auf dem Weg der Selbsterfahrung lässt sich begründet zwischen der eigenen Übertragungsneigung und den

2 Ausbildungsprogramm »Feinfühlig Unterrichten«

eigentlichen Gegenübertragungsreaktionen unterscheiden. Von eigenen Übertragungsneigungen unterschiedene Gegenübertragungen können sich momentan und punktuell oder aber als durchgehende Haltung manifestieren. Sie können sich allmählich oder schnell ausbilden und sich in unterschiedlichen Abstufungen des Bewusstseinsgrades zeigen. Zumeist aber geben sich Gegenübertragungsgefühle durch einen starken Affekt oder eine Irritation innerhalb des Lehrer-Schüler-Verhältnisses zu erkennen. Immer dann also, wenn ein starker Affekt, eine ungewohnte körperliche Sensation, eine Denkhemmung oder eine Irritation im Miteinander unsere pädagogische Routine stören, sollten wir aufhorchen und uns fragen, welche Bedeutung dieser Störung zukommt, weil sie prinzipiell die Möglichkeit eröffnet, sowohl unser pädagogisches Handeln innerhalb der pädagogischen Beziehung etwas besser zu gestalten als auch den unbewussten Gründen von Lernhemmungen nachzuspüren und diese in das pädagogische Handeln mit einzubeziehen.

Abb. 16: Gegenübertragung

Damit dies gelingen kann, geht es in einem ersten Schritt darum, die eigene Irritation überhaupt als solche wahrzunehmen und ihr im eigenen Erleben auch Platz einzuräumen. Das heißt, ein feinfühliges Lehrerverhalten zeichnet sich auch durch eine Sensibilität gegenüber der eigenen Befindlichkeit aus, nimmt diese ernst und versucht sie, mit Hinblick auf ihre möglichen Bedeutungsgehalte, zu verstehen. In einem zweiten Schritt ist es enorm wichtig, eine Distanz zum Affekt herzustellen, der mit der Irritation verbunden ist und der einen gewissen Handlungsimpuls auslöst – das heißt: Gegenübertagungsgefühle sollten nicht einfach agiert werden! Das passiert in Lehrer-Schüler-Beziehungen – wie im Übrigen in allen anderen professionellen Beziehungen auch – immer wieder und manchmal auch über lange Zeit, doch sind wir aufgefordert, wenn wir nicht in einen dysfunktionalen Kreislauf von Agieren und Mitagieren geraten wollen, sensibel auf unsere Gegenübertragungsgefühle zu achten und sie darauf hin zu befragen. Und hier kommen wir zum dritten Schritt, nämlich der Frage danach, welchen subjektiven Sinn meine Gefühle und die damit verbundenen Reaktionsbereitschaften für die Schülerin oder den Schüler haben können. Wir bekommen so einen Eindruck, wie der Mensch seine Beziehungen gestalten muss, um sich zu regulieren. Hierfür stehen uns letztendlich zwei Modi der Analyse unserer Gegenübertragung zur Verfügung. Unsere Gegenübertragungsgefühle können als komplementäre oder als konkordante Identifikationen verstanden werden. Eine *komplementäre Identifikation* bedeutet, dass ich so auf mein Gegenüber reagiere, wie sowohl frühere Bezugspersonen auf ihn reagiert haben als auch aktuelle Beziehungspartner auf ihn reagieren. Ich bekomme also einen Eindruck davon, wie sich die Mitmenschen fühlen und gefühlt haben, die mit meinem Gegenüber zu tun hatten und haben. Eine *konkordante Identifikation* hingegen gibt Hinweise darauf, wie mein Gegenüber sowohl auf frühere Bezugspersonen reagiert hat als auch auf aktuelle Beziehungspersonen reagiert. Hier zeigt sich mir das Erleben meines Gegenübers in sozialen Beziehungen. Beide Verstehensmodi sind für pädagogische Beziehungen von Relevanz, da sie uns einen Einblick in die intrapsychische Dynamik unserer Schüler und Auskunft darüber geben können, wie diese ihre innere Welt interpersonell regulieren. Und geht man mal davon aus, dass Lernen immer auch Zumutung bedeutet, die nicht selten ängstlich besetzt ist, dann kann der Mensch gar nicht anders, als diejenigen Muster zu aktivieren, die versprechen, die Angst in Schach zu halten. Dass dabei andere Anforderungen unberücksichtigt bleiben und Ich-Funktionen, die für den aktuellen und zukünftigen Lebensvollzug als wichtig erachtet werden, gehemmt werden müssen, verweist auf den dysfunktionalen Teil der Notlösung. Und mit diesem sind wir nicht selten in unserer unterrichtlichen Praxis konfrontiert. Wir betrachten dann die Notlösung allzu oft als Fehler, den es zu beseitigen gilt, ohne aber dabei zu berücksichtigen, dass es dieser sogenannte Fehler ist, der dafür Sorge trägt, dass die Angst des Kindes nicht überwältigend wird. Genau auf diesen Sachverhalt hebt die heilpädagogische Forderung von Paul Moor (1974):»Nicht gegen Fehler, sondern für das Fehlende!« ab. Der Fehler ist so lange gut und muss auch so lange aufrechterhalten werden, bis er aufgrund der Bildung alternativer Denk-, Handlungs- und Erlebensweisen aufgegeben werden kann.

Übertragung, Gegenübertragung und Bindungsmuster

Bindungsmuster reinszenieren sich also interpersonell im Rahmen der Lehrer-Schüler-Beziehung, und die Gegenübertragungsgefühle des Lehrers und der Lehrerin geben einen Hinweis auf die Art und Dynamik des internalen Arbeitsmodells des Kindes. Durch die Analyse der Gegenübertragungsreaktion kann es gelingen, das Verhalten des Kindes als Ausdruck seines aktivierten Bindungssystems zu betrachten und so auf dieses (ko-)regulierend einzuwirken.

Die Voraussetzung für die Indienstnahme der Dynamik von Übertragung und Gegenübertragung hinsichtlich des Verstehens kindlichen Verhaltens als Ausdruck von Bindungsmustern ist in der Bereitschaft der Lehrerin und des Lehrers zu sehen, die eigene Befindlichkeit, und insbesondere Störungen dieser, nicht sofort als unprofessionell und nicht hierher gehörend abzutun, sondern die Wahrnehmung der eigenen Innenwelt als berufspraktischen Modus des professionellen pädagogischen Verstehens aufzufassen, zu kultivieren und zu schärfen. Der Einwand, eine Wahrnehmungseinstellung, die

2.2 Feinfühlig Unterrichten im Netzwerk der Klasse

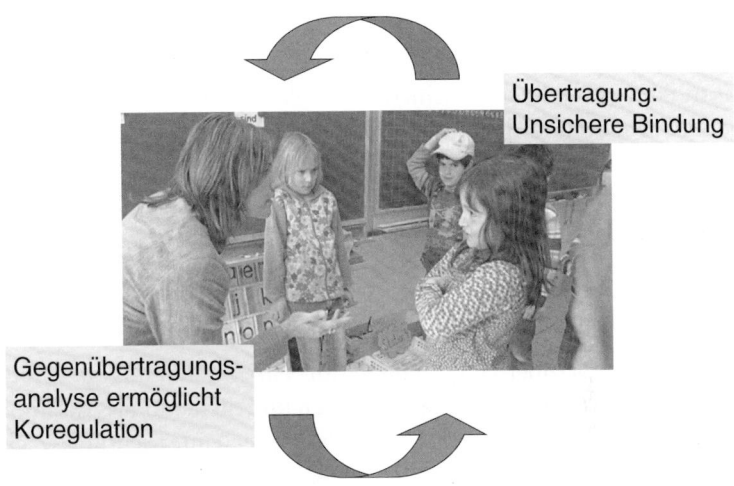

Abb. 17: Zusammenspiel von Bindungsmuster und Gegenübertragungsreaktion

sich dem Verstehen unbewusster Handlungs- und Erlebensmuster zuwendet, hat nichts in der Schule zu suchen, gilt nicht. Denn die Anreicherung der pädagogischen Diagnostik um die genannte Dimension erreicht nicht nur die Kinder mit Blick auf ihre Entwicklungs- und Lernpotentiale, sondern gestaltet den Umgang mit den Kindern auch noch ökonomisch – wenn man es sich erst einmal zugestanden hat, den eigenen Impulsen gegenstands- und professionsbezogen zu folgen.

2.2.3 Gruppendynamik

Im Gegensatz zur Eltern-Kind-Beziehung ist das Besondere an der Lehrer-Schüler-Beziehung, dass der Lehrer und die Lehrerin nicht alleine mit einem einzelnen Kind beschäftigt sind, sondern eine ganze Gruppe auf dem Weg schulischer Lernprozesse begleiten. Jenseits der unterschiedlichen didaktischen Konzepte im Umgang mit der personellen Pluralität – von Gruppe soll hier jetzt noch gar nicht gesprochen werden – und den Konzepten mit Blick auf die Führung von Klassen kommt der Klasse als Gruppe sowohl als »sicherer Ort« im Verständnis der Bindungstheorie als auch als anthropologische Grundkategorie, die unterschiedliche Phänomene hervorbringt, eine herausragende und definitiv nicht zu vernachlässigende Bedeutung für die schulische Erziehung zu. Diese Bedeutung soll in sechsfacher Hinsicht entfaltet und hinsichtlich ihrer Relevanz für den schulischen Unterricht befragt werden.

Die Klasse als Gruppe

Zunächst muss überhaupt einmal für ein Verständnis geworben werden, die *Klasse als Gruppe* anzusehen und nicht nur als Ansammlung von Individuen zum Zwecke schulischer Unterrichtung. Zieht man die übliche Definition zu Rate (vgl. König/Schattenhofer 2015), dann haben Gruppen

- 3 bis ca. 20 Mitglieder
- eine gemeinsame Aufgabe
- die Möglichkeit einer direkten Kommunikation und
- eine gewisse zeitliche Dauer.

Gruppen sind darüber hinaus von einer Menge, die zufällig und ohne gemeinsames Ziel zusammenkommt, und von einer Masse, die sich von einer Menge durch eine gemeinsame Zielrichtung unterscheidet, abzugrenzen. Es liegt damit auf der Hand, dass die Klasse als Gruppe anzusehen ist und damit auch das wirksam wird, ob wir das als Lehrer und Lehrerinnen nun wollen oder nicht, was allgemein als Gruppendynamik bezeichnet wird.

Der gruppendynamische Blick auf Klassen

Wenn man diesen Tatbestand zur Kenntnis nimmt, als gegeben voraussetzt und nun wissen will, was da eigentlich in der Klasse bezüglich der Gruppendynamik los ist, kann man die Gruppe zunächst mittels zweier Sichtweisen in den Blick nehmen.

2.2 Feinfühlig Unterrichten im Netzwerk der Klasse

Die erste Sichtweise wird als *vertikaler Schnitt* (König 2012) bezeichnet. Hierbei richtet sich unsere Aufmerksamkeit auf die so genannten inneren und äußeren Umwelten einer Gruppe, denn eine Gruppe entsteht gewissermaßen im »Dazwischen« von äußerer und innerer Umwelt. Die äußere Umwelt ist schnell erklärt. Hier geht es um die Rahmenbedingungen, innerhalb derer eine Gruppe stattfindet, um die Anforderungen, die von außen an die Gruppe herangetragen werden und um die Voraussetzungen und Bedingungen, unter denen die Gruppe existiert. Dieser Teil des vertikalen Schnitts wird auch als »Sozioschnitt« bezeichnet. Die innere Umwelt dagegen befasst sich mit den individuellen mentalen Voraussetzungen der einzelnen Gruppenmitglieder, denn man kann davon ausgehen, dass jeder Mensch dazu neigt, in Gruppen seine verinnerlichten Erfahrungen, zu denen natürlich auch die Bindungserfahrungen und internalen Arbeitsmodelle gehören, zu reproduzieren. Dieser Teil des vertikalen Schnitts kann man als Psychoschnitt auffassen.

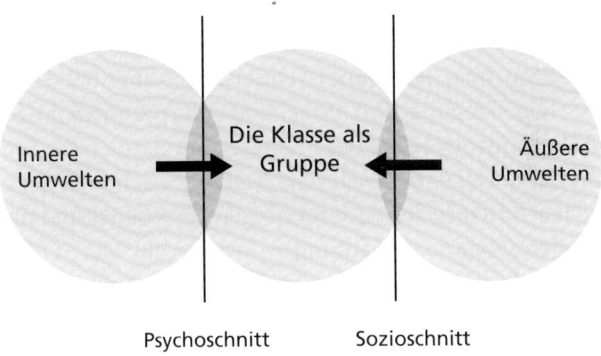

Abb. 18: Der vertikale Schnitt

Die zweite Sichtweise wird als *horizontaler Schnitt* begrifflich gefasst. Mit dieser Sichtweise wird dem Tatbestand Rechnung getragen, dass in Gruppen immer nur ein kleiner Teil dessen, was die Gruppe ausmacht und umtreibt, der bewussten Verfügbarkeit und den Gesetzen der

Rationalität, Plausibilität und der Vernunft unterliegt. Ein Großteil der die Gruppe bestimmenden Faktoren findet gewissermaßen unterhalb der manifesten Oberfläche statt. Das ist auch der Grund, weswegen man von einem »Eisbergmodell der Gruppendynamik« (König/Schattenhofer 2006) spricht. Die Ebene, auf der sich das Thema der Gruppe wiederfinden lässt, ist die Sachebene. Auf dieser kann man sich dann über die primäre Aufgabe, über die Ziele und die Themen der Gruppe verständigen. Gleich unterhalb der Sachebene und schon nicht mehr so ohne weiteres kommunizierbar, ist die Beziehungsebene angesiedelt. Hier spielt nicht mehr so die primäre Aufgabe der Gruppe eine zentrale Rolle, sondern die Beziehungsdynamik, die die Gruppenteilnehmerinnen und Gruppenteilnehmer miteinander verbindet. »Wer gehört zu wem?«, »Wer hat das Sagen?«, »Wer ist der Liebling der Gruppe?« usw. sind Fragen, die sich auf der Beziehungsebene lokalisieren lassen. Und es versteht sich von selbst, dass hier Konflikte entstehen können, die dazu in der Lage sind, die aufgabenorientierte Bearbeitung der zentralen Themen der Gruppe auf der Sachebene empfindlich zu stören. Die Ebene der Psychodynamik hingegen hat die innere (intrapsychische) Dynamik der Teilnehmerinnen und Teilnehmer zum Gegenstand. Das Intrapsychische allerdings hat die Eigenart, sich durch Übertragung und Projektion interpersonell in Szene zu setzen und damit sowohl die Beziehungsebene als auch die Sachebene zu beeinflussen. Der intrapsychische Kampf zwischen den Instanzen (Es, Ich, Über-Ich) und den Anforderungen der Realität und die daraus resultierenden Kompromisslösungen werden in der Gruppe zur Aufführung gebracht – und das von jedem Gruppenteilnehmer und jeder Gruppenteilnehmerin. Als Lehrer und Lehrerin hat man es zumeist mit Übertragungsmanifestationen und Projektionen zu tun, wenn man kurzfristig irritiert ist, wenn man momentan nicht versteht, was vor sich geht, und wenn einem die eigenen Erlebens- und Handlungsweisen momentan oder auch über weite Strecken fremd vorkommen. Immer dann lohnt es sich zu fragen, welche Muster gerade von den Kindern an uns herangetragen werden. Es ist allerdings auch nicht ausgeschlossen, dass wir als Lehrer unsere eigenen Muster und ungelösten Konflikte mit in die Klasse bringen und dort in Szene setzen. Schließlich lässt sich in jeder Gruppe ein Grundkonflikt beschreiben, um den sich gewissermaßen alle Ebenen anordnen und der das Klima bzw. die Identität der Gruppe bestimmt. Zumeist geht es um Themen der Macht, der Zugehörigkeit und/oder der Intimität – aber dazu später noch etwas mehr.

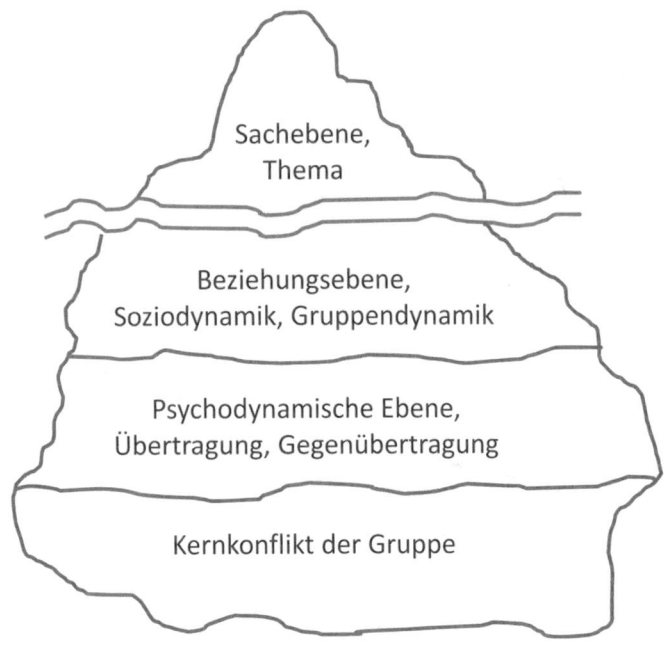

Abb. 19: Der horizontale Schnitt – Eisbergmodell der Gruppendynamik

Überträgt man nun probeweise die bisherigen Erkenntnisse der Gruppendynamik auf die Sozialform »Klasse«, dann wird unmittelbar klar, dass wir es hier mit einem hochkomplexen Gebilde zu tun haben, das zunächst mehr Unwägbarkeiten erwarten lässt als klare und vorhersehbare Strukturen und Entwicklungsverläufe. Und es leuchtet ebenso unmittelbar ein, dass damit der Klassenführung, also der Leitung der Klasse als Gruppe – Klassen leiten ist im Übrigen etwas ganz anderes als Klassen managen – mit Blick auf die Aufrechterhaltung des didaktischen Dreiecks herausragende Bedeutung zugesprochen werden muss. Die favorisierte Fokussierung auf die Sachebene, auf die ja auch die spezifischen Unterrichtskonzepte und Fachdidaktiken abheben, ist zum Scheitern verurteilt – zumindest, wenn man das Lernen der Kinder zum Ziel hat –, wenn man die Dynamiken, die aus dem vertikalen und horizontalen Aufbau einer Gruppe resultieren, nicht berücksichtigt. Diese Dynamik soll im folgenden Schaubild verdeutlicht werden.

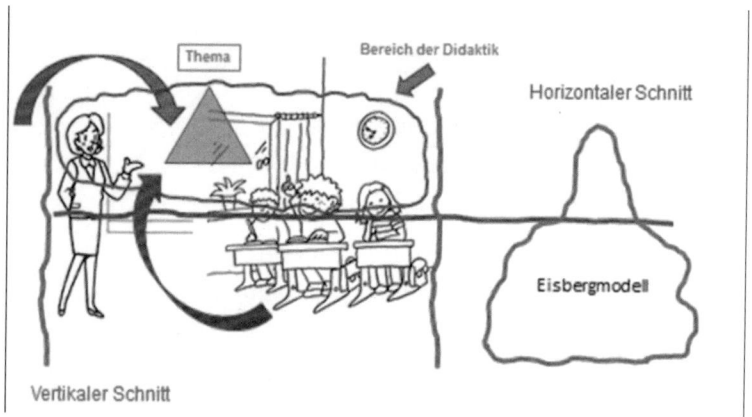

Abb. 20: Zum Zusammenspiel von vertikalem und horizontalem Aufbau der Klasse als Gruppe

Die Umkreisung verweist auf den üblichen Bereich der Didaktik, die überwiegend der Sachebene (horizontaler Schnitt) zugeordnet werden kann und sich im Raum von innerer und äußerer Umwelt (vertikaler Schnitt) realisiert. Die vertikalen Markierungen heben auf die äußeren Umwelten ab, die, im Zusammenspiel mit den inneren Umwelten, erst die Gruppe als etwas Drittes zwischen den beiden Kräften entstehen lassen. Von Bedeutung ist, dass die Funktionalität und Eigenständigkeit der Klasse als Gruppe davon abhängt, dass sowohl ein Zuviel an innerer und äußere Umwelt als auch ein Zuwenig an innerer und äußerer Umwelt vermieden werden muss. Der Lehrer und die Lehrerin haben in ihrer Funktion als Leiter der Klasse hierauf zu achten – die Aufgabe des Lehrers und der Lehrerin besteht sozusagen permanent in der dynamischen Administration, die dazu dient, die Klasse als aufgabenzentrierte Arbeitsgruppe aufrecht zu erhalten. Gelingt diese Aufgabe weniger gut, dann verschiebt sich die funktionale Balance zwischen innerer und äußerer Umwelt zu Gunsten einer Umwelt und damit zu Ungunsten der Gruppe. Was damit genau gemeint ist, kann an einem einfachen Beispiel, das jeder Lehramtsstudierende und jeder in der Schule unterrichtende Lehrer kennt, illustriert werden. Wie häufig hören wir: »Das steht so im Lehrplan!«, oder: »Das gibt die Stundentafel nicht her!«, oder: »Wir müssen unbedingt in diesem Halbjahr noch zwei benotete Klassenarbeiten durchführen!«, oder: »Bis zu den Osterferien muss der Schreibkurs abgeschlossen sein!«, oder: »Da müssen nun Erziehungs- und Ordnungsmaßnahmen greifen!« usw. – all diese Aussagen, und man könnte hier noch einige hinzufügen, deuten zum einen auf eine Deprofessionalisierung des Lehrers und zum anderen auf die tendenzielle Aufgabe der Klasse als Gruppe hin. Warum ist das so? In den Aussagen und in den daraus abzuleitenden Handlungen werden der Lehrer und die Klasse zu Erfüllungsgehilfen der bürokratischen Verfasstheit schulischer Erziehung, die gewissermaßen einen maßgeblichen Anteil der äußeren Umwelt repräsentiert. Und es ist klar, dass die Schule als bürokratisch strukturierte Institution einer ganz anderen primären Aufgabe und auch einer ganz anderen Logik folgt als die Klasse als Ort des Unterrichts, des auf ein Thema bezogenen Zeigens und Lernens. Letztendlich könnte man von einem Interessenkonflikt sprechen, den der Lehrer gemäß seiner Profession und der damit zusammenhängenden Zentralwertsverpflichtung (Bildung) unbedingt für sich entscheiden oder zumindest für diesen eintreten sollte (Brumlik et al. 2013). Wenn der Lehrer und die Lehrerin für ein Unterrichten und ein Lernen unter dem Gebot der Achtung, der Wahrheit und der Freiheit einstehen, dann gerät dieser Unterricht »in einen manifesten Widerspruch zu sozialen Systemen (...), in denen eben diese Gebote nicht oder nur eingeschränkt zu Geltung kommen« (Prange 2005, 149) – zu diskutieren wäre, ob die Schule als Institution ein solches System darstellt. Ganz eindrücklich lässt sich ein ähnlich gelagerter Interessenkonflikt im Verhältnis Krankenhaus und ärztlicher Tätigkeit nachzeichnen. Mittlerweile sind Krankenhäuser Wirtschaftsunternehmen, die es auf Gewinn abgesehen haben – das ist nun deren primäre Aufgabe (Maio 2014). Der dort tätige Arzt allerdings ist ausschließlich, und das hat er im »Hippokratischen Eid«, soweit er diesen noch abgelegt hat, bekannt, dem leidenden Menschen, seinem Patienten verpflichtet. Und genau das macht auch seine professionelle Autonomie aus. Diese kann allerdings im Rahmen der Organisation eines Krankenhauses deutlich eingeschränkt werden, wenn sich die Ziele des ärztlichen Handelns (Orientierung am Patienten) und die des Krankenhauses (Orientierung am Gewinn) konflikthaft gegenüber stehen. Ähnlich verhält es sich auch in der Schule. Der Lehrer und die Lehrerin sind dem Lernen der Kinder verpflichtet – sie stellen sich gewissermaßen in den Dienst des Lernens der Kinder – und sind deswegen auch nicht vordringlich den Zielen der Schule als Institution verpflichtet oder verstehen sich gar als deren Statthalter in der Klasse. Es geht also darum, die äußeren Umwelten zu reflektieren und deren Einfluss auf die Klasse als Gruppe funktional zu steuern. Und so verhält es sich auch mit der Wahrnehmung und Steuerung des Einflusses der inneren Umwelten. Insbesondere in Förderschulen entsteht nicht selten der Eindruck, dass dann guter Unterricht stattfindet, wenn es den Kindern gut geht. Da wird dann fleißig Obst für einen Obstsalat geschnitten, werden tage- und wochenlang Lieder gesungen, wird jahreszeitengemäß gebastelt und vieles mehr. Hiergegen ist an sich nichts einzuwenden, wenn es denn dem Lehrer und der Lehrerin gelingt zu begründen, für welche Lernthemen diese Tätigkeiten in den Dienst genommen werden. Ein ausschließlicher Verweis auf die Freude der Kinder am Basteln und Singen reicht hier nicht aus. Zu fragen ist, wofür wird gebastelt und gesungen? Das ist die entscheidende didaktische Frage: »Was soll wie gezeigt werden?« In der Schule, wie auch in der Erziehung im Allgemeinen, geht es immer um Themen, die so vermittelt werden sollen, dass die Kinder sich diese auch aneignen

2.2 Feinfühlig Unterrichten im Netzwerk der Klasse

können. Fällt der Bezug auf das Thema weg, haben wir es im engeren Sinne nicht mehr mit Erziehung und Unterricht zu tun. Dann stehen möglicherweise die inneren Umwelten der Kinder und des Lehrers bzw. der Lehrerin im Mittelpunkt, was gelegentlich ja auch passiert und auch nicht grundsätzlich verwerflich sein muss. Wenn das allerdings zur Regel wird, wird die primäre Aufgabe der Klasse als Gruppe aufgegeben – dann hat man es vielleicht mit einer Freizeitgruppe, Wellnessgruppe oder Therapiegruppe zu tun. Unterricht wird so schwer möglich sein. Das heißt, wir müssen als Lehrerinnen und Lehrer die Dynamik zwischen äußeren und inneren Umwelten wahrnehmen und auf ein Mischungsverhältnis achten, das die Klasse als Gruppe überhaupt erst entstehen und dann auch ihre Funktionalität entfalten lässt. Ein kontinuierliches Überwiegen der einen oder anderen Umwelt hat dysfunktionale Effekte – bis hin zu Lernbeeinträchtigungen, Verhaltensstörungen und Schulabsentismus auf Seiten der Kinder und Erschöpfungssyndrome, Angst, Aggression, Sarkasmus und depressive Verstimmungen auf Seiten der Lehrer und Lehrerinnen. Nimmt man nun noch die Dynamik des horizontalen Schnitts hinzu, wird das Unterrichtsgeschehen vollends mehr als komplex. Denn leider können wir uns nicht darauf verlassen, dass wir immer auf der Sachebene die Themen verhandeln, um die es gerade im Unterricht geht oder gehen sollte. Häufig wird die Sachebene durch Dynamiken, die auf der Beziehungsebene angesiedelt sind, empfindlich gestört oder auch, und das merken wir nicht selten ebenso wenig, verfälscht. Dann verhandeln wir, ohne uns dessen bewusst zu sein, auf der Sachebene Themen, die aus ganz anderen Ebenen stammen. Dass dies unerkannt mit Blick sowohl auf die primäre Aufgabe der Klasse als auch mit den andrängenden Themen der Beziehungsebene nicht befriedigend und funktional verläuft, versteht sich von selbst. Ähnlich verhält es sich mit Phänomenen aus der individuellen Psychodynamik der Schülerinnen und Schüler und der Lehrerinnen und Lehrer. Hier haben wir ja schon die internalen Arbeitsmodelle benannt, die massiv auf die Erfüllung der Aufgabe auf der Sachebene Einfluss nehmen. Und schließlich bearbeitet jede Gruppe ihre jeweiligen im Zentrum stehenden unbewussten Grundkonflikte, die jetzt im Anschluss vorgestellt werden und ebenfalls auf die primäre Aufgabe der Klasse einwirken – diese Einwirkung kann zu einer besseren Funktion beitragen, aber auch dysfunktionale Auswirkungen haben.

Die Klasse als gruppendynamischer Raum

Aus der gruppendynamischen Forschung (Antons et al. 2001) weiß man, dass sich Gruppen auf einer tieferen Ebene, also noch »unter« der Ebene der Soziodynamik und der Psychodynamik, im Zusammenspiel von drei Dimensionen entfalten. Diese Dimensionen spannen dann auch das auf, was man als gruppendynamischen Raum bezeichnet. Immer, wenn sich Menschen zu Gruppen formieren, sind diese Dimensionen zentral. Immer geht es, auf den Punkt gebracht, um »oben und unten« (Dimension Macht/Einfluss), um »Einschluss und Ausschluss« (Dimension Zugehörigkeit) und um »Nähe und Distanz« (Dimension Intimität). Das sind zentrale Themen, die die Menschen umtreiben und die sie nur in Gruppen erfahren können. Da diese Themen eine anthropologische Bedeutung haben und zum Wesen des Menschen gehören, zeigen sich Abkömmlinge oder abgeleitete Konflikte dieser Grundkonflikte immer in Gruppen. Die Chance, die darin besteht, ist, die den Konflikten zu Grunde liegenden Bedürftigkeiten wahrzunehmen und so vielleicht auch darauf einwirken zu können, dass die Konfliktlösungen weniger dysfunktional verlaufen. In diesem Sinne bietet die Klasse als Gruppe für die Kinder eine enorme Möglichkeit, sich mit diesen zentralen Fragen auseinanderzusetzen. Und es liegt schon in den Händen des Lehrers und der Lehrerin, ob die Grundkonflikte der Klasse verschärft oder aber genutzt werden, um einen humanen Umgang miteinander in Anerkennung der Heterogenität und der Differenz der Menschen untereinander zu fördern und zu pflegen. Hier zeigt sich eben auch die Normativität pädagogischen Handelns, die letztendlich nur vor dem Hintergrund der anthropologischen Verfasstheit des Menschen ethisch begründet werden kann (Prange 2010). In der Klasse stellt sich ausgesprochen oder unausgesprochen immer die Frage, wie mit Macht und Einfluss umgegangen werden soll. Immer geht es auch darum, wer wo dazu gehört und wer

2.2 Feinfühlig Unterrichten im Netzwerk der Klasse

eben nicht, und auch die Bedürfnisse nach Nähe und Distanzierung spielen eine zentrale Rolle – gerade für das Entwicklungsalter, in dem sich die Schulkinder befinden. Diese Themen nicht aufzugreifen, hieße eine Chance für eine menschengerechte Bildung nicht wahrzunehmen. Im Grunde können wir es uns aber nicht leisten, diese Chance ungenützt vorüberziehen zu lassen.

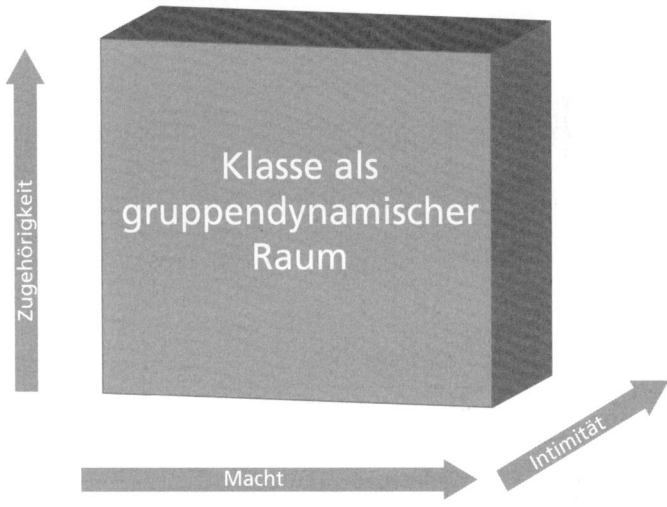

Abb. 21: Dimensionen des gruppendynamischen Raums

Die soziodynamische Rangstruktur der Klasse als Gruppe

Innerhalb dieses gruppendynamischen Raums, der ja einerseits durch die Dynamik des vertikalen und des horizontalen Schnitts und andererseits durch die skizzierten drei Dimensionen bestimmt ist, entfaltet sich eine weitere Organisationsform, die als soziodynamische Rangstruktur (Schindler 1957, 1971) bekannt ist. Funktionierende Arbeitsgruppen, und nichts anderes sind Klassen (selbstverständlich zählt hier die Lehrerin und der Lehrer mit dazu), zeichnen sich durch unterschiedliche Positionen aus, die auch personell repräsentiert sein sollten. So gibt es immer einen »Anführer« (Alpha-Position) und einen »Gegenspieler« (Omega-Position) in der Gruppe, um die sich sowohl »Mitläufer« (Gamma-Position) als auch einzelne »Berater« (Beta-Position) gruppieren. Das Zusammenspiel wird durch die Ausrichtung auf einen »Gegner« organisiert. Dieser »Gegner« kann entweder phantasiert oder real, in der Gruppe oder außerhalb der Gruppe lokalisiert sein. Der österreichische Psychiater und Psychoanalytiker Raoul Schindler, der die Prinzipien der soziodynamischen Rangstruktur formuliert hat, hat diese Dynamik empirisch überprüft und in verschiedenen Gruppenzusammenhängen immer wieder zum Vorschein bringen können, so dass mittlerweile davon ausgegangen werden kann, mit der soziodynamischen Rangstruktur ein universelles, zumeist unbewusste Organisationsprinzip von Gruppen gefunden zu haben, das sich nicht nur in Kleingruppen Geltung verschafft, sondern auch in größeren Gruppenzusammenhängen bis hin zur Beschreibung der Dynamik von Staaten (Schindler 2016).

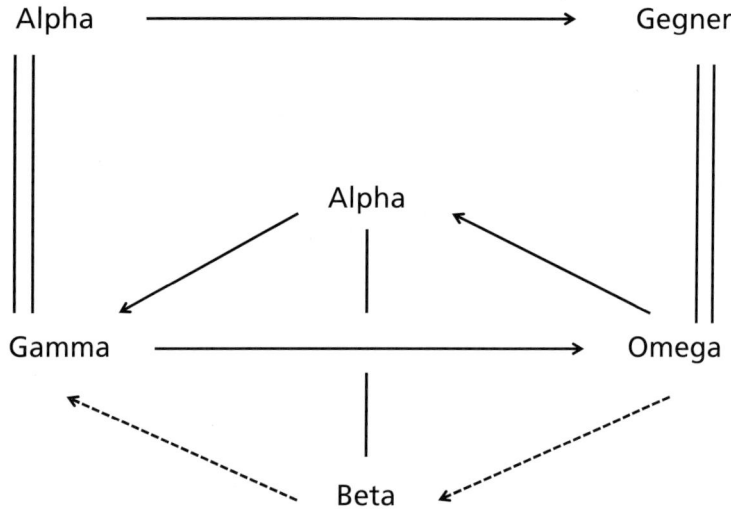

Abb. 22: Soziodynamische Rangstruktur (nach Schindler 1957)

2.2 Feinfühlig Unterrichten im Netzwerk der Klasse

In gruppendynamischer Perspektive ist die Klasse damit ein immens heterogenes Gebilde – und muss es auch mit Blick auf ihre Funktionalität sein. Homogenisierende Interventionen schmälern sowohl das Potential der Klasse als auch das der einzelnen Kinder. Allerdings bedarf es eines gruppendynamischen Wissens und Könnens, um die Potentiale der Klasse als Gruppe auch nutzen zu können, ohne in die Gefahr zu geraten, dass sich die Klasse zu einer »Anti-Gruppe« (Nitsun 2015) entwickelt. Diese Gefahr ist zum Beispiel immer dann gegeben, wenn die Positionen der soziodynamischen Rangstruktur in der Klasse nicht mehr personell flexibel ausgestaltet werden können, sondern bestimmte Positionen bestimmten Kindern zugeschrieben werden. Dann hat man halt seinen »Sündenbock«, den »Liebling der Klasse« und die übrigen, die so mehr oder weniger mitlaufen. An sich reduziert diese Sichtweise die Komplexität enorm – allerdings um den Preis, dass bestimmte Schüler keine Fortschritte mehr machen können und, das wird häufig vergessen, dass die Potentiale der Klasse als Gruppe eingeschränkt und destruktive Tendenzen, wie zum Beispiel Mobbing, gefördert werden. »Krankmachend wirkt die Erstarrung, wenn die (Kinder und die Lehrkraft) in immer derselben Rangposition fixiert sind. Die Erstarrung legt die Mitglieder zueinander fest und schränkt sie in ihren Verhaltensweisen auf gewisse Rollen ein« (Wirnschimmer/Spaller 2016, 50). Der Lehrer und die Lehrerin als Leiter der Klasse gehören sowohl zur Gruppe als auch gehören sie nicht dazu. An der Grenze zwischen Innen und Außen haben sie eine gewisse Wächterfunktion, die sich eben auch darauf bezieht, die soziodynamische Rangstruktur flexibel zu halten.

Entwicklungsphasen der Klasse als Gruppe

Jedem guten Lehrer und jeder guten Lehrerin ist das bekannt: Klassen entwickeln sich – sowohl vom ersten Zusammenkommen als auch innerhalb einer Fachstundenstruktur, wenn sich die Klasse immer neu zusammenstellen muss. Man weiß, dass Klassen mal besser als Gruppe zusammenarbeiten, dann wird die Integration betont, und dass es Phasen gibt, in denen die Differenzierung im Vordergrund steht. Beide

Zustände lassen sich für den Unterricht nutzen – vorausgesetzt man nimmt diese Zustände als gruppendynamische Phänomene überhaupt wahr und tut sie nicht vorschnell als Störung ab. In Verbindung mit den Dimensionen des gruppendynamischen Raums lassen sich solche Phänomene gut verstehen. Allerdings gibt es Phasen im Gruppenprozess der Klasse, da ist Unterricht nicht immer so ohne weiteres möglich. Im Grunde wissen wir, dass sich Gruppen zyklisch entlang bestimmter Phasen entwickeln. Zunächst geht es um die Phase der Gruppenfindung (Forming) – man lernt sich kennen, beäugt sich, macht erste Annäherungsversuche und einiges mehr. Nach der Zusammenfindung, wenn sich also so etwas wie eine Form der Gruppe gefunden hat, geht es um die Aushandlung, wie miteinander umzugehen ist – gewissermaßen nach dem Motto: »Wie halten wir es miteinander?«. In dieser Phase (Storming) sind nicht selten konflikthafte Auseinandersetzungen lokalisiert. Da hat man den Eindruck, dass es um etwas ganz anderes geht, als um das Thema – so, als müsste die Gruppe auf dem Weg der Auseinandersetzung ihre bislang gefundene Form festigen und gegebenenfalls modifizieren. Am Ende dieser Phase gelingt es der Gruppe, mehr oder weniger bewusst, ganz bestimmte sachbezogene, situationsbezogene und beziehungsbezogene Regeln aufzustellen, die dafür sorgen, dass nicht immer alles von Neuem ausgehandelt werden muss (Norming). Erst dann, so die bekannte Gruppenentwicklungstheorie des U.S.-amerikanischen Psychologen Bruce W. Tuckman, kommt die Gruppe in ein Stadium, in dem sie aufgabenorientiert arbeiten kann (Performing) (Tuckman 1965).

Die Vorstellung allerdings, Gruppen entwickeln sich linear nach den entsprechenden Entwicklungsphasen, lässt sich empirisch nicht halten (König/Schattenhofer 2015). Es scheint vielmehr so zu sein, dass sich zwar die einzelnen Gruppenphasen in ihrer spezifischen Ausprägung zeigen, nicht aber im Sinne eines Entwicklungsverlaufs aufeinander aufbauen, sondern als Gruppenzustände angesehen werden müssen, die sich wechselnd ablösen. Da kann eine Störung von außen oder von innen bewirken, dass sich die Gruppe neu (er-)finden muss, die schon lange gut zusammengearbeitet hat. Gleichwohl muss darauf nicht unbedingt eine Phase der Auseinandersetzung folgen.

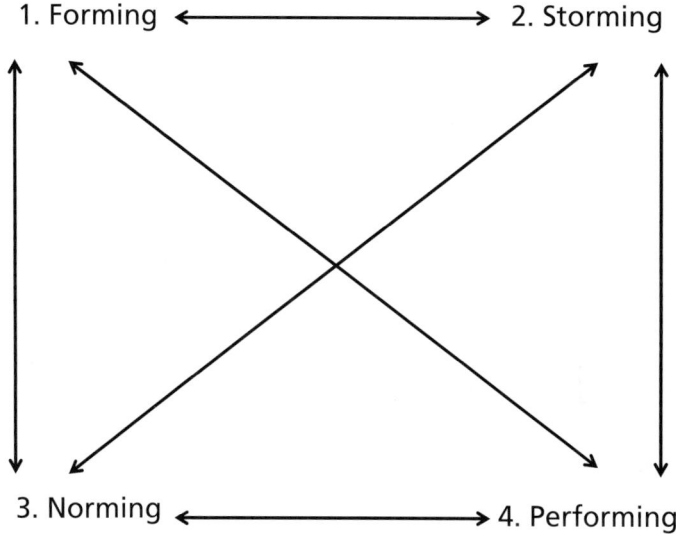

Abb. 23: Entwicklungsphasen und Zustände von Gruppen

Ein gruppendynamisch informierter Lehrer weiß um die spezifischen Zustände der Klasse als Gruppe, kann diese wahrnehmen, ist in der Lage, den Unterricht auf den jeweiligen Zustand abzustimmen und behält die Performancepotentiale der Klasse im Blick.

Die Klasse als »sicherer Ort«

Neben der Persönlichkeit des Lehrers und der Lehrerin und der pädagogischen Beziehungsgestaltung kommt der Gruppenkohäsion mit Bezug auf den Unterricht und die Förderung von Kindern mit malignen Beziehungserfahrungen eine große Bedeutung zu. Der Grad der Kohäsion, den eine Gruppe erreicht, wird im Bereich der Gruppenpsychotherapie als herausragender Wirkfaktor angesehen – noch vor den spezifischen Interventionen des Gruppenpsychotherapeuten (Yalom 2015; Tschuschke 2001). Wenn wir von der Kohäsion der Klasse als Gruppe sprechen, dann meinen wir, dass sich so etwas wie ein spezifischer »Gruppengeist« im Sinne eines spürbaren Zusammengehörigkeitsgefühls feststellen lässt. Kohäsive Klassen vermitteln das Gefühl von Geborgenheit, reduzieren Isoliertheitsgefühle, bringen Akzeptanz gegenüber einzelnen Schülerinnen und Schülern auf und realisieren emotionale und soziale Unterstützung, so dass eine positive Rückversicherung (siehe auch: »epistemisches Vertrauen«) durch die Klasse möglich ist. All diese Eigenschaften einer hohen Gruppenkohäsion können als supportive und protektive Faktoren eines »sicheren Orts« aufgefasst werden, zu dem die Klasse für die Kinder werden kann. Ein Ort also, der frei ist von bewusster Angsterzeugung, so dass auf der einen Seite Lernen besser gelingen kann. Und der auf der anderen Seite diejenigen Kinder aktiv unterstützt, denen die dysfunktionalen Auswirkungen ihrer internalen Arbeitsmodelle beim Lernen im Wege stehen. Die Klasse wird so allgemein zu einem entwicklungsförderlichen und speziell zu einem präventiven und kompensatorischen Ort für die Kinder.

Denkt man allerdings die Idee des »sicheren Orts« konsequent weiter, dann gelangt man zu pädagogischen Schlussfolgerungen, die über die Bedeutung der Persönlichkeit der Kinder und der Lehrer und Lehrerinnen, der Beziehungsgestaltung zwischen Lehrerinnen, Lehrern und Schülern und der Gruppendynamik der Klasse hinausreichen. Es kommt zwar, wie wir bereits gesehen haben, auf den Lehrer und die Lehrerin an, wenn wir uns der Frage zuwenden, wie Kindern beim Lernen geholfen werden kann und wie Kinder mit Lernbeeinträchtigungen und Verhaltensstörungen gefördert werden können, doch verschenken wir enorme Möglichkeiten der positiven Einflussnahme auf die Kinder, wenn wir die Schule als solche nicht in unsere Überlegungen mit einbeziehen – denn: »The education setting is probably the greatest opportunity we have, outside the family, to promote and maintain social well-beeing« (Geddes 2012, Umschlagrückseite). Die Schule kann zu einem Ort werden, der sich in ausgewiesenem Maße um das Kindeswohl sorgt und kümmert. Und es versteht sich hier von selbst, dass sich Schulen, sowohl Grundschulen als auch die weiterführenden Schulen und im Besonderen die Förderschulen, als Agenturen der kindlichen Entwicklung verstehen müssen – und damit vordringlich ihren Erziehungsauftrag in Blick behalten sollten. Gute Schulerziehung hebt auf die Bildung der Mündigkeit der Schülerinnen und Schüler ab und realisiert das, was seit Otto Willmann, ein deutscher Pädagoge und Didaktiker, als pädagogischer Ternar bezeichnet wird (Willmann 1909). Immer geht es um eine Erziehung des Kopfes (Kenntnisse), der Hand (Fertigkeiten) und des Herzens (Willenseinstellungen) auf Seiten der Kinder und um eine Erziehung durch den Kopf (Darstellung), die Hand (Übung) und das Herz (Aufforderung) auf Seiten der Lehrerinnen und Lehrer. So wird die Schule zum Ort der Charakterbildung durch Erziehung. Denn: »Schools can ›make a difference‹ and do have the potential to be emotionally and mentally healthy institutions when the match between educational goals and pupil developmental and emotional needs can coincide« (Geddes 2012, 129). Eine forcierte Entwicklung weg von der vermessenen Schule und den standardisierten Schülern, die »PISA, Hattie, VerA & Co« (Brügelmann 2015) hervorgebracht haben, hin zu einer, wie der Münchner Arzt und Psychoanalytiker Gerhard Vilmar sagt, »Beziehungsschule« (Vilmar 2014), stellt die besten Voraussetzungen für gute schulische Leistungen der Kinder bereit. Und an dieser Stelle sind wir wieder an der primären Aufgabe von Schule angekommen, und es sollte nun doch möglich sein, die Kinder mit ihrem Lernen und den damit zusammenhängenden Lernbeeinträchtigungen und Verhaltensstörungen in den Mittelpunkt unserer pädagogischen Bemühungen zu stellen.

2.3 Lernbeeinträchtigungen und Verhaltensstörungen im Spiegel der Lehrer-Schüler-Beziehung

Die Lehrer-Schüler-Beziehung ist der Dreh- und Angelpunkt des schulischen Lehrens und Lernens. Dort zeigen sich die Probleme und

2 Ausbildungsprogramm »Feinfühlig Unterrichten«

Schwierigkeiten, die ein Kind bei der Aneignung von Themen hat und dort wird auch die innere Welt der Kinder erfahrbar, die ja mit Blick auf Lernprozesse alles andere als vernachlässigbar ist. Den Fragen, was sich genau innerhalb der Lehrer-Schüler-Beziehung abspielt, welche Anteile die Kinder und welche Anteile der Lehrer und die Lehrerin daran haben, wie genau das Verhalten und Erleben des Kindes und wie vielleicht auch eigene Verhaltens- und Erlebensweisen zu verstehen sind, inwieweit die Gruppendynamik oder die organisatorische Struktur der schulischer Erziehung auf den individuellen Fortschritt der Kinder einwirken und einige mehr, muss die Lehrerbildung deutlich mehr Aufmerksamkeit zukommen lassen. Bleiben diese Fragen unausgesprochen und werden nicht Gegenstand der wissenschaftlichen und professionellen Diskussion, bleibt dem Lehrer und der Lehrerin oft nichts anderes übrig, als die oft bedrückenden und verunsichernden Fragen persönlich zu beantworten – was meistens nicht wirklich gut gelingt. Bei misslingender Bearbeitung der eigenen drängenden Fragen, entsteht nicht selten in der Folge ein Phänomen, das man getrost als die »Angst des Lehrers vor der Klasse« beschreiben kann. Dieses Gefühl ist häufig nicht direkt erkennbar, äußert sich oft als diffuses Unbehagen und, falls es doch ins Bewusstsein dringt, als Beschämung, weil man sich offensichtlich seinem Beruf nicht gewachsen fühlt. Und dann setzen die unterschiedlichsten, mehr oder weniger funktionalen, Bewältigungsversuche ein. Einfacher wäre es, das skizzierte Phänomen als Ausdruck einer professionellen Praxis anzuerkennen, denn die »Angst vor der Gruppe« ist zum Beispiel jedem Gruppenpsychotherapeuten bekannt – man weiß nie, was einen erwartet, wie sich die Gruppendynamik gestaltet und ob man in der Lage ist, »unter Beschuss«, wie das der britische Gruppentheoretiker Wilfred R. Bion (2001) treffend ausgedrückt hat, weiterhin handlungsfähig zu bleiben. Und es wäre sehr verwunderlich, wenn es dem Lehrer bzw. der Lehrerin tendenziell anders ginge. Die Gruppendynamik der Klasse und die Beziehungsdynamik des Lehrer-Schüler-Verhältnisses sind eben nur bedingt vorhersehbar oder gar planbar. Diesem häufig nicht offen artikulierten Bedürfnis nach Verstehen der eigenen Reaktionsbereitschaften, der Gruppendynamik und Lehrer-Schüler-Dynamik, muss sowohl in der Lehrerbildung als auch dann in der Praxis der schon berufstätigen Lehrerinnen mit einem Angebot zum Fallverstehen entsprochen werden.

Michael Balint

Das Fallverstehen orientiert sich in theoretischer und methodischer Hinsicht an Michael Balint, einem ungarischen Arzt und Psychoanalytiker, der die so genannte Balintgruppe zur Fortbildung bereits tätiger Professioneller in den 1950er Jahren entwickelt hat und dessen Ansatz noch heute die Basis für viele Supervisionskonzepte abgibt (vgl. Otten 2012). Balint ging es darum, das professionelle Handeln von Ärzten, Pfarrern, Sozialarbeitern und Lehrern nicht anders, sondern durch ein vertiefendes Verstehen der jeweiligen professionellen Beziehung etwas besser zu machen. Ausgangspunkt war seine Erfahrung als niedergelassener praktischer Arzt, dass zum einen ein überwiegender Teil der geschilderten Beschwerden seiner Patienten psychosomatischer Natur waren (Balint 2001). Zum anderen musste sich Balint mit der Tatsache auseinandersetzen, die wahrscheinlich auch heute noch gilt, dass dem Arzt nur wenige Minuten mit einem Patienten bleiben, um eine Diagnose zu stellen und gegebenenfalls eine entsprechende Behandlung einzuleiten (Balint/Norell 1975). Die Arbeitsgruppe um Balint entwickelte eine so genannte »Flash«-Technik, die es erlaubt, aus der Beziehungsgestaltung zwischen Arzt und Patient diejenige Information zu gewinnen, die zwar zunächst manifest verborgen ist, aber auf den Kern der Beschwerden verweist (Balint/Norell 1975). Im Wesentlichen geht es darum, im Arzt-Patient-Kontakt mit dem »dritten Ohr« zu hören (Reik 1983), um die den geschilderten Beschwerden zu Grunde liegenden Ursachen zu verstehen und darauf bezogen eine angemessene Reaktion folgen zu lassen. Für die Ausbildung dieser begrenzten, veränderten Wahrnehmungseinstellung hat sich die Fallbesprechung in der Gruppe unter psychoanalytischen Gesichtspunkten, die fortan nur noch als Balintgruppe firmierte, als ausgesprochen hilfreich erwiesen.

2 Ausbildungsprogramm »Feinfühlig Unterrichten«

Balintgruppe

Die Gruppe besteht aus bis zu 13 Teilnehmerinnen und Teilnehmern und trifft sich einmal in der Woche für 1,5 Stunden. Ausgangspunkt der Gruppenarbeit ist die freie Darstellung eines Falls durch einen Teilnehmer bzw. eine Teilnehmerin – mit allen Irritationen, Auslassungen und Ungereimtheiten. In diesem Sinne soll die Falldarstellung auch nicht vorbereitet werden. Es geht auch hier darum zu erfahren, wie mit Unsicherheit umgegangen werden kann. Allein die formale Ausgestaltung der Balintgruppe führt zu dem, was S.H. Foulkes, ein deutschstämmiger britischer Arzt und Gruppenanalytiker, als »ego training in action« (Foulkes 2002, 82) genannt hat. Die Gruppe hört der Fallvorstellung zu, fragt nach, wenn es Sachverhalte objektiv zu klären gibt, und fängt dann an, frei zu dem Gehörten die eigenen Gedanken, Phantasien, Empfindungen etc. zu äußern. Somit wird der problematische Fall prismatisch aufgefächert und mit weiterem Sinn und weiterer Bedeutung versehen, die für das Fallverstehen unabdingbar sind. Die Diskussion des Falls in der Gruppe folgt im Grunde den Regeln der freien Assoziation – also all das zu sagen, was einem so durch den Kopf geht. Häufig verbieten wir uns ja Gedanken oder tun diese als irrelevant ab, weil wir den Eindruck haben, dass sie nicht zum Thema gehören. Das »Hören mit dem dritten Ohr« ist aber gerade auf diese aus dem Unbewussten und Vorbewussten aufsteigenden Assoziationen angewiesen, um den Fall in seiner Tiefendimension zu verstehen. Ist der Diskurs in der Balintgruppe am Anfang doch eher ungewöhnlich, weil er dazu auffordert, die Konventionen der umgangssprachlichen Verständigung vorübergehend und partiell außer Kraft zu setzen, so stellt sich doch regelmäßig nach einer geraumen Zeit eine Lust am Assoziieren und am Erkundenwollen des Wesens des Falls ein – hier ergeben sich Parallelen zum didaktischen Prozess des Entdeckenden Lernens. Begrenzt wird die Assoziation allerdings durch die Maßgabe der Fokussierung auf den Fall. Damit wird deutlich markiert, dass es sich bei der Balintgruppe um eine professionelle Methode des Fallverstehens handelt und nicht um Selbsterfahrung oder gar Psychotherapie.

Widerspiegelungshypothese und Parallelprozess

Die Balintgruppe »funktioniert« deshalb so gut und erhält damit auch ihre Berechtigung als Grundlage unterschiedlicher Supervisionskonzepte, weil sie sich auf die so genannte Widerspiegelungshypothese und den Parallelprozess bezieht. Die Widerspiegelungshypothese besagt, dass sich der problematische Fall in all seinen bewussten und unbewussten Facetten in der und durch die Gruppe widerspiegelt und so verstehbar wird. Die Dynamik des Falls inszeniert sich in der Gruppe, so dass das »Außerhalb«, in dem der Fall angesiedelt ist, im »Innerhalb«, im »Hier und Jetzt« der Gruppe konkret erfahrbar wird. Durch die Interpersonalität der Gruppe und durch die dynamisch bedingte Rollenübernahmebereitschaft der einzelnen Mitglieder können alle relevanten Aspekte des Falls repräsentiert werden. Auch der Widerspiegelungshypothese liegt die Tendenz zur Übertragungsbereitschaft als Motor der Balintgruppe zu Grunde, auf die die Mitglieder der Gruppe mit ihrer Gegenübertragungsreaktion antworten. So braucht es eben keine Vorbereitung, die sich überwiegend der bewussten Dimension des Falls zuwendet, sondern Vertrauen in die unbewusste Inszenierung, die dann von der Gruppe mit Hilfe des Leiters in bewusst Verfügbares übersetzt wird.

Das Prinzip des Parallelprozesses verweist hingegen auf die Tatsache, dass sich das Arbeitsbündnis zwischen dem Professionellen und seinem Fall parallel im Gruppenprozess zwischen Falldarsteller, seinem Fall und der Gruppe zeigt. Die schwierige Situation außerhalb der Gruppe wird so im »Hier und Jetzt« der Gruppe bearbeitbar (vgl. Hechler 2005). Und Veränderungen im Fallverstehen in der Gruppe haben Auswirkungen auf die professionelle Beziehungsgestaltung im jeweiligen professionellen Feld. Gelingt es mir, das Kind mit seinen Verhaltens- und Erlebensweisen anders und vielleicht auch etwas besser zu verstehen, kann ich auch im Konkreten mit ihm besser umgehen.

Beziehungsdiagnostik und Beziehungstherapie

So kann die Balintgruppenarbeit zu einer Beziehungsdiagnostik und, unter Anwendung des Erkannten im Unterricht, zu einer Beziehungstherapie beitragen. Und begreifen wir, wie oben dargelegt, Lernbeeinträchtigungen und Verhaltensstörungen vordringlich als Beziehungsstörungen, dann stellt die Balintgruppe ein unentbehrliches Instrument der Lehrerbildung dar, das auch insbesondere zur Psychohygiene des Lehrers und der Lehrerin beiträgt und so einer beruflichen Erschöpfung vorbeugt. Karl Heinz Brisch, ein bedeutender deutscher Bindungsforscher, stellt diesbezüglich unmissverständlich klar: »Regelmäßige externe Gruppensupervision – ca. alle 14 Tage – sind eigentlich eine Grundvoraussetzung, um als Lehrperson mit Gruppenprozessen bei Kindern zwischen 7 und 16 Jahren effektiv umgehen zu können« (Brisch 2009, 366).

Fallvignette: »Das Bild«
Die Balintgruppe besteht aus insgesamt 10 Personen – hierzu zählen sechs angehende Förderschullehrerinnen, drei angehende Förderschullehrer, alle kurz vor den abschließenden Examensprüfungen, und der Gruppenleiter. Die Gruppe trifft sich nun schon zum fünften Mal, und die Gruppenkohäsion kann als relativ hoch eingeschätzt werden. Dies zeigt sich unter anderem auch darin, dass es den Teilnehmerinnen und Teilnehmern zusehends leichter fällt, relativ freimütig und offen über die eigenen Erfahrungen, Motivationen und Irritationen, die mit dem Studium und den sonderpädagogischen Schulpraktika zusammenhängen, zu sprechen. Es ist der Gruppe gut gelungen, sich mit dem doch etwas ungewöhnlichen Diskurstyp der Balintgruppe anzufreunden und sogar neugierig auf das zu sein, was kommen mag.
Zu Beginn der Sitzung wird, wie es üblich ist, erst einmal nachgedacht und nachgefragt, wem »etwas auf dem Herzen liegt«, das Thema sein soll. Die Gruppe einigte sich darauf, eine Szene näher anzuschauen, die ein Studierender kurz vorgestellt hat. In dieser Szene ging es um eine Praktikumssituation, die wohl außer

2.3 Lernbeeinträchtigungen und Verhaltensstörungen

Kontrolle geraten sei. Die fünfköpfige Praktikantengruppe, so der Falldarsteller, war, als sie in die Schule kam, mit der Situation konfrontiert, dass die Religionslehrerin, an deren Unterricht sie hätten teilnehmen sollen, sich krank gemeldet habe – gleichwohl allerdings das Material, das im Unterricht heute dargestellt werden sollte, verfügbar war. Insofern stand dem Unterricht im Grunde nichts im Wege. Die Studierenden waren zunächst von der Nachricht etwas »überrumpelt« und auch etwas »ratlos«, was nun zu tun sei. Allerdings stellte sich sukzessiv immer mehr die Vorstellung in den Vordergrund, nun endlich mal »echte Lehrer« sein zu können, nicht immer nur die »Schulbuben« und »Praktikanten« – nun dominierten weniger Ratlosigkeit und Orientierungslosigkeit die Situation als vielmehr Stolz und gewissermaßen eine Probeidentifizierung mit dem Bild, was man so von sich als Lehrer hat. »Nun konnte man mal zeigen, was man so drauf hat« – so eine Studierende. Zu bemerken ist allerdings, dass nicht nur ein gewisser pädagogische Furor vorherrschte, sondern auch eine gefühlsmäßige Verfassung, die man getrost als »Angstlust« bezeichnen kann. Die Lust betonend, sich selbst Mut machend und in Größenphantasien schwelgend, ging es nun in die Klasse. Die Kinder, alle im Alter zwischen 9-10 Jahren, waren nicht weniger erstaunt, als die Studierenden zu Anfang, als sie hörten, dass ihre Lehrerin krank sei und man nun mit den Praktikanten vorlieb zu nehmen habe. Die Klasse fügte sich auch den Anweisungen der Studierenden, die sich in der Klasse etwas aufteilten, die Klassenführung aber jeweils abwechselnd ein Mitstudierender inne hatte. So konnte jede Studierende und jeder Studierende mal »echter Lehrer« sein und die Verantwortung für den Unterricht übernehmen. Die anfängliche, wahrscheinlich durch die ungewohnten Rahmenbedingungen konstituierte, stabile Unterrichtssituation gewann an Fahrt und an Dynamik, als der nun verantwortliche Studierende das Arbeitsblatt präsentierte, um das es heute gehen sollte. Der Vorweihnachtszeit und dem Unterrichtsfach angemessen zeigte es Jesus Christus – allerdings nackt in der Krippe liegend. Sowohl die Klasse als auch der Studierende zeigten sich überrascht, ließen sich aber zunächst, zumindest war das die unbewusst gemeinsam geteilte Vereinbarung, von ihrer Verwunderung und dem damit verbundenen Affekt der Scham nichts anmerken. Nur Paul durchbrach die mühsam errichtete und aufrechtzuerhaltende interpersonelle Abwehr, in dem er zunächst leise und verhalten, dann aber immer lauter und raumgreifender anfing zu lachen. Das, was der Falldarsteller zu berichten hatte, zeigte sich, gemäß der Widerspiegelungshypothese, auch als Resonanz in der Gruppe. Auf die Falldarstellung, die sich ja immer mehr zuspitze, reagierte die Gruppe ähnlich wie die Schülerinnen und Schüler. Es wurde zunächst breit gegrinst, in sich hineingelächelt und dann auch prustend laut losgelacht. Auf der manifesten Bedeutungsebene kann dieses Verhalten als Reaktion auf eine sich anbahnende Slapstick-Situation gelesen werden. Mit Blick auf die latenten Sinnstrukturen allerdings, die auf unbewusste Motive verweisen, zeigt sich hier eine Abwehrbewegung – so, als wolle man in der Gruppe die Spannung, die aus dem Gefühl peinlicher Berührtheit entstanden ist, auflösen. Lachen als Umgang mit unangenehmen Affekten ist ja bekannt und an sich nichts Ungewöhnliches. Allerdings war diese Strategie, sowohl in der Gruppe als auch in der Klasse, nur kurzfristig von Erfolg gekrönt. In der Klasse, so die weitere Erzählung, kam dem Bild durch das Lachen von Paul eine Bedeutung zu, die zunächst nichts mit dem Thema des Unterrichts zu tun hatte, die sich allerdings auch nicht mehr ignorieren ließ. Die Studierenden konnten im Rahmen der Balintgruppe diesbezüglich erkennen, dass die Aufrechterhaltung des didaktischen Dreiecks mit dem Bezug auf die Aneignung eines Themas alles andere als einfach war und von Dynamiken gestört und beeinträchtigt werden konnte, denen man mit einer trivialen Anwendung von Unterrichtskonzepten oder einem strukturierten Classroom-Management nicht so einfach beikommen kann. Das Wissen um und die Fertigkeiten im Umgang mit gruppendynamischen Phänomenen, die die innere Welt der Subjekte mit einschließt, können hier zu einem Verstehen führen, das dann auch wieder (alternative)

2.3 Lernbeeinträchtigungen und Verhaltensstörungen

Handlungsfähigkeit herstellt, die einen sich verfestigenden, zirkulären Verlauf zu verhindern weiß. In der berichteten Situation, und wie könnte es auch anders sein, war dem Studierenden ein gelassener Umgang mit den sexuell getönten Phantasien der Klasse, die Paul stellvertretend zum Ausdruck brachte, nicht möglich. Die Gründe hierfür sind mannigfaltig und reichen von der Bedeutung der eignen adoleszenten Entwicklungsphase, in der es um die Stabilisierung der eigenen sexuellen Verhältnisse geht, bis hin zu unbewussten Moralvorstellungen und deren Abwehr, die durch das Verhalten von Paul in Gefahr gebracht werden. Die anfänglichen Omnipotenzphantasien (»Nun ein richtiger Lehrer zu sein«) wichen immer mehr einem Kleinheits- und einem Ohnmachtsgefühl, die allerdings nicht bewusst wahrgenommen und anerkannt werden konnten, um so reflexiv mit diesen umgehen zu können, sondern ebenfalls abgewehrt werden mussten. Durch das Zusammenspiel von eigener innerer Verfasstheit und professioneller Inkompetenz des »richtigen Lehrers« auf der einen Seite, dem Nichterkennen des Störens von Paul als gruppendynamisches Phänomen auf der anderen Seite und zusätzlich durch das partielle Versagen des Rahmens der Praktikumssituation – keiner kümmerte und sorgte sich um die Praktikanten, die Organisation ließ sie im Stich – kam es, wie der Falldarsteller berichtete, zu einem unreflektierten und »wilden« Agieren auf Seiten des die Klasse leitenden Studierenden. Drohungen wurden ausgesprochen, Strafen angedroht und versucht, mit Strenge der Dynamik Herr zu werden. Das, was allerdings hieraus folgte, war weniger eine Beruhigung der Situation als vielmehr ein Aufheizen der interpersonellen Dynamik, denn mittlerweile trauten sich auch die übrigen Schüler und Schülerinnen, ihrer momentanen sozioemotionalen Verfasstheit Ausdruck zu verleihen und stimmten in das Gelächter mit ein. Der »richtige Lehrer« ging mit »Pauken und Trompeten« in der »brausenden See der Klassendynamik« unter, und nur das rettende Ende der Schulstunde ließ ihn »den Kopf über Wasser halten«.

2 Ausbildungsprogramm »Feinfühlig Unterrichten«

Um es gleich vorweg zu sagen: In der Balintgruppe geht es natürlich nicht um die Bloßstellung von Personen oder gar um einen Nachweis von Fehlern, denn das, was hier berichtet wird, ist die Praxis, wie sie sich eben darstellt und eben auch vorfindbar ist – und das nicht nur bei Studierenden, Praktikanten und Referendaren. Das, was die Balintgruppe ausmacht, ist die Neugierde auf die Erkundung von Lehrer-Schüler-Interaktionen mit Blick auf deren Tiefendimension und der damit verbundenen unbewussten Bedeutung und Sinnhaftigkeit. Gemeint ist damit eine Einsozialisierung in einen wissenschaftlichen Habitus, der es gelassen erlaubt, über die Fallstricke der Praxis nachzudenken und im besten Sinne aus Fehlern zu lernen. Und es sind gerade die Situationen am lehrreichsten, die ein vermeintliches Scheitern dokumentieren. In unserem Fall zeigte sich ganz deutlich, dass wohl beide Parteien, die der Schüler und die der Praktikanten, auf Ko-Regulation und auf Hilfs-Ich-Funktionen angewiesen waren. Die Studierenden konnten erfahren, wie wichtig ein pädagogisch aufgebauter »innerer Halt« (Moor 1960) ist, von dem aus schülerbezogen und themenzentriert unterrichtet werden kann. Immer dann, wenn sich Unterrichtsvorbereitung und die starre Umsetzung von Unterrichtskonzepten als Eigensicherung zu erkennen geben, um die »Angst des Lehrers vor den Kindern« (mündliche Mitteilung einer Lehrerin) in Schach zu halten, wird Unterricht beschwerlich oder ist gar zum Scheitern verurteilt. Zumindest geraten so das Lernen der Kinder und damit die primäre Aufgabe des Unterrichts aus dem Blick. Zu einer professionellen Unterrichtspraxis gehört es, die Fachdidaktiken und die damit zusammenhängenden Unterrichtskonzepte als Mittel zum Zweck zu begreifen. Sie sind keineswegs Selbstzweck und schon gar nicht als Mittel zu missbrauchen, um die eigene Person zu sichern. Auch wenn das natürlich dringend geboten ist – allerdings mit anderen Mitteln.

2.4 Berufsbezogene Selbsterfahrung für Lehrerinnen und Lehrer

Die Person des Lehrers und der Lehrerin sind zweifelsohne, nimmt man die Erkenntnisse der dem Ausbildungskonzept »Feinfühlig Unterrichten« zu Grunde liegenden Bindungstheorie ernst, das wirksamste und am häufigsten eingesetzte Unterrichts- und Fördermittel. Die Medizin ist sich dessen schon seit längerem bewusst, und erst vor kurzem hat der Freiburger Arzt und Neurowissenschaftler Joachim Bauer festgestellt: »Eine der stärksten Drogen für den Menschen ist der andere Mensch« (Bauer 2015, 119). Und im Rahmen einer Forschung zur Linderung von Schmerzen konnte festgestellt werden, dass die Zuwendung des Arztes mit Blick auf seinen Patienten auf ähnliche biologische Rezeptoren einwirkt wie Medikamente. Es scheint so zu sein, dass unser Gehirn »Kommunikation in Biologie« (Bauer 2015, 119) verwandelt – und das eben nicht nur im Kontext ärztlicher Behandlung. Die Person des Lehrers und der Lehrerin und die Art und Weise, wie sie sich an ihre Schüler wenden, wirken also, ergänzend zu den fachdidaktischen Überlegungen und Unterrichtskonzepten, direkt auf den Lernprozess der Kinder ein – oder eben auch nicht. Und wenn es ganz problematisch verläuft, dann stehen der Lehrer und die Lehrerin mit seiner/ihrer Person dem Lernen der Kinder auch noch im Wege. Das kommt ja häufiger vor, als es tatsächlich Thema der universitären Lehrerbildung und der Gespräche unter Kollegen ist. In der Praxis allerdings scheint dieser Sachverhalt mehr als bekannt zu sein, obgleich er hier ebenso wenig offen kommuniziert wird. Michael Felten, der bereits zitierte Lehrer und Autor mehrerer Bücher zur Bedeutung des Lehrers und der Pädagogik in der Schule, soll nun etwas länger zu Wort kommen: »Die Gefühle des Lehrers beim Unterrichten gelten bislang als berufliche Grauzone (...) – dabei sind sie die entscheidende Variable bei Unterrichtsstörungen und Förderung. Der Weg in die Klasse ist auch bei bester Planung immer ein Gang ins

Ungewisse, und es ist meine unbewusste, biographisch geprägte Privatlogik, die darüber entscheidet, ob ich dort Provokation oder Verunsicherung erlebe, ob ich bei Konflikten zurückweiche oder herangehe, ob ich bei Machtfragen harmonisiere oder zuspitze, ob ich mich bei Kämpfen unterordne oder gewinnen möchte. Mein Ärger, meine Überempfindlichkeit, meine Verständnislosigkeit, meine verwöhnende oder pseudopartnerschaftliche Haltung – alles dies ist meine persönliche Art, eigenem Scheitern entgegenzuwirken und drohender Kränkung auszuweichen, meine Bilanz zum Positiven zu wenden« (Felten 2013, 226). Und nicht umsonst hat Christian Gotthilf Salzmann, ein deutscher Pädagoge und evangelischer Theologe, 1805 schon gefordert: »Habe ich denn gesagt, daß man den Grund von allen Untugenden und Fehlern der Zöglinge dem Erzieher beimessen müsse? Nichts weniger als dieses. Nur von dem Erzieher fordere ich, dass er selber den Grund davon in sich suchen sollte, damit, wenn er denn wirklich in ihm läge, er ihn wegräumen könne« (Salzmann 1964, 23). Wenn also der Lehrerpersönlichkeit eine so große Bedeutung – im positiven und im negativen Sinne – zukommt, dann wäre es mehr als fahrlässig, nichts über deren pädagogische Potentiale und Möglichkeiten und auch nichts über die damit zusammenhängenden Risiken und Nebenwirkungen in Erfahrung bringen zu wollen.

Didaktische Analyse der Person des Lehrers und der Lehrerin als Unterrichtsmittel

Die Selbstreflexion im Kontext des Ausbildungsprogramms »Feinfühlig Unterrichten« möchte gewissermaßen, bleibt man im medizinischen Paradigma bei der Droge Arzt, zu einer *»Pharmakologie«* beziehungsweise, wenden wir uns dem pädagogischen Handlungsfeld zu, zu einer *didaktischen Analyse* des jeweiligen Lehrers und der jeweiligen Lehrerin als Erziehungsmittel beitragen. Es soll ihnen möglich werden, berufsbezogen in Erfahrung zu bringen, welche mehr oder weniger bewussten Gedanken, Gefühle und Verhaltensweisen ihre Unterrichtspraxis (mit-)gestalten. Hierzu gehört auch ein

2.4 Berufsbezogene Selbsterfahrung für Lehrerinnen und Lehrer

Verständnis des eigenen, biographisch bedingten Gewordenseins. Wie an anderen Stellen schon erwähnt, sind es eben nicht nur die Kinder, die unterschiedliche Bindungsmuster, biographische Erfahrungen und aktuelle (problematische) Situationen und Sachverhalte mit in den Unterricht bringen. Auch die Lehrer und Lehrerinnen tun das – erwarten können wir aber mit Salzmann, dass sie sich ihrer inneren Dynamik doch etwas bewusster sind.

Zur Praxis der Selbstreflexion

Die Selbstreflexion findet, ähnlich der Fallreflexion, in der Gruppe statt. Diese trifft sich ebenfalls einmal wöchentlich für 1,5 Stunden. In der Selbstreflexion geht es darum, ohne Vorgabe irgendwelcher Themen durch den Gruppenleiter, kontinuierlich zu klären, was in der Gruppe, zwischen den einzelnen Teilnehmerinnen und Teilnehmern sowie zwischen den Teilnehmerinnen und Teilnehmern und dem Gruppenleiter affektiv-emotional vor sich geht. Auch hier finden sich Parallelen zur Unterrichtssituation, die sich ja eben auch zu einem großen Teil durch Ungewissheit auszeichnet. So verhält es sich auch in der Selbstreflexionsgruppe, deren charakteristischstes Merkmal ihre Minimalstrukturierung ist. Darüber hinaus, und das unterscheidet die Selbstreflexionsgruppe vom Unterricht, wird thematisch nichts vorgeben, die Teilnehmerinnen und Teilnehmer sind auf sich selbst zurückgeworfen und aufgefordert, das zu reflektieren, was aus dieser Minimalstrukturierung entsteht. Das ist nicht selten eine Herausforderung für uns, die wir doch überwiegend gewohnt sind, nichts dem Zufall zu überlassen, vieles zu planen und die entsprechenden Rollen in den unterschiedlichsten Kontexten einzunehmen und auszukleiden. Gruppenanalytisch betrachtet geht es um eine Selbsterfahrung in der, mit der und durch die Gruppe. Wobei hier großer Wert darauf gelegt wird, dass die Selbsterfahrung im Dienste einer (angestrebten) beruflichen Tätigkeit steht und weniger im Dienste einer Heilung – das wäre dann der Rahmen einer Gruppenpsychotherapie. Insofern ist die Motivation, an der Gruppe teilzunehmen, nicht in einem Leidensdruck zu finden, sondern vielmehr in der Neugierde auf ein tieferes Erfahren der eigenen Person begründet.

Fallvignette: »Der Tisch«
Lernen ist eine Zumutung, und die Darbietung von Themen löst nicht selten Unsicherheit oder gar Ängste aus. Im Grunde ist uns das seit der antiken Philosophie und Pädagogik bis hin zu unseren eigenen Erfahrungen als Lernende bekannt, und trotzdem verhalten wir uns nicht selten als Lehrerinnen und Lehrer den Kindern gegenüber so, als hätten wir all das vergessen.

Berichtet werden soll aus der ersten Stunde der berufsbezogenen Selbsterfahrungsgruppe, die aus 15 Studierenden, drei Männern und 12 Frauen, und dem Gruppenleiter bestand. Die Teilnehmerinnen und Teilnehmer hatten sich freiwillig zu dem Seminar angemeldet und saßen nun erwartungsvoll im Stuhlkreis des Seminarraums. Hier war schon eine erste Verunsicherung zu spüren, da es keinen Tisch oder ähnliches in der Mitte gab und man so, wie eine Studierende sagte, »relativ ungeschützt« zueinander saß. Diese ersten kommunikativen Akte, die im Grunde noch als »pre-therapy-talk« (Turner 1976) zu bezeichnen sind, entwickelten sich allerdings, wie die Gruppe etwas später sehr schön feststellen konnte, zu einem Thema, das eingesetzt wurde, um die Minimalstrukturiertheit der berufsbezogenen Selbsterfahrungsgruppe und die damit entstehende Unsicherheit abzuwehren. Denn kaum hatte die Studierende ihre Gedanken geäußert, fing ein hektisches Treiben im Bemühen um einen Tisch an, der in die Mitte gestellt werden sollte. Zu bemerken ist, dass bislang der Beginn der Gruppe durch den Leiter noch gar nicht signalisiert worden war. Allein schon das Setting löste eine derartige Verunsicherung aus, die sich offensichtlich nicht aushalten ließ und der man handelnd begegnen musste. Nun stand also ein viereckiger Tisch im Stuhlkreis und die Beunruhigung und hektische Aktivität hat sich etwas gelegt, als der Gruppenleiter die Gruppe begrüßte und darauf hinwies, dass hier nichts weiter vor sich gehen sollte, als aus den Situationen, die hier entstehen, Erfahrungen zu machen

2.4 Berufsbezogene Selbsterfahrung für Lehrerinnen und Lehrer

und, wenn möglich, hieraus etwas für sich zu lernen. Die Gruppe saß nun also kreisförmig um einen viereckigen Tisch, der auch noch die Höhe eines Arbeitstisches hatte, so dass im Grunde die face-to-face-Interaktion, als ein Merkmal einer Kleingruppe, stark eingeschränkt wurde. Darüber hinaus wurden die unausgesprochenen Erwartungen an den Leiter enttäuscht, weil dieser kein Thema vorgab, um das es in der Gruppe gehen sollte. Diese Situation wurde zunächst mit Schweigen quittiert. Auf einer sehr körperlichen Ebene konnte man gewissermaßen das Unbehagen einzelner Gruppenteilnehmerinnen und Gruppenteilnehmer spüren und auch sehen. So wurde überwiegend der Blickkontakt vermieden, die Beine übereinandergeschlagen, so als müsse man sich vor den anderen schützen, und insgesamt eine ablehnende Haltung eingenommen. Die Interpretation des Gruppenleiters, dass es jetzt wohl erst einmal darum gehe, sich selbst zu sichern, wurde trotzig zur Kenntnis genommen. Allerdings sorgten die erweiterten Ausführungen für erste Auftaubewegungen, vielleicht auch deswegen, weil nun ein Thema durch den Gruppenleiter vorgegeben wurde, denn der Gruppenleiter führte aus, dass es ja völlig normal sei, in unsicheren Situationen erst einmal dafür zu sorgen, dass man gewissermaßen sicher ist, und diese Tendenz auf die Funktion unseres Bindungssystems zurückzuführen sei. Diese Ausführungen wurden teils zustimmend, teils etwas unverständig zur Kenntnis genommen. Allerdings war damit ja die Thematik der Gruppe bestimmt – es sollte um die Erfahrung der eigenen Reaktionsbereitschaften und sozioemotionalen Verfassheit mit Bezug auf die zukünftige Rolle als Lehrer gehen. In diesem Sinne dachte ein Teil der Gruppe über die Bedeutung der Bindungstheorie für die eigene Person nach, die anderen wehrten dieses Nachdenken eher ab und beschäftigten sich weiter mit dem Tisch. An dieser Stelle des Gruppenprozesses kann sehr gut die Differenz zwischen Selbstreflexion und Fallreflexion nachgezeichnet werden. Die Gruppe repräsentiert sowohl den Teil, der über ein Thema außerhalb der persönlichen Betroffenheit sprechen will, als auch den Teil, der sich mit der eigenen Person als Thema beschäftigen will. Die individuelle Ambivalenz drückt sich so innerhalb der Gruppe aus und kann damit sehr gut bearbeitet werden. Und da das nicht nur oder sogar nur sehr begrenzt durch die Person des Gruppenleiters selbst von statten geht, musste auch hier nicht lange gewartet werden, bis eine Studierende mit einer gehörigen Portion Aggression äußerte, dass ihr die Beschäftigung mit dem Tisch »ziemlich auf die Nerven« gehe. Dem stimmten weitere Gruppenmitglieder zu, so dass der Tisch nun wieder aus dem Kreis befördert wurde. Dissens wurde spürbar, und es entspann sich eine emotionsgeladene Diskussion unter den Repräsentanten der unterschiedlichen Positionen und ihren jeweiligen Anhängern – Gruppenselbsterfahrung war unter diesen Bedingungen des Agierens und der Abwesenheit von Reflexion nicht möglich. Dies wurde vom Gruppenleiter so angemerkt und eine Interpretation in Richtung Parallele zum schulischen Unterricht gegeben. Auch in der Klasse kommt es nicht selten zu Situationen, in denen Unterricht nicht mehr möglich erscheint. Die Gruppe wurde aufgefordert zu erforschen, ob sich die Gründe hierfür nicht auch in dieser Gruppe finden ließen. Ein Studierender stellte daraufhin, mehr zu sich gewandt, die Frage, warum es denn hier so schwer falle, sich über das, was einem so durch den Kopf geht, auszutauschen. Die Gruppe hing dieser Frage nach, bis eine Studierende anmerkte, dass es wohl mit Angst zu tun habe – Angst, etwas falsch zu machen, Angst, blamiert zu werden, Angst, bloß gestellt und gedemütigt zu werden. Und wenn man solche Ängste hat, sei es ja nur verständlich, dass man alles dafür tun würde, um den Inhalten der Ängste aus dem Weg zu gehen. Mit einem Hinweis darauf, dass es ja den Kindern in der Schule vielleicht nicht anders ergehe, ging die Sitzung ihrem Ende zu. Im Herausgehen, und hier wird die Parallelität zum Anfang deutlich, äußerte ein Gruppenmitglied mit Bezug auf eine Textzeile (chacun à son goût) aus einem populären Lied, dass wohl jeder so, wie er es vermag, mit seiner Angst umgehe.

Berufsbezogene Selbsterfahrung soll den Teilnehmerinnen und Teilnehmern der Gruppe eine Vorstellung davon vermitteln, wie sie unter den berufsspezifischen Anforderungen reagieren. Es geht nicht darum, eine andere Person zu werden, sondern sich seiner Konflikthaftigkeit als menschliches Wesen bewusst zu werden. Mit Blick auf die psychoanalytische Behandlungssituation spricht man davon, dass der Psychoanalytiker nicht gesünder als der Patient sein muss – er sollte sich aber mutiger seinen Konflikten stellen können. Nichts anderes ist vom Lehrer und von der Lehrerin zu erwarten, sie müssen nicht der Idealform eines Lehrers bzw. einer Lehrerin entsprechen – ganz im Gegenteil! Sie müssen sich allerdings immer wieder selbst hinterfragen können, um mit sich selbst gelassener umzugehen. Und das heißt letzten Endes, dass es ihnen möglich sein muss, über sich selbst zu lachen, sich nicht allzu wichtig zu nehmen und eine etwas demütigere Haltung im Umgang mit den ihnen anvertrauten Kindern einzunehmen. Was damit genau gemeint ist, lässt sich an der Reaktion des Hauslehrers Doktor Bökh aus Erich Kästners fliegendem Klassenzimmer mehr als deutlich zeigen. Bezugnehmend auf eine aus Sicht einer Gruppe von Schülern unvermeidliche Überschreitung einer Schulregel – es ging um das Verlassen der Schule ohne Erlaubnis, da man einem Schulfreund in Not beistehen musste –, für die sie sich nun beim Hauslehrer rechtfertigen mussten, trat Doktor Bökh während des Gesprächs »ans Fenster und blickte durch die Scheiben. Mit abgewandten Gesicht sagte er: ›Warum habt ihr mich denn nicht gefragt? Habt ihr so wenig Vertrauen zu mir?‹ Er drehte sich um. ›Dann verdiene ich ja selber die Strafe! Denn dann wäre ich an eurem Fehler schuld!‹« (Kästner 2014, 78).

2.5 Forschung

Das hier skizzierte Ausbildungsprogramm »Feinfühlig Unterrichten« ist alles andere als Selbstzweck. Vielmehr hebt es darauf ab, die angehenden Lehrerinnen und Lehrer für die Bedeutung der Bindungstheorie im Kontext von Psychodynamik und Gruppendynamik zu sensibilisieren, so dass es ihnen möglich wird, Phänomene im Unterricht, die im Zusammenhang mit bindungstheoretischen, psychodynamischen und gruppendynamischen Grundlagen stehen, zu erkennen und hierauf bezogen ihre Persönlichkeit, die Lehrer-Schüler-Beziehung und ihre Leitungsfunktion der Klasse als Gruppe entsprechend einzusetzen.

Evaluationsforschung

Es ist damit von großem Interesse zu erfahren, welche Effekte der universitären Lehrerbildung im Allgemeinen zugesprochen werden können und vor allen Dingen, wie sich diese Effekte genau zeigen. So geht es sicherlich nicht nur um einen Zuwachs an Kenntnissen und Fertigkeiten, sondern in gleichem Maße auch um die Frage, ob und wie sich eine spezifische professionelle Haltung bei den angehenden Lehrerinnen und Lehrern ausbildet – das gilt sowohl mit Blick auf die zukünftige (Unterrichts-)Praxis als auch mit Blick auf den Lehrer und die Lehrerin als Absolventen und Absolventinnen eines hochschulwissenschaftlichen Studiums. Dieser Sachverhalt erweist sich für die Professionalisierung des Lehrberufs als außerordentlich wichtig. Als Vertreter einer praktischen Wissenschaft haben wir es natürlich darauf abgesehen, unsere Studierenden zu entsprechenden pädagogischen Professionellen *aus*zubilden. Das heißt, sie müssen etwas vom operativen Geschäft unserer Disziplin verstehen und sich durch pädagogische Könnerschaft auszeichnen. Wir gehen aber davon aus, dass diese professionelle Könnerschaft dann am besten erworben werden kann, wenn der Ausbildungsgang zum Lehrer und zur Lehrerin seinem Wesen nach Bildung ist, die, neben der Ausrichtung auf spezifische Handlungskonzepte, auch offen und empfänglich macht für Unbestimmtes und Neues, das sich erst einmal unserem Zugriff entzieht. Der neugierige Umgang mit Ungewissem und Unkenntnis, die Disputation unterschiedlicher Gedanken und Zugänge nach der Logik des besseren Arguments, die Lust am »Fra-

2.5 Forschung

genstellen« und weniger die am »Antwortenfinden«, das kleinteilige Einarbeiten in unterschiedliche Datenmaterialien und vieles mehr, stellen zentrale Charakteristika eines wissenschaftlichen Habitus´ dar (▶ Exkurs III). In unserem Verständnis ist das hochschulwissenschaftliche Lehramtsstudium – zu vergleichen mit dem Medizin-, dem Theologie- und dem Jurastudium – Ausbildung *und* Bildung gleichermaßen. Und, wie bereits angemerkt, interessiert uns sehr, wie weit wir uns diesen Zielen mit unserer Lehrer(aus-)bildung nähern.

Im Besonderen möchten wir natürlich wissen, ob und welche Effekte unser Ausbildungsprogramm »Feinfühlig Unterrichten« aufweisen kann. Sowohl mit Blick auf die allgemeine sonderpädagogische Lehrerbildung als auch mit Blick auf unser Ausbildungsprogramm »Feinfühlig Unterrichten« heben wir darauf ab, die »Subjektiven Theorien« (Straub/Weidemann 2015) der angehenden Lehrerinnen und Lehrer zu erheben und daraufhin zu untersuchen, welche Modifikationen sich während des Studiums eingestellt haben. Beiden Fragestellungen wird im Rahmen unserer Evaluationsforschung nachgegangen. Zum Einsatz kommen unterschiedliche Forschungsmethoden – von standardisierten Fragenbögen, über halbstandardisierte Interviews bis hin zu Transkriptanalysen. Da der zu erforschende Gegenstand die wissenschaftliche Methode bestimmt, können, je nach Fragestellung und entsprechender Datenbasis, sowohl quantitative als auch qualitative Verfahren zum Einsatz kommen. Die Forschungsbemühungen bewegen sich allerdings in der Tradition einer rekonstruktiven Sozialforschung.

Beispielhaft seien hier erste Ergebnisse einer Voruntersuchung angeführt, die die Motivation von Studierenden für die Aufnahme eines Lehramtsstudiums zum Gegenstand hatte[4]. Befragt wurden 56 Studienanfänger des Lehramts Sonderpädagogik für die Fachrichtung Pädagogik bei Lernbeeinträchtigungen mit dem »Fragebogen zur

---

4 An dieser Stelle sei ausdrücklich Frau Anna-Luca Wild gedankt, die sich maßgeblich um die Organisation der deskriptiven Auswertung des Fragebogens gekümmert hat.

2 Ausbildungsprogramm »Feinfühlig Unterrichten«

Erfassung der Motivation für die Wahl des Lehramtsstudiums« (FEMOLA) nach Britta Pohlmann und Jens Möller (Pohlmann/Möller 2010). Dieser Fragebogen wurde entsprechend unseren Erkenntnisinteressen und mit Blick auf die Tendenz, Fragen nach dem Prinzip der sozialen Erwünschtheit zu beantworten, modifiziert. Im Kern des Fragebogens stehen sechs Dimensionen, die mittels 30 Fragen erhoben werden und die für die Motivation zur Aufnahme eines Lehramtsstudiums als relevant erachtet werden. Hierzu gehören 1. Nützlichkeit des Studiums, 2. Pädagogisches Interesse, 3. Eigene Fähigkeitsüberzeugung, 4. Soziale Einflüsse, 5. Geringe Schwierigkeit des Studiums und 6. Fachliches Interesse. Entgegen der zunächst aufgestellten Hypothese, dass sich die Motivation zur Aufnahme eines sonderpädagogischen Lehramtsstudiums aus dem Wunsch, gerne mit Kindern zu tun zu haben, speist, konnte die deskriptive Auswertung einen hohen Prozentrang für die Dimension »Pädagogisches Interesse« feststellen – ca. 98 % der Befragten gaben an, sich für das Studium aus pädagogischem Interesse entschieden zu haben. Allerdings könnte vor dem Hintergrund dieses Prozentranges auch angenommen werden, dass hier doch eher die »Liebe zum Kind« als die »Liebe zur Pädagogik« im Vordergrund steht. Relevant wird dieser Trend, wenn man ihn mit der Dimension »Fachliches Interesse« kontrastiert, denn auch diesbezüglich gaben ca. 92 % der Befragten an, dass sie aus fachlichem Interesse, sowohl für die Pädagogik als auch für die Fachdidaktiken, das Studium gewählt haben. Ergänzt wird dieser Trend durch relativ hohe Werte im Bereich der Dimension »Fähigkeitsüberzeugung« und der Überzeugung der »Nützlichkeit« des Studiums. »Soziale Einflüsse« und vermeintlich »geringe Schwierigkeit« des Studiums spielen hingegen eine untergeordnete Rolle. Letztendlich zeichnet sich auf der Oberfläche der deskriptiven Auswertung eine Tendenz ab, die Max Weber für professionelle Berufstätigkeiten als »sachorientierte Leidenschaft« beschrieben hat (Weber 2006). Damit zeigt sich die Motivation zur Aufnahme eines sonderpädagogischen Lehramtsstudiums als belastbar und vergleichbar zur Motivationslage von Studienanfängern im Bereich der Medizin. Um allerdings der subjektiven, zumeist latenten Motivlage nachzuspüren, werden in einem zweiten

2.5 Forschung

Forschungsschritt narrative Interviews geführt und mit einer rekonstruktiven Methodentriangulation ausgewertet, denn schließlich ist es von enormen Interesse, ob sich die Motivlage im Verlauf des Studiums ändert. So erscheint der Schritt von der Explikation der manifesten Bedeutungsebene hin zur latenten Sinnstruktur möglich. Mit Blick auf die Frage, wie die Studierenden im Rahmen des Studiums für feinfühlige Aspekte des Lehrerverhaltens sensibilisiert werden können, müssen hypothesenprüfende, standardisierte Fragebögen um Forschungsmethoden ergänzt werden, die die latenten Handlungs- und Erlebensbereitschaften mehr in den Blick nehmen können. Diesbezüglich erscheint hier das halb-standardisierte Adult Attachment Interview (AAI) als ein Zugang, Bindungserfahrungen und aktuelle Einstellungen zur Bindung im Erwachsenenalter zu erfassen (Main/Goldwyn 1996). Hieraus kann die Fähigkeit zur Feinfühligkeit abgeleitet werden, die ja für den Lehrberuf eine zentrale professionelle Dimension darstellt. Allerdings erscheint es sinnvoll, die Befunde des AAI um die Dimension des Mentalisierens zu ergänzen, denn neben der Feinfühligkeit des Lehrers und der Lehrerin wird deren reflexive Kompetenz für den Lernerfolg der Schülerinnen und Schüler in Studien hervorgehoben (Mertens 2012). Mentalisieren heißt, folgt man dem Psychologen und Psychoanalytiker Josef Brockmann und dem Psychosomatiker und Psychoanalytiker Holger Kirsch, »sich selbst von außen und die andere oder den anderen von innen zu sehen«. Und weiter: »Mentalisieren ist eine psychische Fähigkeit, insbesondere des Wahrnehmens und des Interpretierens von menschlichem Verhalten auf der Basis intentionaler Aspekte (...)« (Brockmann/Kirsch 2001, 13). Die Fähigkeit zu mentalisieren, das heißt, sich die Schülerinnen und Schüler und die Klasse als Gruppe bedenken zu können, ist eine grundlegende Voraussetzung für guten Unterricht, der auch den Aspekt des Wohlfühlens mitberücksichtigt. Auf Basis des AAI kann mit Hilfe der 9-stufigen Reflective Functioning Scale (Fonagy et al. 1998; Steele/Steele 2008; Daudert 2002) die Mentalisierungsfähigkeit operationalisiert und in ihrer möglichen Entwicklung dargestellt werden. Lehrerbildung muss zu einer Förderung der Feinfühligkeit und der

Mentalisierungsfähigkeit beitragen. Diesem Postulat gilt es empirisch nachzuspüren. Und dass hierfür noch keine unumstößlichen Forschungsdesigns bestehen, versteht sich von selbst. Es ist nun einmal so, dass sich die Innenwelt von Menschen zum einen nicht direkt erschließen und sich zum anderen auch nicht, wie der Pädagoge und Psychoanalytiker Erik Homburger Erikson bereits 1968 kategorisch feststellte, »in sowohl meßbare wie relevante Kategorien aufteilen (...)« (Erikson 1970, 40) lässt – eine Herausforderung für die humanwissenschaftliche Forschung!

Interventionsforschung

Am besten lässt sich Unterricht verstehen, wenn man sich das, was als Unterricht bezeichnet wird, von der Praxis zeigen lässt. Denn die Praxis, so Friedrich Schleiermacher in seinen Vorlesungen aus dem Jahr 1826, ist immer »älter als die Theorie« (Schleiermacher 1982, 11). So kann man viele klugen Überlegungen zum Unterricht und zur Feinfühligkeit anstellen – mit der Praxis des (feinfühligen) Unterrichtens haben diese häufig nicht viel zu tun. Da die Pädagogik, wie auch die Medizin, die Theologie und die Jurisprudenz, eine praktische Wissenschaft ist (Brumlik et al. 2013), muss sich die Erforschung des Unterrichts von seinen Operationen her ergeben. Forschungsleitend ist die Frage: »Was tut jemand, wenn er unterrichtet?« Und weiter: »Was tut jemand, wenn er feinfühlig unterrichtet?«

Die Erforschung des Unterrichtsgeschehens während des Unterrichtens ist Gegenstand unserer Interventionsforschung. Diese ist ihrem Wesen nach einem »naturalistischen Design« verpflichtet, das heißt im Mittelpunkt unseres Interesses stehen »echte« Lehrer und Lehrerinnen, die es mit einer »echten« Schülerschaft zu tun haben. Nur so kann überzeugend gezeigt werden, wie Unterricht, also das Zusammenspiel von Zeigen, Lernen und Thema, stattfindet, nach welchen Regeln er organisiert ist und welche Strukturen sich damit herausbilden. Insbesondere erscheint hier das Management von Heterogenität als eine spezifische Herausforderung schulisch organisierten Unterrichts.

In forschungsmethodischer Perspektive kommt daher dem Datenmaterial eine große Bedeutung. Dieses muss überwiegend videographisch oder mittels Audioaufnahme erhoben, transkribiert und dann mit einem geeigneten wissenschaftlichen Verfahren ausgewertet werden. Infrage kommen auch hier Methoden aus dem Bereich der rekonstruktiven Sozialforschung, die es darauf abgesehen haben, die Unterrichtspraxis mit Blick auf deren grundlegenden und handlungsleitenden Strukturen zu rekonstruieren und damit vermittelbar zu machen. Je nach Fragestellungen können auch quantitativ-hypothesenprüfende Verfahren zur Anwendung kommen – insbesondere dann, wenn es um die Sichtung eines Forschungsfeldes und um die Extrahierung einer spezifischen Forschungsfrage geht. Im Rahmen unserer Interventionsforschung wird dem Theorie-Praxis-Verhältnis professioneller Tätigkeiten besondere Geltung verschafft: »Die Dignität der Praxis ist unabhängig von der Theorie; die Praxis wird nur mit der Theorie eine bewußtere« (Schleiermacher 1982, 11). Sowohl die Theorie als auch die Praxis weisen unterschiedliche Geltungsbereiche auf und können nicht einfach wechselseitig aus dem einen oder aus dem anderen abgeleitet werden (Ahrbeck et al. 2016). Beide aber sind für professionelles pädagogisches Handeln unabdingbar. Nichts Anderes hat Johann Friedrich Herbart in seinen ersten Vorlesungen über Pädagogik aus dem Jahr 1802 ausdrücken wollen: »Es gibt also – das ist mein Schluß – es gibt eine Vorbereitung auf die Kunst durch die Wissenschaft, eine Vorbereitung des Verstandes und des Herzens vor Antretung des Geschäfts, vermöge welcher die Erfahrung, die wir in der Betreibung des Geschäfts selbst erlangen können, allererst belehrend für uns wird. Im Handeln nur lernt man die Kunst, erlangt man Takt, Fertigkeit, Gewandtheit, Geschicklichkeit; aber selbst im Handeln lernt die Kunst nur der, welcher vorher im Denken die Wissenschaft gelernt, sie sich zu eigen gemacht, sich durch sie gestimmt und die künftigen Eindrücke, welche die Erfahrung auf ihn machen sollte, vorbestimmt hatte« (Herbart 1964, 127).

2.6 Fort- und Weiterbildung

Das Konzept des feinfühligen Unterrichtens ist nicht auf die Anwendung im Rahmen der universitären Lehrerbildung beschränkt. Es entstand zwar als ein Ausbildungsprogramm im Kontext der sonderpädagogischen Lehrerbildung, ist aber sowohl auf den Regelschulbereich und dort auf die unterschiedlichen Schulformen ebenso anwendbar wie auch als ein Fort- und Weiterbildungsprogramm für bereits tätige Lehrerinnen und Lehrer.

Fortbildung

Sowohl die theoretischen Grundlagen als auch die didaktischen Konzepte eignen sich für einzelne Fortbildungsveranstaltungen. So können die theoretischen Grundlagen der Bindungstheorie, der Psychodynamik und der Gruppendynamik in unterschiedlichen, zeitlich variabel gehaltenen Einheiten vermittelt werden. Ebenso lassen sich sehr erlebensnah die didaktischen Konzepte eines exemplarischen Lehrens und Lernens darstellen. Das heißt auch, dass die einzelnen Elemente auch für sich alleine stehen, gewissermaßen eine abgeschlossene Einheit bilden und nicht unbedingt mit den anderen hier skizzierten Elementen vermittelt werden müssen. Gleiches gilt auch für die Fallreflexion, die geblockt, also an mehrere Sitzungen an einem Tag oder an einem Wochenende, oder aber kontinuierlich einmal in der Woche stattfinden kann. Mit Blick auf die Selbstreflexion bietet sich allerdings ein stabiler und kontinuierlicher Prozess über einen etwas längeren Zeitraum an. Fall- und Selbstreflexion können so zu einem begleitenden, sehr hilfreichen Prozess schulischer Praxis werden.

Weiterbildung

Das Weiterbildungsprogramm »Feinfühlig Unterrichten« ist curricular aufgebaut, in vier Module unterteilt und erstreckt sich über einen Zeitraum von ca. 12 bis 15 Monaten. Die Weiterbildung besteht

2.6 Fort- und Weiterbildung

aus Theorie- und Didaktikveranstaltungen, die um Fall- und Selbstreflexion ergänzt werden.

Der erfolgreiche Abschluss, zu dem neben der regelmäßigen Teilnahme an den Kursen auch ein schriftlich verfasster Fallbericht gehört, der in einem Kolloquium vorgestellt wird, wird durch ein Zertifikat bestätigt.

Tab. 4: Übersicht über die Inhalte der Weiterbildungsmodule »Feinfühlig Unterrichten«

Modul Theorie

- Einführung in die Grundlagen der Bindungstheorie
 (20 Einheiten á 45 Minuten)
- Einführung in die Grundlagen der Psychodynamik
 (20 Einheiten á 45 Minuten)
- Einführung in die Grundlagen der Gruppendynamik
 (20 Einheiten á 45 Minuten)

Modul Didaktik

- Einführung in die Grundlagen des Exemplarischen Lehrens und Lernens im Sachunterricht
 (20 Einheiten á 45 Minuten)
- Einführung in die Grundlagen des Exemplarischen Lehrens und Lernens im Deutschunterricht
 (20 Einheiten á 45 Minuten)

Modul Fallreflexion

- Balintgruppe
 (10 Sitzungen á 1,5 Stunden)

Modul Selbstreflexion

- Berufsbezone Selbsterfahrung in der Gruppe
 (20 Sitzungen á 1,5 Stunden)

3

Ausblick

Ein »guter« Lehrer und eine »gute« Lehrerin müssen über enorme disziplinäre und professionelle Kenntnisse, Fertigkeiten und Haltungen und Einstellungen verfügen (Ellinger 2016). Und der besondere Hinweis in medizinischen Fachbüchern, dass die »Medizin (...) einem fortwährenden Entwicklungsprozess (unterliegt), so dass alle Angaben (...) immer nur dem Wissenstand zum Zeitpunkt der Drucklegung des Buches entsprechen können« (vgl. Wöller/Kruse 2005, IV), trifft auch für die Pädagogik zu. Die Pädagogik als Wissenschaft und als professionelle (Erziehungs- und Unterrichts-)Praxis entwickelt sich fortwährend weiter. Allerdings muss diese Entwicklung immer Bezug auf die »einheimischen Begriffe« (Herbart 1806/1965, 21) der Pädagogik nehmen – von dort nimmt sie ihren Ausgang. Ohne einheimische Begriffe und ohne mitteilbare »Grundbegriffe der pädagogischen Fachsprache« (Dolch 1965) kann es keine Entwicklung der pädagogischen Wissenschaft und deren korrespondierenden professionellen Praxen geben, sondern nur Subunternehmertum im Dienste anderer Wissenschaften – allen voran die Psychologie, dicht gefolgt von den Neurowissenschaften –, das zu einem unreflektierten Konglomerat auswärtiger Begriffe innerhalb der Pädagogik und damit zur Entsorgung des Pädagogischen führt. Klaus Prange, ein emeritierter Professor für Allgemeine Pädagogik und Begründer der Operativen Pädagogik, hat diesbezüglich klargestellt: »Der Einbau auswärtiger Begriffe in die Systematik der Pädagogik hat unter dem Primat ihrer einheimischen Operationen zu erfolgen« (Prange 2014, 21). Für das in Rede stehende Thema ergeben sich hieraus zwei Schlussfolgerungen. Die erste betrifft ganz grundsätzlich die Tatsache, dass sich Pädagogik als Menschenwissenschaft im Allgemeinen und als Wissenschaft von der Erziehung und des Unterrichts im Speziellen immer in Entwicklung befindet – das kann auch gar nicht anders sein, weil der Gegenstand unserer pädagogischen Bemühungen alles andere als eindeutig bestimmbar ist (Hechler 2016). Und das ist ja auch gut so, denn dieser Sachverhalt macht ja gerade die individuelle und subjektive Bildsamkeit des Menschen aus. Die andere Schlussfolgerung hebt darauf ab, die Entwicklungen und Fortschritte der Wissenschaften vom Menschen unter pädagogischer Perspektive zu betrachten und gegebenenfalls zu prüfen, inwieweit diese Erkenntnisse von pädagogischer Relevanz sind, so dass sie Eingang finden können in die oben beschriebene Systematik der Pädagogik, der Erziehung und des Unterrichts. Ob und wie Wissensbestände anderer Disziplinen aufgenommen werden, entscheidet die Logik der Pädagogik und die Struktur der erzieherischen Operation – das bleibt Sache der Pädagogik. Und so muss auch mit der Bindungstheorie, der Psychodynamik und der Gruppendynamik und deren möglichen pädagogischen Implikationen umgegangen werden. So werden diese in den Horizont einheimischer Begriffe, wie Didaktik, erzieherisches Verhältnis, pädagogischer Bezug usw. gestellt, um entscheiden zu können, ob hierdurch eine Weiterentwicklung der pädagogischen Wissenschaft und der erzieherisch-unterrichtlichen Praxis erwartet werden kann. In diesem Sinne will das Aus-, Fort- und Weiterbildungsprogramm »Feinfühlig Unterrichten« im Grunde nicht revolutionieren oder gar die Lehrer(aus-)bildung komplett auf den Kopf stellen. Ganz im Gegenteil! Das Bewährte bleibt bewahrt und wird pädagogisch weiterentwickelt. Denn es ist zur Kenntnis zu nehmen, dass sich auch die Kinder und Jugendlichen, mit denen wir es zu tun haben, ihre Bedingungen des Aufwachsens, ihre Sorgen und Nöte, aber auch ihre Potentiale einer fortwährenden Entwicklung unterliegen, und es wäre mehr als fahrlässig, im Bemühen um das Lernen der Kinder, diese Entwicklungsdynamik zu vernachlässigen.

Durch die schrittweise Implementierung unseres Ausbildungsprogramms »Feinfühlig Unterrichten« erhoffen wir uns eine Lehrer-(aus-)bildung, die auch und gerade diejenigen Aspekte des schulischen Lehrens und Lernens in den Blick nimmt, die »guten« Unterricht sonst sehr stark belasten oder gar verunmöglichen. Ganz im Sinne des didaktischen Dreiecks sind uns alle Eckpunkte wichtig – die Schüler, das Thema und der Lehrer und die Lehrerin. Allerdings sehen wir angesichts der enormen aktuellen sozioemotionalen Heterogenität in den Klassenzimmern momentan die Notwendigkeit, sich verstärkt mit der pädagogischen Persönlichkeit und der pädagogischen Beziehungsgestaltung zu beschäftigen. Denn diese sind es, die letztendlich als zentrale Moderatoren des schulischen Lernprozesses imponieren – dies gilt für alle Schülerinnen und Schüler, aber besonders für diejenigen Kinder, die unter besonderen und belastenden Bedingungen aufwachsen.

Literatur

Ahnert, L. (2006): Die Anfänge der frühen Bildungskarriere: Familiäre und institutionelle Perspektiven. In: Frühe Kindheit, 6, 18–23
Ainsworth, M.D.S. (1977): Skalen zur Erfassung mütterlichen Verhaltens. In: Grossmann, K.E. (Hrsg.): Entwicklung der Lernfähigkeit in der sozialen Umwelt. München, 96–107
Ainsworth, M.D.S./Blehar, M.C./Waters, E./Wall, S. (1978): Patterns of attachment: A psychological study of the Strange Situation. Hillsdale
Altmeyer, M./Thomä, H. (Hrsg.) (2006): Die vernetzte Seele. Die intersubjektive Wende in der Psychoanalyse. Stuttgart
Ahrbeck, B./Ellinger, S./Hechler, O./Koch, K./Schad, G. (2016): Evidenzbasierte Pädagogik. Sonderpädagogische Einwände. Stuttgart
Aichhorn, A. (1977): Verwahrloste Jugend. Die Psychoanalyse in der Fürsorgeerziehung. Stuttgart Wien
Allen, J.G./Fonagy, J./Batemann, A.W. (2011): Mentalisieren in der psychotheraopeutischen Praxis. Stuttgart
Antonovsky, A. (1997): Salutogenese. Zur Entmystifizierung der Gesundheit. Tübingen
Antons, K./Amann, A./Clausen, G./König, O./Schattenhofer, K. (2001): Gruppenprozesse verstehen. Opladen
Argelander, H. (1992): Das Erstinterview in der Psychotherapie (5. Aufl.). Darmstadt
Balint, E./Norell, J.S. (Hrsg.) (1975): Fünf Minuten pro Patient. Frankfurt am Main
Balint, M./Balint, E. (1970): Psychotherapeutische Techniken in der Medizin. München
Balint, M./Ornstein, P.H./Balint, E. (1973): Fokaltherapie. Frankfurt am Main
Balint, M. (2001): Der Arzt, sein Patient und die Krankheit (10. Aufl.). Stuttgart
Bauer, J. (2005): Warum ich fühle, was du fühlst. Intuitive Kommunikation und das Geheimnis der Spiegelneurone. Hamburg
Bauer, J. (2007): Lob der Schule. Sieben Perspektiven für Schüler, Lehrer und Eltern. Hamburg
Bauer, J. (2015): Selbststeuerung. Die Wiederentdeckung des freien Willens. München

Literatur

Beck, A.T. (1979): Wahrnehmung der Wirklichkeit und Neurose. Kognitive Psychotherapie emotionaler Störungen. München

Benner, D./Oelkers, J. (2003): Vorwort. In: Benner, D./Oelkers, J. (Hrsg.): Historisches Wörterbuch der Pädagogik, 3–10

Bergmann, J. (2015): Der Tanz ums Ich. Risiken und Nebenwirkungen der Psychologie. München

Bernfeld, S. (1971): Sisyphos oder die Grenzen der Erziehung. Frankfurt am Main

Bertram, W. (2013): Integrierte Medizin: Heilkunst für Körper mit Seelen – und Seelen und Körpern. In: Hontschik, B./Bertram, W./Geigges, W. (Hrsg.): Auf der Suche nach der verlorenen Kunst des Heilens. Stuttgart, 3-17

Bittner, G./Ertle, C. (Hrsg.) (1985): Pädagogik und Psychoanalyse. Würzburg

Bion, W.R. (2001): Erfahrungen in Gruppen und andere Schriften (3. Aufl.). Stuttgart

Böttcher, W./Dicke, J.N./Ziegler, H. (Hrsg.) (2009): Evidenzbasierte Bildung: Wirkungsevaluation in Bildungspolitik und pädagogischer Praxis Broschiert. Münster

Bollnow, O.F. (2001): Die pädagogische Atmosphäre. Untersuchungen über die gefühlsmäßigen zwischenmenschlichen Voraussetzungen der Erziehung. Essen

Bomber, L. (2007): Inside I'm Hurting: Practical Strategies for Supporting Children with Attachment Difficulties in Schools. London

Bomber, L. (2010): What About Me? Inclusive Strategies to Support Pupils with Attachment Difficulties. London

Bomber, L. (2015): The Key Adult in School: Bridging the Gap for Troubled Pupils. London

Bowlby, J. (1982): Bindung – Eine Analyse der Mutter-Kind-Beziehung. München

Buber, M. (1999): Das dialogische Prinzip (10. Aufl.). München

Bundesärztekammer (Hrsg.) (2011): Placebo in der Medizin. Köln

Brisch, K.H. (1999): Bindungsstörungen. Von der Bindungstheorie zur Therapie (2. Aufl.). Stuttgart

Brisch, K.H. (2009): Bindung, Psychopathologie und gesellschaftliche Entwicklung. In: Brisch, K.H./Hellbrügge, T. (Hrsg.): Wege zu sicheren Bindungen in Familie und Gesellschaft. Stuttgart, 350–371

Brockmann, J./Kirsch, H. (2015): Mentalisieren in der Psychotherapie. In: Psychotherapeutenjournal, 1/2015, S. 13–22

Brügelmann, H. (2015): Vermessene Schulen - standardisierte Schüler: Zu Risiken und Nebenwirkungen von PISA, Hattie, VerA & Co. Weinheim, Basel

Brumlik, M./Ellinger, S./Hechler, O./Prange, K. (2013): Theorie der praktischen Pädagogik. Grundlagen erzieherischen Sehens, Denkens und Handelns. Stuttgart

Ciompi, L. (1997): Die emotionalen Grundlagen des Denkens. Entwurf einer fraktalen Affektlogik (3. Aufl.). Göttingen
Combe, A./Helsper, W. (1996): Pädagogische Professionalität. Untersuchungen zum Typus pädagogischen Handelns. Frankfurt am Main
Coriand, R. (2015): Allgemeine Didaktik. Ein erziehungstheoretischer Umriss. Stuttgart
Correll, W. (1971): Pädagogische Verhaltenspsychologie (4. Aufl.). München und Basel
Corriveau, K./Harris, P./Meins, E./Fernyhough, C./Arnott, B./Elliott, L./Liddle, B./Hearn, A./Vittorini, L./de Rosnay, M. (2009): Young Children's Trust in their mother's claims: Longitudinal links with attachment security in infancy. In: Child Development 80, 750–761
Diem-Wille, G. (1997): Vorwort. In: Salzberger-Wittenberg, I./Henry-Williams, G./Osborne, E.: Die Pädagogik der Gefühle. Emotionale Erfahrungen beim Lernen und Lehren. Wien. 5–8
Dolch, J. (1965): Grundbegriffe der pädagogischen Fachsprache. München
Dörner, K. (2003): Der gute Arzt. Lehrbuch der ärztlichen Grundhaltung (2. Aufl.). Stuttgart
Durkheim, E. (1977): Die Entwicklung der Pädagogik. Weinheim, Basel
Eckerlein, T./Hnida, P. (2015): Feinfühligkeit 2.0. In: Spuren, 3/2015 vds Bayern, 29–33
Eckermann (1981): Gespräche mit Goethe. Frankfurt am Main
Egle U.T./Zentgraf B. (2013): Psychosomatische Schmerztherapie. Grundlagen, Diagnostik, Therapie und Begutachtung. Stuttgart
Ellinger, S. (2013): Förderung bei sozialer Benachteiligung. Stuttgart
Ellinger, S. (2016): Was muss ich wissen, können und wollen, um eine gute Lehrkraft zu sein? Professionstheoretische Überlegungen zur Lehrerbildung. In: Böttinger, T./Einhellinger, C./Ellinger, S./Fertsch-Röver, J./Hechler, O./Tully, J./Ullmann, E./Wasserbauer, D.: Studienbuch Lernbeeinträchtigungen. Band 3: Diskurse. Oberhausen, 331–351
Ellis, A. (1977): Die rational-emotive Therapie. Das innere Selbstgespräch bei seelischen Problemen und seine Veränderung. München.
Emmerling, P. (2014): Ärztliche Kommunikation. Stuttgart
Epiktet (2006): Handbüchlein der Moral. Stuttgart
Erikson, E.H. (1970): Jugend und Krise. Die Psychodynamik im sozialen Wandel. Stuttgart
Felten, M. (2011): Auf die Lehrer kommt es an! Für eine Rückkehr der Pädagogik in die Schule. München

Literatur

Felten, M. (2013): Unterricht – das unterschätzte emotionale Feld. In: Krautz, J./Schieren, J. (Hrsg.): Persönlichkeit und Beziehung als Grundlage der Pädagogik. Weinheim, Basel, 220–229

Ferenczi, S. (1999): Ohne Sympathie keine Heilung. Frankfurt am Main

Fertsch-Röver, J. (2014): Belastende und traumatisierende Beziehungserfahrungen von Kindern in Förderschulen. In: Spuren, 4/2014 vds Bayern, 21–28

Fertsch-Röver, J. (2015): Objektive Hermeneutik. In: Koch, K./Ellinger, S. (Hrsg.) (2015): Empirische Forschungsmethoden in der Heil- und Sonderpädagogik, Göttingen. 266–272

Fertsch-Röver, J. (2016): Wie lässt sich die Entstehung und Aneignung von Neuem theoretisch fassen? Lernen als Transformationsprozess. In: Böttinger, T./Einhellinger,C./Ellinger, S/Fertsch-Röver, J./Hechler, O./Tully, J./Ullmann, E./Wasserbauer, D.: Studienbuch Lernbeeinträchtigungen: Diskurse. Oberhausen

Fertsch-Röver, J. (2017): Erfahrung als Transformationsprozess: Eine empirische Untersuchung am Gegenstand des Übergangs zur Vaterschaft. Wiesbaden

Fingerle, M./Ellinger, S. (2008): Sonderpädagogische Förderprogramme im Vergleich: Orientierungshilfen für die Praxis. Stuttgart

Fingerle, M./Opp. G. (2008): Was Kinder stärkt. Erziehung zwischen Risiko und Resilienz (3. Aufl.). München

Förstl, H. (2012): Theory of Mind: Neurobiologie und Psychologie sozialen Verhaltens. Berlin, Heidelberg

Fonagy, P. (1991): Thinking about thinking. Some clinical and theoretical considerations in the treatment of a borderline patient. The International Journal of Psycho-Analysis, 72(4), 639–-656

Fonagy, P. (2013): Soziale Entwicklung unter dem Blickwinkel der Mentalisierung. In: Allen, J.G./Fonagy, P. (Hrsg.): Mentalisierungsgestütze Therapie. Stuttgart, 89–152

Fonagy, P./Gergerly, G./Jurist, E.L./Target, M. (2015) Affektregulierung, Mentalisierung und die Entwicklung des Selbst (5. Auf.). Stuttgart

Freud A. (1927): Vier Vorträge über Kinderanalyse. Schriften der Anna Freud Band 1. Frankfurt am Main, 13–26

Freud, S. (1905a): Über Psychotherapie. Gesammelte Werke Bd. 5. Frankfurt am Main

Freud, S. (1910a): Über Psychoanalyse. Gesammelte Werke Bd. 8. Frankfurt am Main

Freud, S. (1912e): Ratschläge für den Arzt bei der psychoanalytischen Behandlung. Gesammelte Werke Bd. 8. Frankfurt am Main, 376–-387

Freud, S. (1914): Zur Psychologie des Gymnasiasten. Gesammelte Werke Bd. 10. Frankfurt am Main

Freud, S. (1916d): Einige Charaktertypen aus der psychoanalytischen Behandlung. Gesammelte Werke Bd. 10. Frankfurt am Main, 364–391
Foulkes, S.H. (2002): Therapeutic Group Analysis. London
Gansloßer, U. (2013): Hyänen. Fürth
Garz, D./Kraimer, K. (1994): Die Welt als Text: Theorie, Kritik und Praxis der objektiven Hermeneutik. Frankfurt am Main
Gasteiger-Klicpera, B./Julius, H./Klicpera, C. (2008): Sonderpädagogik der sozialen und emotionalen Entwicklung
Geddes, H. (2012): Attachment in the classroom (5. Aufl.). London
Gerspach, M. (2014): Generation ADHS – den Zappelphilipp verstehen. Stuttgart
Gloger-Tippelt, G. (Hrsg.) (2011): Bindung im Erwachsenenalter: Ein Handbuch für Forschung und Praxis. Göttingen
Gloger-Tippelt, G./König, L. (2016): Bindung in der mittleren Kindheit: Das Geschichtenergänzungsverfahren zur Bindung 5- bis 8-jähriger Kinder (GEV-B) (2. Aufl.). Weinheim, Basel
Göttken, T./von Klitzing, K. (2015): Psychoanalytische Kurzzeittherapie mit Kinder (PaKT). Stuttgart
Greenspan, S.I./Shanker, S.G. (2007): Der erste Gedanke. Frühkindliche Kommunikation und die Evolution menschlichen Denkens. Weinheim Basel
Grossmann, K.E./Grossmann, K. (2011): Bindung und menschliche Entwicklung: John Bowlby, Mary Ainsworth und die Grundlagen der Bindungstheorie (3. Aufl.). Stuttgart
Gruschka, A. (2011): Verstehen lehren. Plädoyer für guten Unterricht. Stuttgart
Guldimann, T./Lauth, G.W. (2004): Förderung von Metakognition und strategischem Denken: In: Lauth, G.W./Grünke, M./Brunstein, J.C. (Hrsg.): Interventionen bei Lernstörungen, 176–182
Haubl, R./Liebsch, K. (Hrsg.) (2010): Mit Ritalin® leben: ADHS-Kindern eine Stimme geben. Göttingen
Hechler, O. (2005): Psychoanalytische Supervision sozialpädagogischer Praxis. Eine empirische Untersuchung über die Arbeitsweise fallzentrierter Teamsupervisionen. Frankfurt am Main
Hechler, O. (2014): Reciprocal Teaching – Förderung des Textverstehens. In: Einhellinger, C./Ellinger, S./Hechler, O./Köhler, A/Ullmann, E. (Hrsg.) (2014): Studienbuch Lernbeeinträchtigungen. Band 2: Handlungsfelder, Förderansätze. Oberhausen. 153–178
Hechler, O. (2014): Feinfühlig unterrichten. Emotion und Interaktion im Fokus der Lehrerbildung. In: Spuren, 4/2014 vds Bayern, 29–35

Literatur

Hechler, O. (2014): »…dass die Erziehungsarbeit etwas sui generis ist […]« – Zum Verhältnis von Psychoanalyse und Erziehung am Institut für Sonderpädagogik der Goethe-Universität Frankfurt am Main. In: Gerspach, M./Eggert-Schmid Noerr, A./Naumann, T./Niederreiter, L. (Hrsg.): Psychoanalyse lehren und lernen an der Hochschule. Theorie, Selbstreflexion, Praxis. Stuttgart, 75–98

Hechler, O. (2015): Buchbesprechung von Gerspach, M. (2014): Generation ADHS – den Zappelphilipp verstehen. Stuttgart. In: Gruppenpsychotherapie und Gruppendynamik, 1/2015, 72–77

Hechler, O. (2015): Feinfühlig unterrichten - Emotion und Interaktion im Fokus der Lehrerbildung. In: Seminar 3/2015, bak, 69–82

Hechler, O. (2016): Evidenzbasierte Pädagogik – Von der verlorenen Kunst des Erziehens. In: Ahrbeck, B./Ellinger, S./Hechler, O./Koch, K./Schad, G.: Evidenzbasierte Pädagogik. Sonderpädagogische Einwände. Stuttgart, 43–84

Hechler, O. (2016): Warum kommt es auf die Lehrer an? Sonderpädagogische Persönlichkeit und Beziehungsgestaltung im Fokus der Lehrerbildung. In: Böttinger, T./Einhellinger, C./Ellinger, S./Fertsch-Röver, J./Hechler, O./Tully, J./Ullmann, E./Wasserbauer, D. (Hrsg.): Studienbuch Lernbeeinträchtigungen. Band 3: Diskurse. Oberhausen: Athena. 173–228

Heidegger, M. (1984): Zur Frage nach der Bestimmung der Sache des Denkens. St. Gallen

Heimlich, U./Wember, F.B. (2007): Didaktik des Unterrichts im Förderschwerpunkt Lernen. Ein Handbuch für Studium und Praxis. Stuttgart

Henner, G. (1998): Quellen zur Geschichte der Gesundheitspädagogik. 2500 Jahre Gesundheitsförderung in Texten und Bildern. Würzburg

Heis, E./Mascotti-Knoflach, S. (2010): Zum forschenden Habitus an Pädagogischen Hochschulen. Ein Beitrag zur Persönlichkeitsbildung von Lehrer/innen. Wien Bozen

Herbart, J.F. (1802/1964): Die ersten Vorlesungen über Pädagogik. In: Asmus, W. (Hrsg.) (1964): Johann Friedrich Herbart – Kleinere pädagogische Schriften. Düsseldorf, München, 121–131

Herbart, J.F. (1806/1965): Allgemeine Pädagogik, aus dem Zweck der Erziehung abgeleitet. In: Asmus, W. (Hrsg.) (1964): Johann Friedrich Herbart – Pädagogische Grundschriften. Düsseldorf, München, 9–155

Herbart, J.F. (1831/1964): Von der Erziehungskunst. In: Asmus, W. (Hrsg.) (1964): Johann Friedrich Herbart – Kleinere pädagogische Schriften. Düsseldorf, München, 165–179

Hillenbrand, C. (2003): Didaktik bei Unterrichts- und Verhaltensstörungen (2. Aufl.). Weinheim Basel

Hobson, P. (2014): Die Wiege des Denkens: Soziale und emotionale Ursprünge symbolischen Denkens. Gießen

Hontschik, B. (2006): Körper, Seele, Mensch: Versuch über die Kunst des Heilens. Frankfurt am Main

Hontschik, B. (2013): Was hat die Psychosomatik in der Chirurgie zu suchen? In. Hontschik, B./Bertram, W./Geigges, W. (Hrsg.): Auf der Suche nach der verlorenen Kunst des Heilens. Stuttgart, 295–309

Hontschik, B. (2016): Meniskusschaden, Frankfurter Rundschau vom 19./20. März 2016, S. 47

Hüther, G. (2016): Mit Freude lernen. Göttingen

Hughes, D./Bomber, L. (2009): Teenagers and Attachment: Helping Adolescents Engage with Life and Learning. London

Hurry, A. (2002): Psychoanalyse und Entwicklungstherapie. In: Hurry, A (Hrsg.): Psychoanalyse und Entwicklungsförderung von Kindern. Frankfurt am Main, 43–88

Julius, H. (2009): Diagnostik der Bindungsqualität im Grundschulalter – Der Separation Anxiety Test (SAT). In: Julius, H./Gasteiger-Klicpera, B./Kißgen, R. (Hrsg.) (2009): Bindung im Kindesalter: Diagnostik und Interventionen. Göttingen, 121–137

Julius, H./Gasteiger-Klicpera, B./Kißgen, R. (Hrsg.) (2009): Bindung im Kindesalter: Diagnostik und Interventionen. Göttingen

Kegel, B. (2015): Epigenetik: Wie unsere Erfahrungen vererbt werden (2. Aufl.). Köln

Kierkegaard, S. (1926): Die Reinheit des Herzens (2. Aufl.). München

Kißgen, R. (2009): Diagnostik der Bindungsqualität in der frühen Kindheit – Die Fremden Situation. In: Julius, H./Gasteiger-Klicpera, B./Kißgen, R. (Hrsg.) (2009): Bindung im Kindesalter: Diagnostik und Interventionen. Göttingen, 91–105

Klafki, W. (1963): Studien zur Bildungstheorie und Didaktik. Weinheim

Koch, K. (2016): Ankunft im Alltag – Evidenzbasierte Pädagogik in der Sonderpädagogik. In: Ahrbeck, B./Ellinger, S./Hechler, O./Koch, K./Schad, G.: Evidenzbasierte Pädagogik. Sonderpädagogische Einwände. Stuttgart, 9–42

König, O. (2012): Gruppendynamische Grundlagen. In: Straß, B./Mattke, D. (Hrsg.): Gruppenpsychotherapie. Berlin Heidelberg, 21–36

König, O./Schattenhofer, K. (2015): Einführung in die Gruppendynamik (7. Aufl.). Heidelberg

Kohler-Spiegel, H. (2017): Traumatisierte Kinder in der Schule: verstehen – auffangen – stabilisieren. Heidelberg

Konrad, F.-M. (2007): Geschichte der Schule. München

Krafeld, F.J. (2016): Jenseits von Erziehung: Begleiten und unterstützen statt erziehen und belehren. Weinheim

Krautz, J./Schieren, J. (2013): Persönlichkeit und Beziehung als Grundlage der Pädagogik. Weinheim Basel

Kreis, V. (2015): Traumatische Lücke in der Lehrerbildung. In: Spuren, 1/2015, vds Bayern, 13–22

Kron, F.W. (Hrsg.) (1970): Das erzieherische Verhältnis. Bad Heilbrunn/Obb.

Kron, F.W. (2000): Grundwissen Didaktik. München, Basel

Kullmann H. (2011): Der forschende Habitus als Element der Lehrerprofessionalität - eine kritische Analyse anhand der Habituskonzeption von Pierre Bourdieu. TriOS, 6 (2),147–158

Lang, K. (2015): Umgang mit traumatisierten Kindern und Jugendlichen in Regelschulen. Düsseldorf

Lange, K. (1909): Über Apperzeption. Eine psychologisch-pädagogische Monographie. Leipzig

Langeveld, M.J. (1968): Studien zur Anthropologie des Kindes. Tübingen

Lauth, G.W./Grünke, M./Brunstein, J.C. (2014): Interventionen bei Lernstörungen: Förderung, Training und Therapie in der Praxis. Göttingen

Lawrence, P.R./Nohria, N. (2003): Driven. Was Menschen und Organisationen antreibt. Stuttgart

Leibbrand, W. (1939): Der göttliche Stab des Äskulap. Vom geistigen Wesen des Arztes (3. Aufl.). Salzburg

Lengning, A./Lüpschen, N. (2012): Bindung. München Basel

Leuzinger-Bohleber, M./Brandl, Y. (Hrsg.) (2013): ADHS -– Frühprävention statt Medikalisierung. Theorie, Forschung, Kontroversen. Göttingen

Lohmann, M. (2016): Traumatisierte Schüler in Schule und Unterricht: Grundwissen, Strategien und Praxistipps für Lehrer (1. bis 10. Klasse). Hamburg

Locke, J. (2007): Gedanken über Erziehung. Stuttgart

Locke, J. (2013): Versuch über den menschlichen Verstand (2. Aufl.). Berlin

Maio, G. (2014): Ethik der Gabe: Humane Medizin zwischen Leistungserbringung und Sorge um den Anderen. Freiburg

Maio, G. (2015): Den kranken Menschen verstehen: Für eine Medizin der Zuwendung. Freiburg

Maio, G. (2015): Geschäftsmodell Gesundheit – Wie der Markt die Heilkunst abschafft. Berlin

Marshall, N. (2014): The Teacher's Introduction to Attachment: Practical Essentials for Teachers, Carers and School Support Staff. London

Marvin, B. (2009): Das Verständnis von oppositionellem und zerstörerischem Verhalten von Kindern aus der Perspektive des »Sicherheitskreises«. In: Brich,

K.H./Hellbrügge, T. (Hrsg.): Wege zu sicheren Bindungen in Gesellschaft und Familie, 187–212

Maurer, F. (1981): Lebensgeschichte und Lernen. In: Maurer, F. (Hrsg.) (1981): Lebensgeschichte und Identität. Beiträge zu einer biographischen Anthropologie. Frankfurt am Main, 105–132

Moor, P. (1960): Heilpädagogische Psychologie. Erster Band. Grundtatsachen einer Allgemeinen Pädagogischen Psychologie (2. Aufl.). Bern Stuttgart

Moor, P. (1962): Die Bedeutung des Spiels in der Erziehung. Bern Stuttgart

Moor, P. (1974): Heilpädagogik. Ein pädagogisches Lehrbuch. Bern

Müller, T. (2015): Rekonstruktive Sozialforschung. In: Koch, K./Ellinger, S. (Hrsg.) (2015): Empirische Forschungsmethoden in der Heil- und Sonderpädagogik. Göttingen, 235–241

Mugerauer, R. (1992): Sokratische Pädagogik. Ein Beitrag zur Frage nach dem Proprium des platonisch-sokratischen Dialogs. Marburg

Muth, J. (1967): Pädagogischer Takt (2. Aufl.). Heidelberg

Nitsun, M. (2015): The Anti-Group: Destructive forces in the group and their creative potential (4. Aufl.). London

Nohl, H. (1947): Charakter und Schicksal. Eine pädagogische Menschenkunde (3. Aufl.). Frankfurt am Main

Nohl, H. (2002): Die pädagogische Bewegung in Deutschland und ihre Theorie (11. Aufl.). Frankfurt am Main

Oevermann, U. (2002): Klinische Soziologie auf der Basis der Methodologie der objektiven Hermeneutik – Manifest der objektivhermeneutischen Sozialforschung, Frankfurt am Main. http://www.ihsk.de/publikationen/Ulrich_Oevermann-Manifest_der_objektiv_hermeneutischen_Sozialforschung.pdf (Zugriff: 14.05.2017)

Opp, G./Fingerle, M. (2008): Was Kinder stärkt. Erziehung zwischen Risiko und Resilienz (3. Aufl.). München

Otten, H. (2012): Professionelle Beziehungen: Theorie und Praxis der Balintgruppenarbeit. Berlin Heidelberg New York

Pestalozzi, J.H. (1954): Ausgewählte Schriften. Düsseldorf München

Plab, K. (2016): Psychoanalytische Psychosomatik – eine moderne Konzeption in Theorie und Praxis. Göttingen

Poser, M. (2015): Der Placebo-Effekt: Wie die Seele den Körper heilt. Amerang

Prange, K. (1987): Lebensgeschichte und pädagogische Reflexion. In: Zeitschrift für Pädagogik, 3, 345–362

Prange, K. (1988): Das große Kind. Zur Problematik des Kindbildes in der pädagogischen Semantik. In: Spanheil, D. (Hrsg.): Curriculum vitae. Essen, 159–168

Literatur

Prange, K. (2005): Die vielen Erziehungswissenschaften und die eine Pädagogik – zum Verhältnis von Erwachsenenbildung und Allgemeiner Pädagogik. In: REPORT (28) 1/2005, 13–22

Prange, K. (2005): Die Zeigestruktur der Erziehung. Grundriss der Operativen Pädagogik. Paderborn

Prange, K. (2007): Reflexion als Funktion – der Übergangscharakter der Pädagogik. In: Kraft, V. (Hrsg.): Zwischen Reflexion, Funktion und Leistung: Facetten der Erziehungswissenschaft. Bad Heilbrunn, 21–29

Prange, K. (2010): Die Ethik der Pädagogik. Zur Normativität erzieherischen Handelns. Paderborn

Prange, K. (2014): Überlegungen zur operativen Begründung der einheimischen Begriffe der Pädagogik. In: Coriand, R./Schotte, A. (Hrsg.): »Einheimische Begriffe« und Disziplinentwicklung. Jena, 15–21

Prange, K./Strobel-Eisele, G. (2006): Die Formen des pädagogischen Handelns. Stuttgart

Reich, K. (2012): Konstruktivistische Didaktik: Das Lehr- und Studienbuch mit Online-Methodenpool (5.Auflage). Weinheim

Reik, T. (1983): Hören mit dem dritten Ohr. Die innere Erfahrung eines Psychoanalytikers. Frankfurt am Main

Rizzolatti, G./Sinigaglia, C. (2008): Empathie und Spiegelneurone. Die biologische Basis des Mitgefühls. Frankfurt am Main

Rousseau, J.-J. (1998): Emil oder Über die Erziehung (13. Aufl.). Paderborn

Salisbury v., J. (1991): Metalogicon. Turnhout

Salzmann, C.G. (1964): Das Ameisenbüchlein (2. Aufl.). Bad Heilbrunn/Obb.

Schaal, H. (1983): Die Frage nach dem Ganzen im pädagogischen Zusammenhang. In: Loch, W. (Hg.) (1983): Lebensform und Erziehung. Essen, 107–123

Schiller, F. (1797/1980): Musenalmanach für das Jahr 1797. Leipzig

Schindler, R. (1957): Grundprinzipien der Psychodynamik der Gruppe. In: Psyche 11, 308–314

Schindler, R. (1971): Die Soziodynamik in der therapeutischen Gruppe. In: Heigl-Evers, A. (Hrsg.): Psychoanalyse und Gruppe. Göttingen. 21–32

Schindler, R. (2016): Das lebendige Gefüge der Gruppe. Ausgewählte Schriften. Gießen

Schleiermacher, F. (1982): Pädagogische Schriften 1. Frankfurt am Main

Schleiffer, R. (2014): Der heimliche Wunsch nach Nähe: Bindungstheorie und Heimerziehung. Weinheim, Basel

Schleiffer, R. (2015): Fremdplatzierung und Bindungstheorie. Weinheim, Basel

Schneid, K. (1979): Pädagogische Führungslehre (2. Aufl.). Donauwörth

Schneider, E. (1926): Geltungsbereich der Psychoanalyse für die Pädagogik. In: Zeitschrift für Psychoanalytische Pädagogik, 1. Jahrgang, Wien, S. 2–6

Schroeder, J. (2015): Pädagogik bei Beeinträchtigungen des Lernens. Stuttgart

Seichter, S. (2007): Pädagogische Liebe: Erfindung, Blütezeit und Verschwinden eines pädagogischen Deutungsmusters. Paderborn

Sperber, D./Clement, F./Heintz, C./, Mascaro, O./Mercier, H./ Origgi G./Wilson, D. (2010): Epistemic Vigilance. Mind & Language 25 (4) 359–393

Sreckovic, M. (2015): Selbst und Welt – Bemerkungen zur Neuauflage. In: Trüb, H.: Heilung aus der Begegnung. Bergisch Gladbach, 109–251

Stavemann, H.H. (2002): Sokratische Gesprächsführung in Therapie und Beratung. Weinheim

Stein, R./Stein, A. (2014): Unterricht bei Verhaltensstörungen. Ein integratives didaktisches Modell (2. Aufl.) München Basel

Stern, D. (2005): Der Gegenwartsmoment. Veränderungsprozesse in Psychoanalyse, Psychotherapie und Alltag. Frankfurt am Main

Stern, D. (2011): Die Lebenserfahrung des Säuglings (10. Aufl.). Stuttgart

Stern, D. (2011): Ausdrucksformen der Vitalität: Die Erforschung dynamischen Erlebens in Psychotherapie, Entwicklungspsychologie und den Künsten. Frankfurt am Main

Stern, D. (2012): Veränderungsprozesse. Ein integratives Paradigma. Frankfurt am Main

Straub, J./Weidemann, D. (2015): Handelnde Subjekte: ›Subjektive Theorien‹ als Gegenstand der verstehend-erklärenden Psychologie. Gießen

Strauß, B./Schauenburg, H. (2016): Bindung in Psychologie und Medizin: Grundlagen, Klinik und Forschung. Stuttgart

Streeck, U. (2007): Psychotherapie komplexer Persönlichkeitsstörungen. Stuttgart

Strobel-Eisele, G./Roth, G. (Hrsg.): Grenzen beim Erziehen. Nähe und Distanz in pädagogischen Beziehungen. Stuttgart

Strupp, H.H. (1986): Psychotherapy: Research, practice, and public policy. In: American Psychologist 41 (2), 120–130

Syring, M. (2016): Classroom Management: Theorien, Befunde, Fälle – Hilfen für die Praxis. Göttingen

Taubner, S. (2015): Konzept Mentalisieren. Eine Einführung in Forschung und Praxis. Gießen

Tausch, R./Tausch, A.-M. (1991): Erziehungs-Psychologie (10. Aufl.). Göttingen et al.

Todorov, T. (1998): Abenteuer des Zusammenlebens. Versuch einer allgemeinen Anthropologie. Frankfurt am Main

Tomasello, M. (2002): Die kulturelle Entwicklung des menschlichen Denkens. Frankfurt am Main
Tomasello, M. (2014): Eine Naturgeschichte des menschlichen Denkens. Berlin
Trost, A. (Hrsg.) (2014): Bindungsorientierung in der Sozialen Arbeit: Grundlagen – Forschungsergebnisse – Anwendungsgebiete. Dortmund
Trüb, H. (2015): Heilung aus der Begegnung. Überlegungen zu einer dialogischen Psychotherapie. Bergisch Gladbach
Tschuschke, V. (Hg.) (2001): Praxis der Gruppenpsychotherapie. Stuttgart
Tuckmann, B.W. (1965): Developmental sequences in smallgroups. In: Psychological Bulletin, 91, 384–399
Uexküll, T.v./Geigges, W./Plassmann, R. (2002): Integrierte Medizin: Modell und klinische Praxis. Stuttgart
Uhl, C. (2013): Frühprävention durch Förderung von Mentalisierungsprozessen: Psychoanalytisch verstehen – pädagogisch handeln. Kassel
Ullrich, F./Zimmermann, D. (2014): Gewalt und Vernachlässigung – Belastungen, die Unterricht unmöglich machen? Wahrnehmung von Traumatisierung bei Kindern und Jugendlichen und ihre Folgen durch Fachkräfte in der Schule. In: Zeitschrift für Heilpädagogik 7, 2014, 257–266
Vilmar, G. (2014): Beziehungsschule. Norderstedt
Weber, M. (2006): Politik als Beruf. Stuttgart
Wendich, M. (2015): Verhaltenstherapie emotionaler Schlüsselerfahrungen. Vom kognitiven Training zur emotionalen Transformation. Göttingen
Weniger, E. (1952): Die Eigenständigkeit der Erziehung in Theorie und Praxis. Weinheim
Willmann, O. (1909): Aristoteles. Berlin
Wilson, D./Sperber, D. (2012): Meaning and relevance. Cambridge
Winnicott, D.W. (2002): Vom Spiel zur Kreativität (10. Aufl.). Stuttgart
Wöller, W./Kruse, J. (Hrsg.) (2005): Tiefenpsychologisch fundierte Psychotherapie (2. Aufl.). Stuttgart
Yalom, I.D. (2015): Theorie und Praxis der Gruppenpsychotherapie. München
Ziegenhain, U./Fegert, J.M. (Hrsg.) (2008): Kindeswohlgefährdung und Vernachlässigung (2. Aufl.). München
Zimmermann, D. (2016): Traumapädagogik in der Schule: Pädagogische Beziehungen mit schwer belasteten Kindern und Jugendlichen. Gießen